Helen Nearing

Kochbuch des guten Lebens

Helen Nearing

Kochbuch des guten Lebens

Eine Sammlung vegetarischer Rezepte
für Menschen, die das Einfache lieben

Frühstück 91

pala
verlag

Die Originalausgabe dieses Buches ist unter dem Titel

Simple Food for the Good Life

1980 bei Dell Publishing Co., Inc. erschienen.

Die deutsche Erstausgabe erschien 1985 unter dem Titel
Rezeptbuch des guten Lebens im pala-verlag

pala-verlag, Rheinstr. 37, D-64283 Darmstadt
ISBN: 3-89566-119-8
Titelgestaltung: Michaela Mainx
Übersetzung: Dr. Hildegard Pellnat / Ronald Steinmeyer
Überarbeitung: Ute Galter
Druck: Fuldaer Verlagsanstalt, Fulda
Printed in Germany

Dieses Buch (Innenteil und Umschlag) ist
auf Papier aus 100 % Recyclingmaterial gedruckt

Widmung

*Für die guten Menschen, junge und alte, auswärts und zu Hause,
die mein »Futter« all die Jahre probiert, verschlungen und gegessen haben,
die mich um Rezepte baten, die ich ihnen selten geben konnte,
und die mich schließlich davon überzeugten, daß unter den Tausenden
von Kochbüchern auf dieser Welt noch Platz für mein ganz persönliches sei.*

Ich strebe nicht nach eitlem Ruhm, sondern danach, meinen Landsleuten zu nutzen und ihnen Gewinn zu bringen. Der gute und rechtschaffene Koch, Schreiber oder Leser, dessen Ziel die Gesundheit vieler und auch seine eigene ist, wird den Anspruch meines Unternehmens nicht mißverstehen. Es dient vor allem dem Zweck, daß auch der geringste und ärmste meiner Landsleute, dessen Geschicklichkeit nicht so groß ist, bei Bedarf einige Hilfen aus diesem Buch ziehen kann.

D. Rernberi Dodoens,
A Nievve Herball, 1578

Woraus Du (freundlicher Leser) erkennen kannst, daß mein ganzes Bemühen darauf zielt, dem Bedürftigen im seinem Mangel und seiner höchsten Not zu helfen. Wenn Du einen Nutzen davon haben wirst, denke ich, daß meine Zeit nicht verschwendet war. Wenn Du keine Gelegenheit hast, es anzuwenden, dann gib es freundlich an andere weiter und denke an mich, als der, der ich bin: Dein Freund.

Gervase Markam, *The Way to Get Wealth, Cheape and Good Husbandry*, 1616

Der Sinn dieser Veröffentlichung ist es, die zu unterweisen, die nicht die Möglichkeit hatten, so viel zu beobachten und zusammeln, wie ich es getan habe, und nicht, diejenigen zu unterrichten, die bereits alles wissen.

R. Bradley,
The Country Housewife, 1732

Diese Sammlung von Rezepten, die Zusammenstellung von Zutaten zur Zubereitung einer großen Vielfalt von billigen, gesunden und wohlschmeckenden Gerichten, ist für den Gebrauch derer bestimmt, die billig leben und ihre Gesundheit bis ins hohe Alter bewahren wollen, besonders für Bauern und Händler auf dem Land, die kleine Gärten haben und das Beste daraus machen wollen.

Anonymous,
Adam's Luxury and Eve's Cookery, 1744

Da ich schon recht alt und daher auch erfahren bin, werde ich oft von jungen Damen, die heiraten wollen oder die sich schon in die Schwierigkeiten der Hauswirtschaft gestürzt haben, nach Regeln und Anweisungen gefragt. Daher habe ich mich bereit erklärt, wenn mein Rheumatismus mich nicht davon abhält, einige Seiten über meine Methoden niederzuschreiben, die ich den jungen Bräuten der Nation empfehle, um Liebe und Harmonie in ihrem eigenen lieben Heim zu sichern.

Martha Careful,
Household Hints to Young Housewives, 1853

Inhalt

Vorwort zur deutschen Ausgabe

Helen Nearing wurde 1904 in Ridgewood, New Jersey, geboren. Ihre Eltern waren bürgerliche Intellektuelle, beide künstlerisch und musikalisch sehr interessiert und darauf bedacht, ihre drei Kinder in einer natürlichen Umgebung und mit einer naturgemäßen, vegetarischen Ernährung großzuziehen. In jungen Jahren unternahm Helen einige Reisen nach Europa, unter anderem um in Wien und Amsterdam ein Violinstudium zu absolvieren. Anfang der 20er Jahre reiste sie nach Indien und später nach Australien, wo sie einige Zeit in einer spirituellen Gemeinschaft lebte.

Als sie nach Jahren in die USA zurückkehrte, hatte sie nach eigenen Worten »den Kopf in den Wolken, ohne zu wissen, was in der Welt passiert war. In meinem ganzen Leben hatte ich noch keinen Finger krumm machen müssen und hatte von anderen gelebt. Politisch war ich völlig ahnungslos.« In dieser Phase ihres Lebens trifft sie Scott Nearing, der 21 Jahre älter ist als sie.

Scott hatte Sozial- und Wirtschaftswissenschaften studiert und eine vielversprechende Karriere als Hochschulprofessor vor sich. Allerdings ist er unbequem. Er spricht sich öffentlich gegen Kinderarbeit aus, gegen ungerechte Lohnverhältnisse und vor allem gegen den Krieg. Schon bald wird der radikale Sozialist und Pazifist aus der Universität entlassen, und in der Folge lehnen die meisten Verlage seine Bücher und Schriften ab; bereits publizierte Bücher werden aus dem Programm genommen. Zu einer Zeit, als Scott völlig am Ende ist, trifft er Helen.

Zunächst ziehen die Nearings in eine ungeheizte Ein-Zimmer-Mietwohnung ohne warmes Wasser in New York City und leben von dem bißchen Geld, das Helen durch Arbeit in einer Fabrik – für sie eine völlig neue Erfahrung –

verdient. Schon kurze Zeit später beschließen sie jedoch, lieber »auf dem Land arm zu sein als in der Stadt« und kaufen für 300 Dollar in bar und 800 Dollar Hypothek eine heruntergekommene Farm in Vermont. Hier fangen sie an, ihr, wie sie es später nannten, »gutes Leben« aufzubauen: Obwohl beide zunächst weder mit dem Gärtnern noch mit dem Hausbauen Erfahrung haben, sind sie auf beiden Gebieten schon bald recht erfolgreich – es ist ein »learning by doing«. Beide ernähren sich vegetarisch und fast ausschließlich aus dem eigenen Garten.

Nach der Veröffentlichung ihres Buches »Ein gutes Leben leben«, das zunächst in den USA und später in Deutschland zu einem Bestseller und einem wegweisenden Buch für die Alternativ-Bewegung wird, interessieren sich immer mehr Menschen für Helen und Scott. Fast immer kommen sie unangemeldet; einige bleiben ein paar Stunden, andere ein paar Tage und wieder andere sogar ein paar Wochen, um mit Helen und Scott zu arbeiten und zu leben und dabei die Grundlagen der Selbstversorgung zu erfahren. Dabei erscheint vielen der Preis, den Helen und Scott für das »gute Leben« zahlen – der Verzicht auf Fleisch, Tabak, Alkohol, Fernsehen, Radio, Telefon und Zentralheizung – zu hoch. Und in der Tat ist dieses Leben nicht einfach; beide arbeiten sehr hart. Für Helen und Scott jedoch ist die Bilanz klar: Keine andere Art zu leben hätte ihnen so viel Zufriedenheit, so viel Gesundheit und so viel Kraft gegeben.

Manchmal waren in ihrem Haus bis zu zwanzig hungrige Gäste zu versorgen, und obwohl Helen die Hausarbeit eher als lästige Zeitverschwendung ansah und sich keineswegs damit aufhielt, über raffinierte Menüs nachzudenken, schaffte sie es dennoch, viele ihrer Gäste mit ihrer einfachen Küche zu begeistern. Immer wieder wurde sie von ihnen gedrängt, ein Kochbuch zu schreiben, jahrlang wehrte sie sich dagegen. Mit 76 Jahren jedoch gab sie auf und machte sich an die Arbeit.

In ihr Buch hat Helen ihre Vorliebe für alte Zitate eingebracht. Sie umrahmte die Rezepte mit ihren eigenen Ansichten über das Essen und das Leben – entstanden ist kein Buch für Feinschmekker, sondern ein Koch-Lesebuch für diejenigen, für die das gute, das einfache Leben wichtiger ist als das Essen.

Ute Galter, September 1996

Vorbemerkung

Bevor ich mein Buch beginne, sollte ich mich wohl kurz zu meiner vielleicht übertriebenen Liebe zu alten Zitaten äußern. Jahrelang hatte ich die Möglichkeit und damit auch das Vergnügen, in den hervorragenden Bibliotheken New Yorks, Bostons und Philadelphias herumzustöbern, und es machte mir Freude, kluge und gut formulierte Wendungen vor dem Vergessen in verstaubten Regalen zu retten.

»Es gibt Menschen«, sagt H.L. Mencken, »die zuviel lesen: die Biblioliker. Ich kenne welche, die durch Bücher in einen ständigen Rausch versetzt werden, wie andere durch Whisky oder ihre Religion.«

Ich bin solch ein Mensch; prägnante Zitate versetzen mich in einen Rausch. Wenn jemand anderes es besser und früher gesagt hat, warum soll ich diese Quelle anderen nicht zugänglich machen? Warum soll ich nicht anstelle meiner eigenen trockenen Worte diese herausragenden Formulierungen verwenden?

Ich freue mich, daß ich meine geschätzte Sammlung nun mit Ihnen teile; sie stammen von anderen Autorinnen und Autoren, deren Werke ich begierig verschlang und die mir großen Genuß bereiteten.

Ich sammelte sie zu keinem anderen Zweck, als die Leserschaft zu unterhalten und sie darüber zu informieren, worüber die verschiedenen Autoren geschrieben haben, die sich dieser Art zu lernen gewidmet haben.

Dr. M.L. Lemery,
A Treatise of All Sorts of Foods, 1745

Ich möchte zeigen, wie wunderbar das alte Kochbuch ist, und zwar als ein Buch, in dem man lesen kann und das nicht nur auf der Küchenanrichte nützlich ist.

Elizabeth Robbins Pennell,
My Cookery Books, 1903

Ich zitiere viel bei meinen Vorträgen. Ich möchte diese leuchtenden Vorbilder als Zeugen auffordern, mich zu unterstützen, das zu sagen, was ich sagen möchte, und es noch überzeugender zu sagen.

Leonora Speyer,
On the Teaching of Poetry, 1946

(Als Zugeständnis für diejenigen, denen es zuviel ist, so viele gelehrte Zusätze in einem einfachen Kochbuch zu lesen, werden die Zitate in einer anderen Schrift gesetzt: Wer rasch vorwärts kommen will, kann sie auf diese Weise leicht überspringen. Manche Leute werden allerdings meine Meinung teilen, wonach die Zitate den besten Teil des Buches darstellen.)

Teil 1:

Einfache Nahrung für einfache Menschen

Ich glaube, ich habe einen Bereich der Kochkunst in Angriff genommen, der noch von niemandem als wertvoll genug erachtet wurde, um aufgeschrieben zu werden. Sollte ich so glücklich sein, die Zustimmung meines eigenen Geschlechts zu gewinnen, so wünsche ich mir nicht mehr; das würde eine vollständige Belohnung für all meine Mühe sein. Wenn ich nicht in einem hohen, vornehmen Stil geschrieben habe, so hoffe ich, daß mir vergeben wird; denn es ist meine Absicht, die untere Klasse zu unterrichten und dazu muß ich sie auf ihre Weise ansprechen. Die großen Köche haben solch eine übertriebene Art, sich auszudrücken, daß die armen Mädchen sie kaum verstehen können.

Hanna Glasse,
The Art of Cookery Made Plain & Easy, 1747

Da ich aus meinen eigenen, persönlichen Erfahrungen im Laufe der Jahre schließlich eine ganze Reihe von praktischen Beobachtungen gewonnen habe, da ich nicht weiß, wie lange ich noch lebe, im Gegenteil – ganz sicher bin, daß sich meine Tage ihrem Ende nähern, bin ich bereit, mein Bündel zu öffnen und mein geringes Talent weiterzugeben, einigen zum Nutzen und anderen zur Freude.

Sir Hugh Platt,
Floraes Paradise, 1608

Ich habe mir erlaubt, ein Werk zu fördern und weiterzubringen, das allgemein nützlich ist, besonders aber für diejenigen geringeren Standes, so daß diese durch eine billige, vorteilhafte und leichte Art und Weise ihre Familien zusammenhalten und versorgen können. Um die Verbreitung zu fördern und zu vereinfachen, habe ich diese kleine Abhandlung veröffentlicht. Nun können auch in schlimmsten Zeiten von Hungersnot und Teuerung alle ausgezeichnetes, gutes und gesundes Brot und andere Nahrungsmittel für die eigene Familie zu ebenso niedrigen Preisen haben wie jetzt in Zeiten des Überflusses.

John Forster,
Englands Happiness Increased, 1664

Da ich eine liberale Erziehung und somit viele Gelegenheiten gehabt habe, zu verbessern, was mir in jüngeren Jahren gelehrt wurde, habe ich mich selbst und andere keineswegs vernachlässigt, indem ich Wissen und Erfahrung solch nützlicher Dinge erworben habe, die nicht nur in der Vergangenheit vorteilhaft für alle waren, sondern es auch in Zukunft sein werden. Und die Nachwelt will ich verpflichten, auch wenn ich dann im Grabe liege, durch rechtzeitige Veröffentlichung. Denn, da mich das Alter schnell überkommt, ist es erforderlich, daß ich alles Gute, was ich kann, tue, bevor ich aus dieser Welt gehe, damit ich dafür in einer anderen Hilfe finde.

Anonymous,
The Whole Duty of a Woman, 1695

Mit Lampenfieber trete ich als Autorin vor ein Publikum. Die Erziehung der heranwachsenden weiblichen Generation in unserem Land war das Motiv, das mich zu diesem Unternehmen veranlaßte. Es ist nicht so sehr für die tonangebende und vermögende Frau gedacht, als für diejenige in bescheidenen Lebensumständen. Wenn diese Abhandlung in irgendeiner Weise dazu beitragen sollte, die unerfahrene Frau in der Kunst des Kochens anzuleiten und sie vor den Schwierigkeiten, die sie sonst erfahren würde, zu bewahren, so würde das eine reiche Belohnung für dieses Unternehmen sein.

Lucy Emerson,
The New-England Cookery, 1808

Wie ich dazu kam, ein Kochbuch zu schreiben

Der Vorschlag, daß ich, die ich weit davon entfernt bin, eine begeisterte und gute Köchin zu sein, ein Kochbuch schreiben solle, entstand vor Jahren – ausgerechnet in Frankreich, dem Land der Küchenchefs, Epikureer und Feinschmecker. Dabei verbringe ich möglichst wenig Zeit am Herd und stütze mich auf nur wenige Rezepte und Kochbücher, schütte dies und das für ein schnelles Mahl zusammen und benutze die einfachsten Zutaten und Verfahren – und von mir erwartete man, daß ich ein Kochbuch schreibe.

Jeder Mensch (jung, alt, weiblich oder männlich) fühlt sich geschmeichelt, wenn Gäste, nachdem ein besonders gutes Gericht auf den Tisch gebracht wurde, ausrufen: »Was für eine Suppe! Was für eine Köchin! Was für ein Koch! Würden Sie mir Ihre Rezepte geben? Sie sollten ein Kochbuch schreiben!« Diesen einfachen Triumph erlebte auch ich.

Es wurde einmal gesagt (und wahrscheinlich von einer guten Köchin oder einem guten Koch), daß es in der Welt zwei Arten von Menschen gibt: diejenigen, die gut kochen, und diejenigen, die wünschen, sie könnten es. Ich denke, es gibt noch eine dritte Kategorie: diejenigen, die nicht besonders gut kochen können und sich nichts daraus machen. Da ich wohl glücklicherweise zu der letzten Kategorie gehöre, kann man schon fragen, wie um alles in der Welt gerade ich dazu kam, ein Kochbuch zu schreiben. Es geschah folgendermaßen:

Scott und ich verbrachten 1970 einige Zeit in Südfrankreich am Mittelmeer, um während des Winters unser Französisch aufzupolieren. Wir hatten ein kleines Appartement mit einer Kochnische und einem Balkon, von dem man die Bucht von Villefranche überblicken konnte. Wir luden Bekannte vieler Nationalitäten zum Essen ein. Unsere Gäste sagten »oh« und »ah« zu den Suppen (aus Gemüsen der Gegend), zu den Salaten (in denen vielleicht mehr zusammengemischt wurde als sie es sonst gewohnt waren), den Weizenkörnern, die ich ihnen auftischte und den Nachspeisen (oft geriebene Äpfel gemischt mit Haferflocken, Rosinen, Honig und Zitronensaft). »Was ist denn daran so besonders?« schnaubte ich. »Es ist ein bißchen von diesem und jenem, was gerade da und greifbar war. Es ist das einfachste Essen. Ich bin keine Köchin.« »Aber sag' uns, wie Du das alles machst. Du mußt ein Kochbuch schreiben und auf alle Einzelheiten eingehen. Es ist alles so ungewöhnlich.«

Ja, vielleicht war es das für unsere neuen französischen, marokkanischen, japanischen und indischen Freundinnen und Freunde. Dann fielen mir ein Franzose und seine Frau ein, die vor etwa 20 Jahren in unserer Vermonter Küche ein äußerst einfaches Mahl mit uns gegessen hatten. Der höfliche und elegante Herr hatte sich an einer schnell zusammengeworfenen Mischung begeistert. Indem er sich den Mund wischte, sagte er zu seiner noch eleganteren Frau: »Meine Liebe, Du mußt Dir das Rezept von dieser köstlichen Speise geben lassen.« Es waren bloß Weizenkörner, die er vorher noch nie gesehen oder probiert hatte, gebacken und mit Ahornsirup und Rosinen gesüßt. Ich hätte ihm kaum etwas Einfacheres auftischen können, es sei denn, unsere Gäste hätten verlangt, den Weizen roh zu essen, was auch schon vorgekommen ist.

»Warum schreibst und veröffentlichst Du kein Kochbuch?« war eine Frage, die man mir immer wieder stellte. Einige Zeit verursachte mir das einen Schauer des Entsetzens, der mein Gemüt durchdrang (...). Aber Sie sollten wissen, verehrte Leserinnen und Leser, wie veränderlich und ungenau unsere schwachen Ideen während des Lebens sind. Ich wurde in tausend gastronomische Überlegungen hineingezogen, die mich zu der Notwendigkeit geführt haben, ganz von meiner früheren Meinung abzugehen, und sie haben mich dazu gebracht, den vorliegenden Band zu veröffentlichen, indem ich den Regeln der Einfachheit streng gefolgt bin, so daß jedes Rezept nicht nur klar verstanden, sondern auch leicht ausgeführt werden kann.

Alexis Soyer,
The Gastronomic Regenerator, 1846

Indem ich dem Publikum das Werk anbiete, an dem ich jetzt arbeite, habe ich nur Unterlagen in Ordnung gebracht, die ich lange vorher gesammelt habe. Die Beschäftigung damit hat mir Freude gemacht, und ich habe sie mir für meine alten Tage aufgehoben.

Brillat-Savarin, *La Physiologie du Gout*, 1820

Die Gründe, die mich zu dieser Arbeit veranlaßten, waren folgende: erstens die Freunde und Liebhaber meiner Kochkunst zufriedenzustellen, zweitens die Last meines schweren und vollen Gedächtnisses zu erleichtern und ans Licht zu bringen, indem ich meine Rezepte niederschrieb. Und schließlich wollte ich etwas zur Erleichterung und Verbesserung schaffen und den jungen Frauen dieser Generation helfen.

Gervase Markham,
Countrey Contentments, 1613

So waren die Franzosen der Tropfen, der das Faß zum Überlaufen brachte, und sie überzeugten mich, daß ich meine mehr zufälligen Kochpraktiken aufzeichnen sollte. Und ein Faß war es wirklich, denn ich hatte die Kühnheit und den Fleiß besessen, tatsächlich Tausende von Kochbüchern durchzusehen, alte und neue, um zu sehen, was andere Leute geschrieben hatten und was ich nicht zu schreiben brauchte. Allein in einer Bibliothek (an der Ecke der 5. Avenue und der 42. Straße in New York City) fand ich fast 14.000 Kochbuchtitel, die neun Schränke füllten. Fasziniert begann ich, alte Manuskripte durchzusehen. Eine Abhandlung über Nahrung von Apicius war im 3. Jahrhundert auf Pergament geschrieben. Eine andere Pergamentrolle mit dem Titel *The Form of Cury* enthielt 196 Rezepte, die im 14. Jahrhundert unter Richard III. geschrieben und 1780 von einem Dr. Pegge veröffentlicht worden waren. Die Anleitungen sollten die Lesenden befähigen, »die üblichen Gemüse- und Fleischgerichte für den Haushalt zuzubereiten, so wie sie gemacht werden sollten, geschickt und bekömmlich.«

Es gab Tage, an denen ich 60 Bücher in Angriff nahm, auch wenn ich mir die Rezepte nicht ansah. Ich interessierte mich für das Format, den Stil und die wohltuenden Abschweifungen der Autorinnen und Autoren.

So wie die Biene ihren Nektar von jeder Blüte und jedem Strauch sammelt, den sie sieht, so gebe ich wieder, was ich aus verschiedenen Büchern gesammelt habe, auch wenn nicht alles neu ist.

H.L. Barnum, *Family Receipts*, 1831

Ich beabsichtigte nicht, irgendwelche eigenen Beobachtungen anzubieten, bevor ich nicht alles gelesen hatte, was ich zu diesem Thema geschrieben fand. So unterwarf ich mich (mit nicht weniger Mühe) einer geduldigen und aufmerksamen Betrachtung jedes bisher erschienenen Werks, das sich mit Fragen des Kochens befaßt. Diese Bücher unterscheiden sich weniger voneinander, außer in ihren Vorworten. Während dieser herkulischen Arbeit der Studien dieser Bücher habe ich nicht weniger als 250 Bände durchgelesen.

Dr. William Kitchiner,
The Cook's Oracle, 1817

Wenn wir Kochbücher aus den verschiedenen Zeitaltern lesen, bemerken wir, daß die alten mehr interessant als nützlich sind, aber sie werfen ein Licht auf die Bräuche und Sitten jener Zeiten und helfen uns, uns ein Bild vom Leben dieser vergangenen Tage zu machen. Was die Rezepte selbst anbetrifft, so ist unser Hauptinteresse an ihnen nicht kulinarischer Natur. Wir müssen sie als seltsame Museumsstücke betrachten. Die Mengenangaben waren enorm, die Zutaten extravagant, die Mischung der Gewürze erschreckend und die Derbheit der Gerichte unglaublich.

X. Marcel Boulestin,
The Finer Cooking, 1937

Bei der Durchsicht Hunderter alter Kochbücher achtete ich nicht auf Rezepte wie »Suppe mit gekochtem Wildschwein«, »geröstete Kaninchen«, »Wildbretkuchen«, »Zwölf Wachteln«, »Eine Platte Lerchen und Pfauen« oder »Schweinepudding« – lauter sorgfältig ausgearbeitete Kunstwerke. Da ich Vegetarierin bin, überschlug ich all die Seiten über Geflügel, Fisch und Fleisch, über Haschees und Rostbraten. Ich bin eine Anhängerin gesunder Nahrung, und so konnte ich auch alle Rezepte für Nudeln, Pizzas, Fettgebackenes, Gepökeltes, Pfannkuchen, Knödel, Brötchen, Rosinenbrötchen, Crackers, Kuchen, Kekse, Torten, Bonbons und Gelees weglassen. Ich war auf der Suche nach einfacherer und gesünderer Beute. Meine Frage lautete nicht: »Wie gut schmeckt das?«, sondern: »Wie nahrhaft ist es?«

In den öffentlichen Bibliotheken von New York, Philadelphia und Boston ging ich alle Kochbücher aus der Zeit bis 1920 durch. 1921 veröffentlichte ein berühmter französischer Küchenchef, Auguste Escoffier, *Le Guide culinaire*, einen Band von 2973 Rezepten; damit beendete ich meine Studien.

Wer schon einmal ein Kochbuch geschrieben hat (und sehr viele haben das versucht), denkt, das eigene Kochbuch sei nun schließlich das letzte noch notwendige Kochbuch. Das Gleiche hoffe ich für dieses Buch. Ja, ich wünschte, das Kochbuch vor meinem wäre das letzte gewesen. Das hätte mir sehr viel Zeit und Mühe gespart.

A.D.T. Whitney hatte in ihrem 1879 erschienenen *Key 10 Cook-Books* vermutlich die richtige Idee. Sie schrieb: »Die Literatur übers Kochen ist schon überwältigend. Die Anzahl der Rezeptbücher ist riesengroß. Ich bin nicht so verrückt, vorzuschlagen, noch eines hinzuzufügen.« Aber jetzt bin ich hier und tue genau das. Ich sollte es besser wissen, und es erinnert mich an die zwei viktorianischen Ladies, die sich zum Tee trafen und über ein solches Vorhaben sprachen:

»Ein Kochbuch schreiben! Tu das nicht Kate! Wir haben schon eine vollständige Bibliothek von Kochbüchern, und es scheint kein Ende in Sicht. Man braucht ein ganzes Leben, um nur einen Blick auf die Tausenden und Zehntausenden von Rezepten zu werfen, die unsere zahllosen Kochbücher enthalten. Tu es nicht!«

»Meine liebe Kusine Emmeline, Du verstehst meine Absichten nicht. Ich will kein weiteres Kochbuch zur Liste der zu Unrecht als Kochbücher bezeichneten Schmöker hinzufügen. In meinem Kochbuch will ich mich mit den wesentlichen Bestandteilen der Nahrung befassen und die unwesentlichen und unbekömmlichen Speisen und Mixturen aufgeben, denen man bisher so bereitwillig vertraut hat.

Emma P. Ewing,
Cooking an Castile-Building, 1890

Zugegeben, es gibt in der Welt zu viele Kochbücher, zu viele Köchinnen und Köche und zu viel gekochte Nahrung. Wenn ich nicht in der Lage bin, ein Buch mit einer ganz anderen Haltung zur Nahrung zu schreiben und einer anderen Einstellung als jedes andere Kochbuch, das ich bislang in der Hand hatte, sollte ich sofort aufhören. Aber es ist mein Ziel – und ich hoffe, es gelingt mir –, dieses Buch anders zu machen. Die Kost, die ich empfehlen will, soll gesund und unschädlich sein, einfach und gehaltvoll: Es ist einfache Nahrung für einfach lebende Menschen, keine verfeinerte Nahrung für Schwierige und Anspruchsvolle. Mein Ziel heißt Einfachheit und Wirtschaftlichkeit bei der Zu- und Vorbereitung der Nahrung. Wenn man ein Rezept nicht auf eine Karteikarte schreiben kann, dann weg damit. Das Thema meines Buches soll sein: Lebe hart, nicht weich, iß hart, nicht weich! Suche nach Ballaststoffen in der Nahrung und auch im Leben.

Der Autor hat es hier nicht unternommen, die Kunst des Schlemmens zu lehren, oder den Reichen und Müßigen beizubringen, wie man fetter wird.

Patrick Lamb, *Royal Cookery: or The Compleat Court-Cook*, 1726

Dieses Werk ist nicht dazu bestimmt, eine Vorliebe für schädlichen Luxus zu verbreiten.

A Boston Housekeeper,
The Cook's Own Book, 1854

Ich schreibe nicht, um »dem gewöhnlichen Gaumen zu schmeicheln« wie Edmund Burke 1770 in seinen *Thoughts on the Cause of the Present Discontents* schrieb. Dieses Buch schreibt eine einfache Frau, die keine Rezepte liest oder benutzt und die keinen Luxustisch deckt. Es soll für einfach lebende Menschen sein, für die andere Dinge ausschlaggebend sind als kulinarische Belange, als verfeinerte und kunstvolle Speisen. Es ist nicht für Leute, die um des Essens willen essen. Es ist für bescheidene, mäßige Leute, die essen, um ihren Körper zu ernähren und vermeintliche Delikatessen Feinschmeckern überlassen.

Meine Schwester ist eine geborene Köchin. Sie verkehrt in vornehmen Kreisen, und es macht ihr Freude, sich kunstvolle Speisen auszudenken und sie herbeizuzaubern. Sie könnte ein ausgezeichnetes Kochbuch schreiben, aber sie ist zu sehr damit beschäftigt, Golf zu spielen. *Phantastisches Essen für phantastische Leute* könnte sie ihr Buch nennen. Ich bin ihre einfache Schwester und werde über einfache Nahrung für einfache Leute berichten.

Für manche Leute ist Essen das aufregendste Thema in ihrem Leben. Für andere ist es eine Nebensache. Zu denen gehöre ich, auch wenn ich es ab und zu in Gesellschaft genießen kann, etwas Gutes zu essen. Warum auch sollte ich das verdammen, was es an guten und köstlichen Gaben auf dieser Erde gibt? Ich sage nur, sei vorsichtig und sei dir der wichtigsten Dinge bewußt.

Ein Mensch sollte sich schämen, seine Nahrung einzunehmen, wenn sein Magen nicht fähig ist, daraus eine intensive und erfreuliche Beschäftigung zu machen.

Robert Louis Stevenson,
Men and Books, 1888

Viele Leute ziehen darüber her, daß man den Freuden der Tafel zuviel Bedeutung beimißt; aber man kann nicht beobachten, daß diese Moralisten mehr als andere gegen die Genüsse des Gaumen sind, wenn sie selbst Gelegenheit dazu haben. Es ist eine armselige Philosophie, deren Gegenstand es ist, die Möglichkeiten der Freude und des Genusses zu verringern.

Louis Eustache Ude,
The French Cook Book, 1828

Kochbücher sind meistens für Menschen bestimmt, die überfüttert und mit Nahrung überversorgt sind, und die nach schmackhaften Zutaten Ausschau halten, um ihren verlorengegangenen Appetit wiederzubeleben. Sich an übermäßig gekochten Lebensmitteln zu überessen, ist Sucht und keine physiologische Notwendigkeit. Ich liebe feste, harte, knusprige, möglichst rohe Nahrung, die man kauen muß, nicht weiche, breiige Nahrung, die leicht zu schlucken ist.

Jede Art von Nahrung sollte durch das Kochen so gelassen werden, daß die Kauorgane – die Zähne – so stark wie möglich beansprucht werden. Und doch, stimmt es nicht, daß Dreiviertel der Bemühung dessen, was man Kochen nennt, dazu dient, die Zähne zur Trägheit zu ermuntern?

William A. Alcott,
The Young Wife, 1838

Die Nahrung, die ich zubereite und serviere, soll den Körper gesund erhalten; sie soll nicht dazu führen, daß sich der Geschmack verfälscht und man automatisch ungesunde Sachen ißt, wenn man schon lange keinen Hunger mehr hat. Genug zu essen, ist wie ein Fest, genaugenommen noch besser, weil man nicht zuviel ißt und nicht krank oder dick wird.

Je appetitanregender unsere Speisen zubereitet werden, um so mehr wird davon gegessen und um so schlechter ist das für die körperliche Gesundheit. Wenn man doppelt so viel Popcorn ißt, wenn es reichlich gesalzen und gebuttert ist, warum sollte man es dann salzen und buttern? Am besten ist, man ißt eine ausreichende Portion einfaches Popcorn und hört dann damit auf. Wenn wir nicht hungrig genug sind, um ungesalzenes Popcorn oder Brot ohne Mengen von Butter und Marmelade oder Salat ohne ein gewürztes Dressing zu essen, warum sollten wir dann überhaupt etwas zu uns nehmen? Warum warten wir nicht, bis wir hungrig sind, ohne uns nach besonderen Anregungen zu sehnen? Wenn Salz und Gewürze uns veranlassen, mehr von einer Speise zu essen, sollten wir Salz und Gewürze weglassen und weniger davon essen. So einfach ist das.

Die Menschen graben sich ihre Gräber mit ihren eigenen Zähnen und sterben häufiger durch diese gefährlichen Instrumente als durch die Waffen ihrer Feinde.

Thomas Moffett,
Helth's Improvement, 1600

Unglücklich sind diejenigen, die mehr Hunger haben als ihr Magen.

Sir Thomas Elyot,
The Bankette of Sapience, 1545

Nahrung ist Brennstoff für den Körper. Geben wir unserem Motor nicht zu hochwertige Nahrung, so daß wir ihn nicht überladen. Geben wir ihm die richtige Nahrung, die leicht zu verdauen ist. Und überschwemmen wir ihn nicht (der Magen ist der Vergaser), sonst wird die Maschine nicht funktionieren. Sie wird eine Fehlzündung haben oder sich ganz weigern zu starten.

Um auf meine französischen Bekannten zurückzukommen – ich sagte ihnen: »Ich bin keine Köchin. Ich koche nicht gerne, wißt ihr, ich koche nur, wenn es nötig ist und dann keine Tierleichen. Ich bin seit meiner Geburt Vegetarierin und werde totes Fleisch nicht mit einem Schlachterbeil anrühren und es erst recht nicht kochen und essen. Was soll denn das für ein Buch werden?«

»Ah, aber gerade das wird gebraucht, ein Führer für Unwissende mit verdorbenem Geschmack!

Schreib ein *Warum-ich-nicht-koche-Buch, ein Nicht-mehr-kochen-Buch, ein Anti-Kochbuch*!«

Die Frage, ob ich ein solches Buch schreiben sollte, kam immer wieder ins Gespräch, in verschiedenen Formen, in verschiedenen Ländern und auch zu Hause in unserer eigenen Küche. Wenn wir unsere einfache Nahrung aßen, sagten Bekannte wie Fremde oft: »Sag, was hast Du zu diesem außergewöhnlichen Gericht genommen? Können wir das Rezept haben? Ich möchte das selbst ausprobieren. Du solltest ein Kochbuch schreiben.«

So nahm mich diese sonderbare Idee langsam in Besitz. Vielleicht sollte ich doch versuchen, einige unserer Eßgewohnheiten zu Papier zu bringen, unser »Pferdefutter«, »Scotts Lieblingspaste«, »Morgenwärmer« oder »Grünes Wunder«. Vielleicht waren es diese Rezepte doch wert, veröffentlicht zu werden. War ich dazu geeignet?

Ein Mann, der gefragt wurde, was er von einem bestimmten Kochbuch hielt, überlegte eine geraume Weile und antwortete dann: »Es ist eher interessant als gut.« Genauso geht es mir. Mein Kochen kann interessant sein, aber ich behaupte nicht, daß es gut ist, außer vielleicht in dem Sinne, wie Joseph Conrad im Vorwort zum Kochbuch seiner Frau schreibt:

Unter gutem Kochen verstehe ich die gewissenhafte Vorbereitung einer einfachen Mahlzeit des täglichen Lebens und nicht das mehr oder weniger geschickte Ausbrüten eitler Festmähler oder außergewöhnlicher Gerichte.

Jessie Conrad,
A Handful of Cookery for a Small House, 1923

Wenn ich Sachen zusammenrühre, ist das ein Experiment – genauso, wie Kochen ursprünglich immer ein Experiment war. Nicht immer muß die Not die Mutter der Erfindung sein, aber beim Kochen ist sie es oft. Ich mag es, wenn ich nur wenige Zutaten habe, um daraus etwas zuzubereiten, und keine vollgestopften Kühlschränke und Speisekammern. Es erfordert einfach mehr Einfallsreichtum.

Eine spontane Eingebung wie die folgende ist eine einfache Improvisation, ganz plötzlich entstanden. Ich brauchte schnell etwas, um es Scott zum Abendbrot zu geben. Es war ein heißer Abend, und ich wollte kein Feuer machen. Ich nahm eine Handvoll gekochten wilden Reis (die kostbare Gabe eines reichen Freundes) und mischte ihn mit etwas gekochter Sellerie, die vom Tag vorher übrig geblieben war. Ich öffnete eine Dose entsteinte schwarze Oliven (auch ein Geschenk – solche Delikatessen habe ich normalerweise nicht bei meinen Vorräten), trennte sie vom

Saft und mischte sie unter den Reis. Scott hatte einige Radieschen und Rettiche für Salat an die Tür gelegt. Ich schnitt sie in Scheiben und gab sie zu dem Reis, um dem Ganzen Farbe zu geben. Ein Schuß Olivenöl, eine Prise See- und Selleriesalz: Das Ganze wurde ein sehr gut genießbares, einfaches, kaltes Gericht – aber kaum erwähnenswert für ein Kochbuch.

Ich lese selten in Kochbüchern – außer aus Forschungszwecken (z. B. um dieses Buch vorzubereiten). Ich sehe nicht einmal sechsmal im Jahr in ein Kochbuch. Ich habe zwar viele, benutze sie aber selten. Ich bin eine spontane Köchin und arbeite mit den Materialien, die ich gerade zur Hand habe, in der Speisekammer, im Keller oder im Garten, und ich lasse meinen Geist und meine Hände mit ihnen arbeiten. Meistens wird etwas Eßbares und Nahrhaftes daraus.

Wisse, daß Dein Geschick von Dir selbst abhängt. Alle Kochbücher, alle künstlichen Hilfen, alles kritische Lernen und alle erklärenden Bemerkungen sind vergeblich, wenn Du ohne Talent kochst.

Dionysius The Carthusian, 1450

In den 30er Jahren gab mir jemand das Buch *Let's Cook it Right* von Adele Davis. Eine einzige Seite wurde gelesen und im Laufe der Zeit mit Fingerabdrücken beschmiert: die Seite mit den Hagebuttenrezepten. Als wir nach Maine kamen, fanden wir große Flächen mit *Rugosa*-Rosen, die an der Küste wuchsen. Ich wußte vom hohen Vitamin C-Gehalt ihrer Hagebutten, aber ich hatte keine Ahnung, wie man sie zubereiten konnte. Als ich Adele Davis schrieb und ihr von der einen beschmierten Seite berichtete, freute sie sich, weil sie gedacht hatte, niemand würde sich die Mühe machen, Hagebutten einzukochen.

Ich koche nicht nach einem Buch und erwarte auch nicht, daß es irgendjemand tut. Niemand brachte mir das Kochen bei, und es muß niemandem beigebracht werden. Man kann es so machen wie ich und es sich selbst beibringen.

Auch meine Mutter war keine Köchin, obwohl sie Holländerin war und zur guten Hausfrau erzogen wurde. Sie kannte die Küche kaum, die in der großen Villa hinter dem Rijksmuseum in Amsterdam lag, in dem ihr Onkel (ihr Pflegevater) Direktor war. Ich erinnere mich, daß es in meiner Kindheit zu Hause in New Jersey eine Folge von Kates, Berthas und Maggies gab, die sich um den Haushalt kümmerten. Mein Vater (mit einer europäischen Einstellung, die ihn niemals die Küche betreten ließ) und ich (die stets nur Violine spielte, wenn es etwas zu tun gab, wenigstens behauptet meine Schwester das) sahen das Essen bei Tisch als ein natürliches Ereignis und auch als ein Recht an. Als ich Mitte zwanzig war, beschränkten sich meine Kochkenntnisse darauf, wie ein Teenager Reste für das Familiensonntagsfrühstück aufzubacken. Und das war ein spontaner und freiwilliger Beitrag, weil ich den Frieden und die Ruhe des frühen Sonntagmorgens liebte, bevor jemand anderes auf war. Sonst hielten mich meine Violinhände von der Küchenarbeit fern. Wie viele andere meiner verwöhnten Generation in Amerika im ersten Viertel dieses Jahrhunderts ging ich der Hausarbeit aus dem Weg, und als ich dann für meinen eigenen Haushalt verantwortlich wurde, hatte ich wenig oder gar keine Erfahrung.

Ausgestattet mit jedem nur möglichen Nachteil an Unwissenheit, Unerfahrenheit und Mangel an geeignetem Material, begann ich nicht bei Null, sondern in den tiefsten Tiefen der Unwissenheit, die sich nicht mehr messen lassen.

Sheila Kaye-Smith,
Kitchen Fugue, 1945

Es wird gesagt, daß gute Köchinnen und Köche geboren und nicht ausgebildet werden. Ich wurde nicht als gute Köchin geboren, und ich wurde nicht dazu ausgebildet; ich bin bis heute keine, aber ich kann eine große Familie oder viele Gäste schnell, einfach, nahrhaft und sparsam im Handumdrehen verköstigen. Wenn wir uns gerade zum Essen gesetzt haben und ich sehe, daß ein Auto vor dem Haus hält und somit sechs Leute mehr zum Essen kommen, gebe ich etwas Wasser, Tomaten, Zwiebeln und Petersilie zur Suppe. Ich setze etwas Buchweizengrütze auf und koche sie 5 Minuten lang. Wenn wir Salat essen, gebe ich einige Stengel Sellerie und etwas grünen Paprika dazu und nehme einen zusätzlichen Kopfsalat. Ich hole ein paar mehr Äpfel oder Apfelkompott aus dem Keller für den Nachtisch: Zwölf unerwartete Gäste können sich nach zwanzig Minuten setzen, um ein sättigendes Mahl einzunehmen – nichts Übertriebenes, aber alle werden satt. Es ist immer genug da, und es bleibt immer noch etwas übrig. Niemand muß hungrig aufstehen. Cervantes sagt in *Don Quichote*: »Ist in einem Haus genug vorhanden, ist das Essen bald gekocht.«

Bei der Planung dieser meiner Bemühungen habe ich es des allgemeinen Wohls wegen so eingerichtet, daß ich für die, deren Geldbeutel nicht für die Kosten prachtiger Mahlzeiten ausreicht, zu geringeren Ausgaben übergegangen bin, damit sie, auch wenn es plötzlich sein muß, ihren Kindern, Bekannten und Verwandten in allen Jahreszeiten eine reichliche und schmackhafte Bewirtung geben können, auch wenn sie von Städten oder Dörfern entfernt wohnen.

Robert May,
The Accomplisht Cook, 1685

Ich bin fest entschlossen und werde versuchen, es zu verwirklichen, daß alle Zutaten der Rezepte in meinem Buch, wenn möglich, direkt aus dem Garten sind, daß sie, wenn überhaupt, nur wenig gekocht werden und dann mit geringer Hitze, damit wenig Vitamine und Enzyme zerstört werden, mit wenigen Gewürzen, und daß möglichst wenig Schüsseln, Töpfe und sonstiges Zubehör benutzt werden. Für diese Art des Essens sind weniger Vorbereitungen notwendig, weniger Kochen, es ist leichter zu verdauen, und die Nahrung ist wertvoller, gesünder und preiswerter.

Dieses Buch über einfache Nahrung ist für einfach lebende Menschen gedacht, für jene jungen Leute, die der etablierten Gesellschaft heutzutage in Scharen den Rücken kehren. Es soll ihnen zeigen, wie man sich mit wenig Erfahrung, wenig Zeit, wenig Geld, wenigen Zutaten und völlig unkompliziert ernähren kann.

Die Mittel, mit denen der Autor versucht hat, seine Absichten auszuarbeiten, werden hoffentlich so verstanden, daß Vergnügen mit Nützlichkeit und Unterhaltung mit praktischen Informationen kombiniert sind.

John Timbs,
Hints for the Table, 1859

Es war die Nacht vor Weihnachten, so heißt es im Buch. Kein Geschöpf regte sich, nur der Koch.

Anonymous, ohne Datum

Obwohl die Landwirtschaft scheinbar den Gewinn bringt,
Macht die Hausarbeit die gleiche Mühe.
Das Wetter bringt den Männern Ruhepausen,
Aber die Arbeiten der Hausfrau enden niemals.
Eine gute Hausfrau wäscht Geschirr, macht Sauerteig, hütet das Feuer, schließt die Tür und geht ins Bett.

Thomas Tusser, *Five Hundreth Pointes of Good Husbandrie*, 1557

Schau mal, ich führe seinen Haushalt, und ich wasche, putze, bereite Getränke, backe, jage herum, kleide und ernähre uns, mache die Betten und tue alles ohne Hilfe. Das ist eine gewaltige Arbeit für ein Paar Hände.

Mrs. Clarissa Packard, *Recollections of a Housekeeper*, 1834

Obwohl ich gerne koche, möchte ich nicht endlos lange Stunden damit zubringen.

Alan Hooker, *Vegetarian Gourmet Cooking*, 1970

Die Tretmühle einer Woche ist Waschen, Backen, Bügeln, Früchte trocknen, Kleider lüften, Nähen, Putzen, Backen und wieder Putzen. So geht es Woche für Woche. Essen und trinken, kochen und Geschirr spülen, schrubben und Sauerteig zubereiten – so gehen wir durch das Leben, und legen unsere Werkzeuge erst am Rande des Grabes nieder! (...) Du backst und kochst und brätst und dämpfst; Kummer und Mühe, geradeso als ob es das Hauptgeschäft der Leute in dieser Welt sei, zu sehen, wieviel sie essen können – und es zu tun.

Jane G. Swissholm, *Letters to Country Girls*, 1853

Alle Kochkunst – und wenn die Zutaten noch so einfach sind – ist mehr oder weniger beschwerlich.

Lady Barker, *First Lessons in the Principles of Cooking*, 1874

Die unabänderlichsten Sitten sind die Eßgewohnheiten. Farmer, die ein Pferd nicht zu hart antreiben würden, erwarten von ihren Frauen dreimal am Tag warmes Essen.

Ella H. Richards, *The Healthful Farmhouse*, 1906

Muß Kochen eine Schinderei sein?

Es gibt einen alten schottischen Vers über die Schinderei des Kochens: »Von morgens bis abends muß man sich placken beim Rösten, Braten, Kochen und Backen.«

Meine Ansicht ist und bleibt, daß der Platz der Frau nicht unbedingt in der Küche ist, sondern dort, wo sie sein möchte und ihre Arbeit kompetent ausüben kann.

Wenn das Kochen Ihre Berufung ist, halten Sie durch! Backen, braten, grillen und rösten Sie! Es wird Ihnen ein Vergnügen sein und keine Arbeit, keine Schinderei. Ich vertrete eine andere Richtung und verbringe nicht gerne meine Zeit drinnen, ganz egal wofür und bestimmt nicht, um Umstände zu machen und mich mit Nahrung vollzustopfen. Man sagt, die Menschheit sei ein kochendes Tier (oder sie ist zu einem geworden). Ich bin keine kochende Frau. Und zur Verteidigung anderer Frauen, die so sind wie ich, bin ich der Ansicht, daß sich Frauen nicht an den Herd klammern und den größten Teil ihrer Zeit mit Kochen und Hausarbeit vergeuden sollten.

Man sagt, daß Arbeit nur dann Arbeit ist, wenn man lieber etwas anderes täte. Nun, ich würde lieber ein gutes Buch lesen (oder schreiben), gute Musik spielen, eine Mauer bauen, im Garten arbeiten, schwimmen, Schlittschuh laufen, spazieren gehen – irgend etwas Aktiveres, Vernünftigeres oder Anregenderes tun. Daher bereite ich das Essen so rasch wie möglich zu, dann gehe ich ins Freie oder zu meiner Musik oder zu meinen Büchern.

Es ist mein Ziel, die Mühe und Arbeit der Nahrungszubereitung auf ein Minimum zu reduzieren: eine genießbare, nahrhafte und reichliche Nahrung bereiten, sie mit dem geringsten Aufwand auf den Tisch bringen und allen, die da sind, sagen: » Die Suppe ist fertig, kommt essen.« Wenn sie sie mögen, gut. Wenn nicht, sollen sie sich anderswo und auf andere Weise satt essen. Ich habe getan, was ich zu tun bereit bin.

Vielleicht ist die Geschichte von der Bäuerin bekannt, die ihre Tage damit verbrachte, für ein halbes Dutzend Landarbeiter zu kochen und die eines Nachmittags verrückt wurde. Als sie zu dem Wagen geführt wurde, der sie in die Psychiatrie bringen sollte, wiederholte sie nur: »Sie haben alles in zwanzig Minuten aufgegessen, sie haben alles in zwanzig Minuten aufgegessen.« Sicherlich hätte es andere Möglichkeiten gegeben, wie diese Frau ihr Leben glücklicher hätte verbringen können.

William A. Scott besuchte Anfang des 18. Jahrhunderts eine einfache Hütte und wurde zum Mittagessen eingeladen:

Es wurden keine großen Vorbereitungen getroffen. Es war nur ein Werk von Minuten, eine große Schüssel gekochten Maisbrei aufzutischen, eine Schale voller Äpfel, einen kleinen Topf Melasse, eine kleine Tasse Milch und einige Teller. Es fiel kein Wort der Entschuldigung. Es war wirklich ein einfacheres Mahl, als ich es unterwegs zu finden gewohnt war, aber es war bekömmlich und angenehm. Und wie wenig Arbeit hatte es gemacht!

William A. Scott,
The Mother in Her Family, 1838

Der gleiche Autor spricht mißbilligend über die Art und Weise, wie Frauen zu seiner Zeit gewöhnlich ihre Hausarbeit erledigten.

Sollen diejenigen, die mit kleinem Einkommen leben müssen, die einzelne Mahlzeit einfach gestalten. Sollen sie darüber nachdenken, wieviel Zeit und Arbeit es die Frau kostet, ein halbes Dutzend oder ein Dutzend verschiedene Speisen für eine Mahlzeit zuzubereiten, während ein einziges reichlich bemessenes Gericht viel gesünder und ökonomischer wäre und ebenso angenehm.

William A. Scott,
Ways of Living on Small Means, 1837

Ich habe nichts gegen Arbeit und auch nichts gegen harte Arbeit, aber ich wünsche, daß ein dauerhaftes Ziel und ein dauerhafter Zweck damit verbunden ist. William Saroyan sagt kurz und bündig: »Es macht mir keinen Spaß, wenn man viel Aufhebens macht für ein bißchen Nahrung, die durch die Speiseröhre in den Darm gelangt.« (*Twenty is the Greatest Time in Any Man's Life*, The Saturday Evening Post, März 1977)

John Russel benutzte im 15. Jahrhundert kompliziertere Worte: »Diese Köche mit ihren neuen Geräten hacken und rühren jeden Tag viel Neues. Sie sind erfinderisch und bringen es fertig, die Leute Gefährliches schlucken zu lassen und durch nette Exzesse von derlei Dingen ihr Leben frühzeitig zu beenden.« (*The Boke of Nurture*, 1452)

Warum sollten wir uns so viele Umstände machen und so viel Zeit und Energie aufwenden, nur um den Körper zu füttern? Indem man Nahrung und Mahlzeiten einfach und leicht macht, werden die Aufgaben so verringert, daß man nur noch wenig Arbeit hat.

Beschränken Sie Verzierungen und Phantasien auf ein Minimum. Stellen Sie das Wesentliche in den Vordergrund. Versuchen Sie, mit den geringsten Anstrengungen den größten Nährwert zu erreichen. Lernen Sie, welche Nahrung der Körper braucht, um gut zu funktionieren – Vitamine, Mineralien und Proteine. Finden Sie die natürliche, angemessene Kost und bleiben Sie dabei.

Ich glaube, die Arbeit, die Menschen zu ernähren, könnte so sehr vereinfacht werden, daß man weniger Zeit braucht, eine Mahlzeit zuzubereiten, als sie zu essen, während es zur Zeit meistens umgekehrt ist. Vielleicht wäre das ein Kriterium für vernünftiges Essen: Wenn wir eine halbe Stunde oder eine Stunde zum Essen brauchen, dann verwenden wir nur soviel oder weniger Zeit für die Vorbereitung, nicht mehr. Dann sind wir auf dem richtigen Weg, einfach und von einfacher Nahrung zu leben.

Essen wir Apfelkompott oder einen rohen Apfel statt Apfelkuchen! Wenn wir Kartoffeln essen möchten, machen wir uns nicht die Umstände, sie zu braten oder zu pürieren; beides macht unnötige Arbeit. Bürsten wir sie und backen wir sie im Backofen und essen sie einfach so oder mit Butter und Salz. Kann es ein köstlicheres oder einfacheres Mahl geben? Statt Haferflocken zu einer klebrigen Masse zu kochen, schütten wir eine Tasse voll Haferflocken in eine Schale, geben ein bißchen Öl, Zitronensaft und Rosinen dazu, und fertig ist eine unbehandelte, nahrhafte Speise, an der man etwas zu kauen hat und die in Sekunden fertig ist. Wir nennen sie »Pferdefutter«.

In unserer Speisekammer sind Fässer und Dosen mit den verschiedenen Getreidesorten, die man mit einem Minimum an Aufwand roh oder gekocht essen kann. Ich weigere mich, irgend etwas zuzubereiten, wofür eine halbe Stunde oder mehr Zeit nötig ist. Warum ein paar Stunden aufbringen, um Brot zu backen, wenn man mit einem Aufwand von ein paar Minuten eine Familie mit ebenso guter oder noch besserer Nahrung versorgen kann, mit einfachen unverfälschten Dingen wie Hirse, Buchweizen, Weizen oder Hafer? Anstatt zu mixen und zu kneten, ist es doch so viel einfacher, kochendes Wasser auf Hirse oder Buchweizengrütze zu schütten und den Topf auf dem heißen Ofen zehn oder fünfzehn Minuten köcheln zu lassen. In dieser kurzen Zeit sind die Körner fertig zum Essen, heiß oder kalt, mit Butter oder Öl, mit Sirup oder Honig, mit Erdnußbutter, mit Rosinen oder Datteln oder mit klein geschnittenen Äpfeln oder Bananen.

Der Verzicht auf Backen, Braten und Grillen erspart uns auch das endlose Abwaschen und Scheuern von Töpfen und Pfannen. Essen Sie doch von einem Teller oder aus einer Schale! Lassen Sie alles Unwichtige an Geräten weg, genauso den Aufwand bei der Zubereitung des Essens!

Der Nährwert sollte wichtiger sein als der Geschmack, ebenso Sparsamkeit und leichte Zubereitung. Unsere Mahlzeiten sind einfach, aber sie wechseln täglich; etwas Obst oder Obstsaft und unser eigener Kräutertee zum Frühstück; eine kräftige Gemüsesuppe mit gekochten Körnern, Erdnußbutter, Honig und Äpfeln zum Mittagessen; eine große Portion Salat, einige gekochte Gemüse aus dem Garten und ein Nachtisch aus Obst zum Abendbrot. Die Suppe kann jeden Tag anders sein. An Getreide stehen Hirse, Buchweizen, Hafer, Weizen oder Reis zur Verfügung. Der Salat muß nie der gleiche sein. Die Gemüsesorten variieren mit der Jahreszeit. Unser Nachtisch kann eine von vielen Obstsorten sein, roh oder gekocht. Aber der Grundplan bleibt, so daß die Kost einfach ist und die Zubereitung nicht schwierig.

Wenn ich das Schema unserer Eßgewohnheiten beschreiben sollte, würde ich sagen, daß wir versuchen, uns so nahe wie möglich an folgendes System zu halten: 35 % Obst, 50 % Gemüse, 10 % Protein und 5 % Fett. Das ist keine starre Vorschrift, aber es ist unser Ziel.

Scott ist in puncto Essen absolut anspruchslos, solange ich die Kost einfach gestalte. Setze ich ihm ein raffiniertes Menü vor, für dessen Zubereitung ich einige Zeit gebraucht habe, wird er enttäuscht sagen: »Keine gebackenen Kartoffeln heute?« Wir beide, er und ich, wären mit einem grünen Salat und gebackenen Kartoffeln zum Abendbrot zufrieden, jeden Abend, das ganze Jahr lang. Warum sollten wir unsere Mägen mit mehr belasten? Ich muß allerdings zugeben, daß das bei einer Gelegenheit recht extrem wurde:

Wir waren einige Tage bei einer japanischen Familie in Tokio. Die schüchterne, aber fleißige und eifrige Hausfrau fragte, was wir gewöhnlich äßen, damit sie das erste Abendessen bereiten könne. Ich sagte: »Ach, nur einen Salat und gebackene Kartoffeln«, in der Hoffnung, daß das für sie – so wie es das für mich gewesen wäre – die einfachste Mahlzeit sei. Solange wir dort waren, gab uns die gute Seele fortan zu jeder Mahlzeit Salat und gebackene Kartoffeln. Man hätte sich weitaus schlechter ernähren können, und es hat uns nichts geschadet, aber wir hinterließen bei ihr einen seltsamen Eindruck von der amerikanischen Ernährung.

Thoreau ist vielleicht ein noch einfacherer Gast gewesen. Als man ihn bei Tisch fragte, welches Gericht er möchte, erwiderte er gleichgültig: »Das am nächsten stehende.«

Richard Burton, Autor des 1628 erschienenen Buches *The Anatomie of Melancholy* ging in seiner Gleichgültigkeit noch weiter – in den folgenden bissigen Worten: »Was soll ich mich darum sorgen, aus welchem Material meine Exkremente gemacht sind?«

Wenn ich alleine und in einem warmen Teil der Welt leben würde und nicht in Neuengland, würde ich mich von Früchten und Nüssen und saftigen, rohen, grünen Gemüsen ernähren. Da wir in einem kalten Klima leben, wo Früchte und Nüsse nicht reichlich vorhanden sind, koche ich mehr oder weniger, und je weniger, desto besser.

Wir hatten in gewisser Weise Glück, als wir von Vermont nach Maine zogen. Wir ließen in Vermont einen ausgezeichneten Backofen zurück und kauften uns (unbesehen) einen eleganten, weiß emaillierten Komfortherd – seinerzeit vermutlich der Beste auf dem Markt – mit einem großen Feuerraum. Er war bestens isoliert für ein zentralgeheiztes Haus (was unseres nicht war), aber er heizte und backte nicht gut. So kam es, daß ich von da an den Backofen wenig benutzte und meistens auf dem Herd kochte. Notgedrungen kochte ich weniger.

Einfacher, einfacher, wie Thoreau sagt. Mäßigen wir unsere Wünsche, und unsere Lasten werden geringer sein. Machen wir aus unseren Festtagen Fastentage. »Am Geburtstag oder am Hochzeitstag ist es Zeit, der verlockenden Nahrung auszuweichen« schrieb Dr. John Armstrong (*The Art of Preserving Health*, 1804). An Weihnachten, am Erntedanktag, am Neujahrstag, an Ostern und an solchen Feiertagen, wenn Hausfrauen sich plagen und viele Menschen zuviel essen, geben Scott und ich dem Magen und der Köchin frei, indem wir keine feste Nahrung zu uns nehmen und nur Wasser oder Säfte trinken. Wir tun das aus Protest gegen den Unsinn des Festessens, gegen die nationale Völlerei, mit der sich überernährte Menschen überessen, und aus Mitleid mit dem überlasteten Verdauungssystem und der Köchin. Es ist eine gute Ruhepause für den Magen ebenso wie für die Hausfrau. Wir fasten auch einen Tag in der Woche (meistens Sonntag); zumindest wird an diesem Tag nichts gekocht. Und zum Frühstück koche ich auch nichts, das ganze Jahr hindurch. Im Frühjahr gehen wir oft, für zehn Tage etwa, zu einer Apfeldiät über. Dies ist eine gute Frühjahrsreinigung. Wir essen soviel rohe Äpfel, wie wir möchten und können. Es ist kein strenges Fasten, bei dem sich die Energien erschöpfen können. Es ist eine Monodiät, mit der man die Arbeit fortsetzen kann.

Eine Obstnahrung erfordert weniger Würzen, weniger Kochen und weniger vorbereitende Arbeit als eine Nahrung aus Getreide und Gemüse. (...) So wie die Zivilisation auf ihrem momentanen Weg zur Kompliziertheit fortschreitet, werden Getreide und Gemüse mehr und mehr Gewürze und kunstvolle Mischungen zugefügt, bis schließlich in unserer modernen Küche und in einem gut eingerichteten großen Haushalt ein Chef da sein muß, der nur wegen seiner Fähigkeit angestellt ist, hochkomplizierte und raffinierte Speisen und Saucen zusammenzukochen und zuzubereiten.

Dr. Emmet Densmore,
How Nature Cures, 1892

Liebe Leserin, lieber Leser, lesen Sie dieses Buch, um zu lernen, wie man nicht zuviel kocht. Machen Sie Ihre Mahlzeiten einfach, einfacher, am einfachsten – schnell, schneller, am schnellsten. Und in der Zeit und mit der Energie, die Sie sparen, schreiben Sie ein Gedicht, machen Sie Musik, säen Sie guten Samen, verbinden Sie sich mit der Natur, spielen Sie Tennis, besuchen Sie eine Freundin oder einen Freund. Sorgen Sie für ein Leben ohne Schinderei. Wenn Sie gerne kochen, ist es für Sie ja keine Arbeit und keine Schinderei. Das ist gut so. Tun Sie es und genießen Sie die Freude des Kochens. Aber wenn es Schinderei ist, hören Sie damit auf oder vereinfachen Sie es. Sie werden imstande sein, gut zu essen und auch für Ihre eigenen Dinge Zeit haben.

Wir müssen uns vor solcher Nahrung hüten, die uns dazu bringt, zu essen, wenn wir nicht hungrig sind, da sie den Appetit reizt. Gibt es denn nicht, in maßvoller Einfachheit, eine gesunde Vielzahl eßbarer Dinge: Gemüse, Wurzeln, Oliven, Kräuter, Milch, Käse, Früchte und alle Arten getrockneter Nahrungsmittel? Denn von allen Nahrungsmitteln sind die am geeignetsten, die man sofort verspeisen kann, ohne Feuer, denn sie sind schon ganz fertig; und danach die, die die einfachsten sind.

Titus Flavius Clemens,
The Instructor, 220 A.D.

Wenn die menschliche Rasse auf die Stimme der Vernunft hören würde. würde sie merken, daß Köche genauso überflüssig sind wie Soldaten.

Seneca,
Epistle to Lucilius, 62 A.D.

Es kann eine Zeit kommen, wo Menschen sich mit Engeln zusammentun und mühelos ihr Essen finden (...). Und Eva bereitet zu den Mahlzeiten appetitliche Früchte, von einem Geschmack, der dem echten Appetit gefällt (...). Auch wenn sie miteinander reden – keine Sorge, daß das Essen kalt wird.

John Milton,
Paradise Lost, 1665

Rohe Nahrung ist sowohl natürlicher als auch angenehmer; natürlicher, weil sie mit weniger Mühe von der Natur selbst zubereitet wurde und dadurch der Natur und all Ihren Absichten und Zwecken angemessen dient. Sie verleitetet den Menschen weder dazu, zu essen, bis er unfähig ist, sich zu rühren, noch führt sie zu Krankheit; sie gibt Kraft und verlängert das Leben.

Sir George Mackenzie,
A Moral Essay, Preferring Solitude to Public Employment, 1685

Die Feinheit und echte Befriedigung durch eine mäßige Mahlzeit und das unendliche Wohlbefinden, das ein gut gepflegter Garten gewährt, kostet weder Heizöl noch Feuer zum Kochen, weder Mühe noch Zeit zum Ernten und Vorbereiten. Alles ist so schnell bei der Hand, fertig zubereitet und so leicht verdaulich, daß es weder den Geist belastet noch die Sinne abstumpft.

John Evelyn,
Acetaria, 1699

*Genieße das Festmahl,
das die Natur bietet.*

Samuel Johnson,
To Purchase Heaven, 1760

Man sollte nicht schneiden, kein Messer sollte zarte Ähren verletzen und die Steingutplatte verwunden.

Joel Barlow,
The Hasty-Pudding, 1796

Kochen oder nicht kochen: Rohkost contra gekochtes Essen

Eine Möglichkeit, die Arbeit der Hausfrau auf die Hälfte zu reduzieren, besteht darin, überwiegend oder ausschließlich Rohkost zu essen. In tropisch warmen Gegenden kann man von den dort wachsenden Früchten und Nüssen leben, die man sammelt und ißt, wo sie wachsen. Sie sind die leichteste, beste und natürlichste Nahrung, unbehandelt, saftig, pulsierend, voller Leben und mit großem Nährwert, ohne große Unterbrechung zwischen den lebendigen Kräften der Pflanzen und den lebenden Kräften unseres Körpers.

Nahrung, die nicht mit Hitze behandelt wurde – roher Salat und rohes Obst – ist eine bessere Vitaminquelle als jede tote, bearbeitete Nahrung. Sie sollte gegessen werden, wenn sie geerntet wird, ihrem lebenden, wachsenden Zustand so nahe wie möglich. Die Natur hat diese Nahrung für uns zubereitet. Sonne, Luft, Boden, Regen – alle haben ihre Arbeit getan, und wir haben sofort den Nutzen davon. Sie ist lebende Nahrung – Sonnennahrung.

Die Sonne ist unsere zentrale Quelle für strahlende Energie. Die warmen, alles durchdringenden Strahlen der Sonne lassen die Nahrung des Menschen reif werden und kochen sie. Ihre langsam wirkenden Strahlen, die die Früchte färben, die Nüsse braun und reif werden lassen und den Blättern der Gemüse ihre zarten Farben geben, stellen Nahrungsmittel her, die direkt serviert werden können. Weiteres Kochen mit künstlichen Methoden führt dazu, ihren Nährwert zu beeinträchtigen.

James Faulkner,
The Unfired Food Diet, 1923

Früchte und Nüsse, kombiniert mit grünem Gemüse, bieten alle Nahrungselemente, die der menschliche Organismus braucht. Rohkost hält das Blut rein und gesund. Zarte und frische Rohkost ist köstlich. Stangensellerie und grüne Paprika (zwei meiner liebsten Gemüse) sind, wenn man sie roh ißt, in bezug auf ihren knackigen Geschmack köstlich. Gekocht werden sie zu einer leblosen, geschmacklosen Masse. Es ist einfach schade, sie zu kochen.

Ohne Zweifel zerstört Kochen, auch schonendes Kochen, einen Teil des Lebens unserer Nahrung. Wir verwenden Temperaturen, die so hoch sind, daß die Lebenskräfte in zerstörender Weise verändert, aufgespalten oder völlig vernichtet werden. Aus einer gekochten Erbse kann keine neue Pflanze mehr wachsen. Gekochte oder eingemachte oder tiefgekühlte Lebensmittel sind tote Lebensmittel. Sie mögen einige hitzebeständige Elemente enthalten, aber, wenn überhaupt, nur wenige Enzyme – jene für das Leben so wichtigen Kräfte. Kochen ist Abtöten, Einäschern; Nahrung kann zu Tode gekocht werden. Es ist wirklich ein Tod, eine Verbrennung, die nur angebrannte Reste des Lebens übrig läßt. Wenn man lange genug kocht, hat man Asche.

Je mehr wir uns einer Kost aus hauptsächlich unerhitzter Nahrung nähern, desto gesünder und kräftiger werden wir. Manche ziehen es vor, anstelle von »Rohkost« die Ausdrücke »unerhitzte Nahrung« oder »lebende Nahrung« zu benutzen. Für sie bedeutet das Wort »roh« etwas Unbearbeitetes, Unfertiges, Unentwickeltes, Unreifes, Derbes oder Grobes. Eine reife Tomate oder eine Banane ist im Gegensatz dazu ein ganz fertiges Produkt, das in sich selbst vollkommen ist und keine Zusätze, kein Süßen, keine Würze, keinen Appetitanreger benötigt. Die von der Natur hervorgebrachte Nahrung sollte der Form, in der sie wächst, so nahe wie möglich gelassen werden. Gekochte Nahrung kann geschmacklich mit frischer, roher Nahrung nicht konkurrieren, es sei denn, man fügt Aroma, Gewürze oder Saucen zu.

Eine Frucht ißt man am besten direkt vom Baum, ohne etwas damit zu tun. Wir sollten sie nicht schälen, in Scheiben schneiden oder reiben, und wir sollten sie nicht kochen.

Lesley Vine,
Ecological Eating, 1971

Einen Apfel von einem lebenden Baum oder einige frische grüne Erbsen von ihren Sträuchern zu pflücken und in dieser Form unserem lebenden Verdauungssystem einzuverleiben, scheint mir wie ein Pluspunkt zu sein, der kleiner wird, wenn das Kochen zwischen diese beiden Handlungen geschoben wird.

Dr. Fred D. Miller,
Open Door to Health, 1971

Wir sollten lebende Nahrung essen, die aus lebenden Zellen besteht. Wenn man dem Körper Nahrung zuführt, kann daraus alleine noch kein Leben entstehen, auch wenn die Nahrung lebt. Der lebende Körper und seine Vitalkräfte müssen daran arbeiten. Wenn man einer Leiche Nahrung einflößt, wird sie davon nicht lebendig, sondern die Nahrung wird mit der Leiche allmählich verrotten. Es ist die mysteriöse Lebenskraft oder Vitalität, die eine Nahrung für den Körper geeignet macht, sie assimiliert und verwertet. Wie können tote Zellen einen lebenden Körper ernähren? Der Austausch von Energien zwischen den lebenden Zellen in den Substanzen der Nahrung und den Gewebezellen in unserem Körper ergibt unübertreffliche, die Gesundheit aufbauende Kräfte.

Frische Nahrung hat etwas Besonderes, besonders pflanzliche Nahrung – eine Art Energie vielleicht, es könnten gewisse Lichtstrahlen oder elektrische Eigenschaften sein, die ihr einen gesundheitsfördernden Einfluß geben. Sicher ist, daß keine synthetische Nahrung, die ich mir ausdenken könnte, der Nahrung aus frischen Lebensmitteln, wie die Natur sie schafft, gleichgekommen ist.

Sir Robert McCarrison,
Nutrition and Natural Health, 1944

Die Chinesen begriffen, daß die Lebenskräfte der Gemüse durch Kochen zerstört werden konnten, und sie betonten die Vorteile einer Ernährung mit rohen oder wenig gekochten Gemüsen.

Dr. Lee Su Jan,
The Fine Art of Chinese Cooking, 1962

Ich liebe die chinesische Küche wegen der Geräusche, die beim Essen im Mund entstehen – all die knackigen Gemüse, der Ton der zerkauten Bohnenschoten: Es ist wirklich sehr erfrischend.

Artikel in der Zeitschrift *Vogue*, Juni 1973

Laß mich junge Radieschen essen und Kohl oder grüne Erbsen, aber kein Ragout, Kotelett, Kompott, keinen Pudding oder irgend etwas Gekochtes. Ich bin das Gekochte leid. Ich rufe: »Etwas Rohes, bitte, etwas, das von keiner Hand berührt wurde, außer von der einen, die es vom blühenden Baum gepflückt hat oder es aus einem ehrlichen Boden gezogen hat.«

M.E.W. Sherwood,
The Art of Entertaining, 1892

Nur der Mensch unterzieht seine Opfer, bevor er sie ißt, der Kunst des Kochens. Fast alles, was die menschliche Rasse ißt, ist gekocht. Aber sind wir so klug, gekochte Nahrung zu essen, und die Affen so dumm, rohe Nahrung zu essen? Die Natur hat Nahrungsmittel geschaffen, die für den Menschen so normal sind wie Gräser für pflanzenfressende Tiere oder wie Fleisch für Raubtiere. Warum machen wir uns dann die Mühe, unsere Nahrung zu kochen? Warum nur? Wir haben die Haustiere zugrunde gerichtet, bis sie so krank sind wie wir. Wilde Tiere leiden nicht unter den Krankheiten der zivilisierten Menschen und ihrer Tiersklaven. Ihre Nahrung ist roh und unverändert.

Tiere setzen sich nicht an einen Tisch, der mit zusammengetragenen Speisen aus allen Gegenden überladen ist. Sie essen immer nur eine Art und überfressen sich deshalb nie. Sie haben heute Gras und Wasser, morgen Gras und Wasser und so weiter, ihr ganzes Leben lang, und doch sind sie vollkommen gesund.

Dr. A.F. Reinhold,
Nature Versus Drugs, 1898

Stellen wir uns vor, wir würden ein Pferd mit einem gebackenen Apfel statt einem knackigen rohen Apfel füttern oder mit gekochtem Hafermehl anstelle von rohem Hafer. Von einer Kost aus gekochtem Salat können eine Kuh oder eine Giraffe oder ein Elefant nicht leben. Würden wir ein Kaninchen mit geschmortem Salat füttern? Wenn sie es essen würden und sich daran gewöhnten, würden sie ebenso krank werden wie die Menschen.

Aber die meisten Menschen sagen, wir kochen, weil die Nahrung dann besser schmeckt. Schmeckt sie tatsächlich besser, wenn sie gekocht ist? Nur für einen Gaumen, der durch verbreitete Gewohnheiten verdorben ist, so wie man sich an den herben, scharfen Geschmack von Kautabak gewöhnen kann oder wie Indianer sich allmählich an den Nachgeschmack der Betelnuß, die sie kauen, gewöhnen. Schmeckt eine gekochte Karotte besser als eine rohe? Nur wenn sie künstlich gesüßt oder unnatürlich gewürzt wird, wenn überhaupt. Zu einem rohen Apfel braucht man keine Sauce. Aber wenn wir ihn backen (also durch Kochen töten), müssen wir, um ihn schmackhaft zu machen, Zimt oder Muskatnuß, Zucker oder Ahornsirup, Rosinen oder Sahne hinzufügen.

Sarah Tyson Rorer sagt in einem Kochbuch aus dem Jahre 1898 mit dem Titel *Left Overs* (»Reste«): »Das Ziel des Kochens ist es, bei jeder einzelnen Zutat, die man zur Bereitung einer Speise braucht, den ihr eigenen Geschmack hervorzuheben und sie leichter verdaulich zu machen.« Aber Kochen verdeckt den jeder Zutat eigenen Geschmack. Und was die Verdauung anbetrifft, so regen eine Schüssel mit rohen jungen Erbsen oder einige rohe Pfirsiche die Verdauung vollständiger, schneller und leichter an als die gleichen Nahrungsmittel, nachdem sie durch Kochen getötet wurden. Man muß dies nur einmal versuchen.

Auch ich backe feste und harte Nahrungsmittel wie Kartoffeln und Kürbis, aber ich weiß auch, wie man rohe Kartoffelscheiben, ganz fein geschnitten und ungeschält, als köstliche Vorspeise mit Rahmkäse und einer Olive darauf den zu Besuch kommenden Damen des Gartenvereins serviert. Sie kauten begeistert, ohne zu ahnen, daß ich ihnen rohe Kartoffeln servierte – es hätten auch rohe Artischocken sein können!

Oft stelle ich Erbsen in den Schoten in einer großen Schüssel auf den Abendbrottisch und lasse die Gäste selbst schälen (wenn die Schoten jung und zart sind, essen wir die Schalen mit). Für ein gutes Sommeressen tische ich oft in Schüsseln Gurken, Radieschen, Schalotten, Schnittlauch, junge Zucchini und kleine Tomaten auf, die wir aus der Hand essen. Es ist erfrischend, auf dem Tisch geriebene Karotten und Sellerie, Scheiben grüner Paprika und Blumenkohlröschen zu haben.

Gewöhnen Sie sich daran, schlichte, leichte, gesunde, einfache Nahrungsmittel zu lieben, halten Sie sich fern von den gräßlich überkochten Gerichten. Versuchen Sie, einige der Speisen, die gewöhnlich gekocht werden, roh zu essen: ja, auch Körner und Kartoffeln. Ich habe jungen Leuten eine Handvoll roher Weizenkörner gegeben, den man wie Kaugummi kauen kann – ein leckerer Geschmack, der den des gekauften weit übertrifft. Zuerst fanden sie es kratzend und sandig in ihrem Mund, aber nachdem sie es fertiggebracht hatten, die Portion fünf oder zehn Minuten lang zu kauen, waren sie begeistert und fanden, es sei der beste Kaugummi, den sie je gehabt hätten.

Wir haben in diesem Land Hunderte von Nahrungsmitteln, die man besser ohne Kochen verbrauchen sollte, aber der Koch drängt seine Kunst auf, er backt, kocht, schmort, grillt und erhitzt diese Nahrungsmittel, bis ihre ursprünglichen Bestandteile völlig verändert sind, bis viele von ihnen fast wertlos geworden sind. Wenn sie ihres ursprünglichen und köstlichen Geschmacks beraubt sind, strebt der Koch danach, die Geschmacksnerven durch Zusammenmischen und Würzen und den Gebrauch sogenannter Extrakte zu reizen, von deren Eigenschaften er überhaupt nichts weiß, bis die ursprüngliche Substanz so umgewandelt ist, daß man sie in Geschmack, Farbe und Aroma nicht mehr wiedererkennen kann.

Mr. and Mrs. Eugene Christian,
Uncooked Foods and How to Use Them, 1904

Kochen und andere Zubereitungsarten sind etwas Gekünsteltes und sollten mit Vorsicht gehandhabt werden. Das schmierige Zusammenkochen und die Mißhandlungen in der Küche in unserer

Zivilisation sollten viel besser ungeschehen bleiben.

C.C. & S.M. Furnas, *Man, Bread and Destiny*, 1937

Rohe Kräuter sind eine großartige Nahrung und den gekochten vorzuziehen, denn der reine, ätherische Geist der Kräuter kann die Kraft des Feuers nicht aushalten. Der lebendige Beigeschmack und der flüchtige Anteil, den die Speise hatte, solange sie roh war, kann durch alle Zutaten, die Natur oder Kunst gewähren, nicht wiedergefunden werden.

Thomas Tryon, *The Way to Health, Long Life & Happiness*, 1683

Es gibt keinen Ersatz für die rohe, ungekünstelte Nahrung der Natur. Sieden, Backen, Braten, Kochen, Gefrieren, Trocknen, Einsalzen, Einlagern und das allgemein übliche Einkochen sind nur ein kümmerlicher Ersatz für frische und rohe Nahrung.

Wenn Sie kochen müssen, machen Sie es sich zum Ziel, so kurz wie möglich am Herd zu stehen und sofort zu servieren. Streben Sie in der gesamten Nahrung wenigstens 50 % Rohkost an. Nehmen Sie zu jeder Mahlzeit etwas Rohkost zu sich. Das wird helfen, den Schaden der gekochten, getöteten oder sogar vergifteten Nahrungsmittel zu neutralisieren. Kochen Sie stets bei niedrigen Temperaturen. Backen oder dämpfen Sie, verwenden Sie Dampfkochtöpfe mit ganz wenig Wasser. Kochen ist besser als braten, backen – und ebenso dämpfen – ist besser als kochen. Roh ist das Beste von allem!

Eure Kräuter und Gemüse sollten nicht zu lange gekocht werden, weil dann die flüchtigen Bestandteile und die duftenden Substanzen sofort verdampfen und die Nahrung fade und schwer verdaulich wird, ihre reine, natürliche Farbe, ihren Geruch und ihren Geschmack verliert und nicht mehr so angenehm und vollwertig ist. Wegen der Zartheit der grünen Kräuter wäre es besser, sie zu wenig als zu viel zu kochen.

Thomas Tryon, *The Way to Health, Long Life & Happiness*, 1683

Ich habe bei meinen Rohkostaktivitäten auch einige Mißerfolge gehabt. Einmal lieferte ich einen Teil meiner Hagebuttenmarmelade an ein Feinkostgeschäft in der Nachbarschaft. Ich hatte die schwer einzudickende Mischung mit rohen geriebenen Kartoffeln angedickt, ein Trick, den ich von meiner deutschen Großmutter gelernt habe. Der Käufer sagte: »Das ist ein ausgezeichnetes Produkt. Ist das geriebener Ingwer in der Marmelade?« Nachdem ich ihm erzählt hatte, daß es rohe Kartoffeln seien, bestellte er nichts mehr für seinen Laden. Ich hätte meinen Mund halten sollen.

Wenn Du vielleicht ein unbekanntes Gericht ausprobieren möchtest, das Du auf Deine besondere eigene Art machen möchtest, behalte wie alte Seeleute die Küste im Auge. Wenn Du zu weit hinaus segelst, bist Du verloren.

William King,
The Art of Cookery, 1709

Ich bin sicher, Köche können nicht gut sein, wenn sie nicht eine lebhafte Phantasie und auch den Willen haben, sie zu benutzen. Sie wagen sich manchmal tief ins Ungewisse, aber sie tauchen daraus auf, lächelnd und mit neuen Rezepten. Robert Tristram Coffin, der Dichter aus Maine, gehört zu einer bewundernswerten Familie, die in ihrer Mutter eine echte Köchin hatte:

Meine Mutter arbeitete, indem sie sah, hörte, fühlte, mit Phantasie und plötzlicher Eingebung. Die Größe unserer Familie, die Jahreszeit, die Liebe von uns Buben, das waren bessere Führer als irgendein Kochbuch. Meine Mutter hat in ihrem ganzen Leben kein Kochbuch benutzt. Ihr Kochbuch waren ihr Herz und ihr Kopf und ihre geschickten Hände. Es war ihr Sinn für Gerechtigkeit und Fairneß, die eine große Familie sie gelehrt hatten. Sie kochte mit Philosophie und Menschlichkeit und danach, wie ein hungriger Mann mit seinen Augen zu ihr hinsah, wenn er von der Arbeit hereinkam.

R.T. Coffin,
Mainstays of Maine, 1944

Frau Coffin muß gerne gekocht haben. Eine andere Frau, die das Kochen offensichtlich genossen hat, trägt den feurigen Namen Crescent Dragonwagon. Sie explodiert geradezu vor Freude:

Oh, wie ich es liebe, zu kochen. Ich liebe es, ein Gemüse in meiner Hand zu halten, eine Aubergine oder eine Mohrrübe oder eine Zwiebel. Ich liebe es, sie aufzuschneiden, den Laut zu hören, mit dem ich sie durchschneide, ich sehe den Unterschied zwischen dem Äußeren und dem Inneren, sehe die wunderbaren Muster innen, die Samen in der Aubergine, die Schichten in der Zwiebel, das orangefarbene Sternblumenmuster in der Mohrrübe. Ich liebe es, zu schlagen und zu sieben und zu rühren und zu messen und zu gießen. Ich liebe es, all diese guten Zutaten zusammenzuschütten und zu beobachten, wie daraus etwas Neues wird.

Crescent Dragonwagon,
The Commune Cook-Book, 1972

Bravo! Ich für meinen Teil bedauere es immer noch, wenn ich ganz in Anspruch genommen bin von der Frage »Was soll ich heute abend zum Essen machen?« und dadurch von vielem anderem, Wichtigerem abgehalten werde. Ich würde das Essen lieber weniger betonen, statt soviel Gewicht darauf zu legen.

Eine Dame namens Prudence Smith schien ein fast psychopathologisches Interesse an der Nahrung zu haben. Sie schrieb in ihrem 1831 erschienenen Buch *Modern American Cookery*: »Mein Sinn ist erfüllt mit dem Geist der Kochkunst, und ich sehe niemals ein Tier oder eine Pflanze, ohne zu überlegen, ob man es vielleicht zu einer köstlichen Speise verarbeiten könnte.« Ich dagegen sehe niemals Tiere oder Pflanzen, ohne zu denken, man sollte sie aus dem Kochtopf heraushalten.

Mein guter Freund, Dr. Herbert M. Shelton, der jahrzehntelange Erfahrungen mit der Zubereitung von Rohkost an seiner Gesundheitsschule in San Antonio, Texas, gesammelt hatte, erlaubte mir, die folgenden Punkte aus seiner wenig bekannten Broschüre mit dem Titel *Cookery Crookery* zu zitieren:

Die Nachteile des Kochens

1) Kochen läßt die Proteine von Milch, Eiern, Fleisch usw. gerinnen, macht sie zäh und (außer dem Eiweiß von Eiern) schwer verdaulich, während es ihren Nährwert vermindert.

2) Kochen verändert die Fette in der Nahrung, macht sie schwerer verdaulich und macht einige von ihnen zu Giften.

3) Kochen führt zu einem großen Verlust der wasserlöslichen Mineralien in der Nahrung und macht sie weniger nahrhaft.

4) Kochen zersetzt die ursprüngliche Form der Pflanze, baut ihre Struktur ab, verändert ihre Zusammensetzung und führt zu gewissen destruktiven Veränderungen der stofflichen Zusammensetzung aller Nahrungsmittel, indem es einen Teil dieser Stoffe, besonders die organischen Salze, in einen anorganischen und daher wertlosen Zustand verwandelt, so daß ein großer Teil des Mineralstoffgehaltes verloren ist.

5) Kochen macht Stärke schwer verdaulich und anfälliger für Gärungsprozesse.

6) Kochen zerstört die Vitamine in der Nahrung.

Die Vorteile der rohen Nahrung

1) Ungekochte Nahrung erfordert mehr Kauen und verschafft den Zähnen und den Schleimhäuten die nötige Übung.

2) Das dadurch notwendige Kauen sorgt für einen ausreichen-

den Speichelfluß und daher für eine bessere Verdauung.

3) Durch langes Kauen wird verhindert, daß man zuviel ißt.

4) Ungekochte Nahrung bewahrt Zähne und Magen vor der Verletzung durch zu heiße Nahrungsmittel.

5) Ungekochte Nahrungsmittel enthalten das richtige Verhältnis von nahrhaften Stoffen und Ballaststoffen.

6) Mahlzeiten, zu denen mindestens eine Sorte roher Früchte oder Gemüse gegeben wird, sind leichter zu verdauen.

7) Ungekochte Nahrungsmittel sind weniger verfälscht als solche in Dosen, in Essig eingelegte oder konservierte, die heute so reichlich gegessen werden.

8) Wenn ungekochte Nahrung verdorben ist, kann man das nicht tarnen und sie als gute Nahrung servieren, wie man das mit gekochter Nahrung tun kann.

9) Die ungekochte Kost spart Zeit, Nahrungsmittel und Arbeit bei ihrer Zubereitung.

Es leuchtet daher ein, daß man so wenig wie möglich kochen sollte, so kurz wie möglich und es, wenn möglich, ganz vermeiden sollte. Kochen Sie nichts, das man gut roh essen kann!

Oh wie verbrecherisch ist es, Fleisch dem Fleisch einzuverleiben, um einen gierigen Leib fett werden zu lassen mit Nahrung, die von einem anderen Leib stammt, ein Geschöpf leben zu lassen durch die Zerstörung eines anderen(...). Ihr Fleisch sei nicht Eure Nahrung, sucht Euch eine unschuldigere Ernährung. Nehmt nicht das Leben, das Ihr nicht geben könnt. Denn alle Geschöpfe haben das gleiche Recht zu leben.

Ovid,
Metamorphoses, 10 A.D.

Die bösen Geister haben widerliche Genüsse zu Mahlzeiten zusammengestellt. Aber die guten Geister werden mit Gemüse- und Obstgärten voll köstlichster Früchte und Blütenpflanzen, die der Geist der Natur still hervorgebracht hat, festlich bewirtet.

Sir Henry More,
Immortality of the Soul, 1680

Der Mensch ist Schlächter und Grab seiner Brüder im Tierreich.

Alexander Pope,
Times of Innocence, 1733

Es ist eine grausame Torheit, aus Protzerei so viele lebende Geschöpfe zu opfern, wie es bei unseren Mahlzeiten geschieht.

William Penn,
Fruits of Solitude, 1792

Der Mensch verzehrt und verschlingt mehr Fleisch als alle anderen Lebewesen zusammengenommen. Daher ist er der größte Zerstörer, und er ist es mehr durch Mißbrauch als durch Notwendigkeit.

George Louis Leclerc de Buffon,
L'Histoire Naturelle, 1749

Wenn genügend eßbare Pflanzen da sind, braucht man kein Fleisch.

A Lady,
The Cook's Complete Guide, 1827

Ich zweifle nicht daran, daß es zum Schicksal der menschlichen Rasse gehört, in ihrer allmählichen Entwicklung davon abzulassen, Tiere zu essen, wie die Wilden aufgehört haben, einander zu essen (...). Derjenige wird als ein Wohltäter seiner Art betrachtet werden, der sie lehren wird, sich auf eine unschuldige und vollwertige Kost zu beschränken.

Henry David Thoreau,
Walden, 1854

Unsere scheußliche Angewohnheit, Millionen von Tieren zu züchten, sie dann barbarisch zu schlachten, ihre Leichen zu braten und zu essen.

George Bernard Shaw,
On Going to Church, 1896

Töten oder nicht töten: Fleisch contra Pflanzennahrung

Dieses Buch über eine einfache Ernährung ist natürlich vegetarisch. Das ist die einfachste, sauberste und leichteste Art zu essen. Für mich steht fest, daß gütige und gescheite Menschen von Pflanzen und Früchten, Samenkörnern und Nüssen leben. Sobald sich die Menschheit künftig vom komplizierten wieder zum einfachen Leben zurückentwickelt hat, wird Fleisch in der Nahrung aufgegeben werden, so daß diese grausame, teure Nahrung den Raubtieren vorbehalten sein wird. Die Leserinnen und Leser dieses Buches haben diese abstoßende Angewohnheit vielleicht schon abgelegt, aber für diejenigen, die noch nicht so weit sind, führe ich einige anerkannte Argumente für eine vegetarische Kost an. Allerdings weiß ich, daß ich auf das Publikum, das schon so lange in seinen Gewohnheiten bestätigt wurde, wenig Eindruck machen werde.

Der Anblick von Fleischstücken sollte alle sensiblen Menschen erschrecken und abstoßen, wenn sie ihr angeborenes Mitleid bewahrt hätten. Aber die Gewohnheit hat ihre natürliche Güte abgestumpft. Ihre Gaumen sind ganz verdorben und an den Geschmack toter Nahrung, ihre Würze und ihren Geruch gewöhnt. Menschen, die jeden Tag geschlachtete Geschöpfe essen, können sich kaum vorstellen, womit man Fleisch ersetzen kann, und wissen nicht, daß Fleisch eher ein Ersatz für pflanzliche Nahrung ist.

Ein Koch wurde von seinem Herrn gebeten, ihm ein Stück Fleisch zuzubereiten und bat um Käse und Öl, um die Sauce zu machen. Darauf antwortete sein Herr: »Weg mit Dir, Du Dummkopf, weg! Wenn ich Käse oder Öl hätte, wozu hätte ich dann ein Stück Fleisch gekauft?«

Thomas Moffet,
Helth's Improvement, 1600

Die Natur hat die Menschen mit einem Reichtum an Nahrungsmitteln zur vollwertigen Ernährung versehen, daß sie nicht auf verwesende Leichen angewiesen sind – eine widerliche Kost, die anständige Menschen verabscheuen würden, wenn sie sich nicht seit Generationen durch Bräuche und Gewohnheiten an die makabre Praktik gewöhnt hätten, aus ihren Mägen Gräber für tote Körper zu machen.

Ich möchte gerne wissen, welche Gefühle, Ansichten oder Gründe jener Mensch gehabt hat, der als erster seinen Mund mit geronnenem Blut befleckte und seinen Lippen erlaubte, das Fleisch eines getöteten Lebewesens zu berühren, der zerfleischte Stücke toter Körper auftischte und der das, was bisher ein Lebewesen mit Bewegung, Wahrnehmungsvermögen und Stimme war, zur täglichen Nahrung und zu einem köstlichen Gericht erklärte.

Plutarch,
On the Eating of Flesh, 70 A.D.

Nur indem man totes Fleisch durch kulinarische Vorbereitung weich macht und tarnt, wird es für unsere Kauwerkzeuge und die Verdauung annehmbar; nur auf diese Weise wird dafür gesorgt, daß der Anblick seiner blutigen Säfte keinen Ekel und kein Mißfallen hervorruft.

Percy Bysshe Shelley,
A Vindication of Natural Diet, 1813

Allerdings stimme ich Gandhi zu, daß ein freundlicher und rücksichtsvoller Fleischesser ein besserer Mensch ist als ein strenger Vegetarier, der seine Frau schlägt. Wir kannten einen selbstgerechten Vegetarier (einen fanatischen, neu überzeugten), der, als er uns zum Mittagessen bewirtete, seine Frau und Tochter, die noch Fleisch aßen, schmählich in die Küche verbannte, während uns von unserem Gastgeber im Eßzimmer aufgetischt wurde. Dieser hartherzige Dogmatiker hatte in bezug auf die richtige Lebensweise noch viel zu lernen, obwohl er auf dem Weg zur richtigen Ernährung war.

Das Wort »vegetarisch« leitet sich vom lateinischen »vegetus« ab, das »ganz, gesund, frisch, lebendig« bedeutet. Das Fleisch, das von Menschen verzehrt wird, ist weder ganz, noch gesund, frisch oder lebendig. Es ist entbeint, verdorben, verwesend, nicht mehr frisch, und vor allem ist es tot. Eine Nahrung, die aus grünblättrigen Pflanzen, aus Wurzeln, Körnern, Beeren, Nüssen und Früchten besteht, gibt dem Körper alles, was er braucht, um kräftig zu sein und sich wohlzufühlen. Diese Nahrung ist gesund, ästhetisch, sparsam, sie wird ohne Leid für unsere tierischen Verwandten erzeugt, ist leicht anzubauen, zuzubereiten und zu verdauen.

Daß Menschen Fleisch essen, ist unnötig, irrational, anatomisch falsch, ungesund, unhygienisch, unwirtschaftlich, unästhetisch, herzlos und unethisch. Dies möchte ich näher erläutern:

Unnötig: Fleisch zu essen, ist keine Notwendigkeit, sondern ein gezüchtetes Bedürfnis. Wir haben es nicht nötig, unsere Mitlebewesen als Nahrung zu schlachten. Millionen von Menschen auf der ganzen Welt haben ihr Leben lang zu allen Zeiten von Pflanzenkost gelebt und sind dabei nicht schlecht gefahren; ja, sie waren durch ihre enthaltsame Kost wahrscheinlich sogar gesünder. Ich hatte das Glück, in einer vegetarischen Familie geboren zu werden und bin noch immer – inzwischen in meinen Siebzigern – kräftig und bei guter Gesundheit. Scott wurde Mitte Dreißig Vegetarier und ist noch als Neunziger gesund und munter, mit starken Geisteskräften und starken Muskeln – und das ohne Fleisch. (Anmerkung der Lektorin: Helen Nearing ist 1995 im Alter von 91 Jahren gestorben; bis zu ihrem Tod war sie gesund und aktiv. Scott ist im Sommer 1983, kurz nach seinem 100. Geburtstag, gestorben.) Fleisch zu essen, ist offensichtlich unnötig.

Ein Freund, Henry Bailey Stevens, ebenfalls ein Vegetarier, schrieb einige Verse für Fleischesser, von denen ich einen zitiere:

Es gibt Linsen, Tomaten und Reis,
Oliven, Nüsse und Brot –
Warum nagt der Mensch dann an
einem Stück, das blutig ist und tot?
Honig, Bananen und Pfirsiche,
Orangen, Getreide und Rüben
Warum muß er sich dann an
Tierfleisch üben?
Warum läßt sich seine Nase beirren,
was konnte seinen Instinkt so
erschüttern,
Daß er raubt und mordet, um sich
mit Leichen zu füttern?

Irrational: Oft wird das Argument vorgebracht, daß die Tiere überhandnehmen und die Erde überfüllen würden, wenn wir sie nicht töten und essen würden. Das muß nicht so sein. Wie bei wilden Tieren würde eine natürliche Auslese stattfinden. Wenn wir aufhören würden, Haustiere zu züchten und auszunutzen, würde sich ihre Zuwachsrate sofort und drastisch vermindern.

Tiere muß man nicht züchten, man muß sie nicht töten, man muß sie nicht essen. Der übliche Einwurf ist: »Aber es ist natürlich, Tiere zu essen, Tiere sind für uns da.« Das ist nicht logisch, denn Tiere waren lange vor den Menschen auf der Erde. Sie haben lange gewartet, bis ihre Peiniger kamen.

Wenn es so natürlich wäre, warum fangen und töten wir dann nicht unsere eigenen Tiere, schneiden uns eine Scheibe vom toten Körper ab oder ein Bein vom lebenden Tier und essen das ganz »natürlich«, frisch und ganz? Das könnte man mit einer Frucht oder einer Pflanze tun, aber nicht mit der Hauskatze oder einem ängstlich zitternden Hund. Viele, die Tiere angeblich lieben und sie als Haustiere halten, würden niemals ihr eigenes Kaninchen töten und essen. Aber die Haustiere anderer, die Nachkommen und Eltern anderer Tiere, die von anderen umgebracht wurden, können in den Fleischtopf wandern und ohne Mitleid verspeist werden.

Sie, empört:
»Die Katze hat unseren
lieben Vogel gefressen.«
Er, entschieden:
»Das böse Tier muß sterben.«
Dann fuhr er fort, seinen Wachtel-Toast
zu essen und sie ihre Taubenpastete.

Die Liebe vieler zu Tieren ist in der Nähe eines Suppentopfes oft besonders stark ausgeprägt. In einem alten Buch mit dem Titel *The Shepherd's Calendar* (1493) spricht der anonyme Autor liebevoll zu der Schnecke darüber, wie man sie am besten kochen sollte: »Niemals wird Lombard Dich in einer solchen Sauce essen, wie *wir* sie für Dich machen. Wir schütten Dich in eine große Schüssel mit schwarzem Pfeffer und Zwiebeln.«

Ihr nennt Raubtiere – Löwen, Tiger und Schlangen – gefährlich, während ihr selbst Eure Hände mit Blut besudelt und ihnen in Sachen Grausamkeit in keiner Weise nachsteht. Für sie jedoch ist Töten das einzige Mittel, um sich zu ernähren, während es für Euch ein überflüssiger Luxus ist. Warum tut Ihr so, als ob die Erde nicht imstande wäre, Euch zu erhalten und zu ernähren? Ihr habt einen Überfluß an allem, was zum Leben nötig ist. Tatsächlich töten wir nicht die Löwen und Wölfe, um sie zu essen, wie wir es zur Selbstverteidigung tun könnten, sondern wir töten die Zahmen und Hilflosen.

Plutarch,
On the Eating of Flesh, 70 A.D.

Manche Menschen lassen sich nicht dazu bringen, von irgendwelchen Tieren zu essen, die sie täglich gesehen und die sie gekannt haben, als sie noch lebten; andere weigern sich zu verspeisen, was sie gefüttert und versorgt haben. Aber alle essen herzhaft und ohne Gewissensbisse Rindfleisch, Hammelfleisch und Geflügel, wenn es auf dem Markt gekauft wurde.

Bernhard de Mandeville,
Fable of the Bees, 1723

Auch wer Fleisch ißt, hat meist eine heikle Grenze, die nicht überschritten wird. Diese Leute essen keine Würmer, Schnecken (obwohl sie eine sehr gute Proteinquelle sein sollen) oder Insekten, Mäuse, Ratten, Katzen oder Hunde, Pferde oder menschliche

Wesen. »Die Samoaner essen Hunde, verabscheuen jedoch Eier und Hähnchen. Die Quitoto in Brasilien essen Ratten, Frösche, Eidechsen, Schlangen, Schildkröten und die Eier von Reptilien, verachten aber die von Vögeln.« (Mark Graubard, *Man's Food, Its Rhyme or Reason*, 1943)

Bernard Shaw bezeichnet das Fleischessen als »Kannibalismus, bei dem das heroische Gericht aufgegeben wurde«. Und Bronson Alcot sagte zu Emerson, der sich über die Schrecken des Kannibalismus ausließ, während er Fleisch aufschnitt: »Aber Mr. Emerson, wenn wir überhaupt Fleisch essen, warum sollten wir das Beste weglassen?« Zugegebenermaßen habe ich oft gedacht, daß der rundliche Arm eines Babys köstlich aussehe und ich (wenn ich Fleischesserin wäre), mir vorstellen könnte, daran zu knabbern.

Anatomisch falsch: Tiere (und Menschen gehören in dieselbe Kategorie) sind strukturell und funktional an eine bestimmte Ernährung angepaßt. Kaninchen, mit denen vegetarisch lebende Menschen oft verächtlich verglichen werden, gehören zur Ordnung der Nagetiere, die sich nur von pflanzlicher Nahrung ernähren. Das Schwein gehört zu den Allesfressern; seine Kost ist der typischen heutigen menschlichen Kost ähnlich. Das domestizierte Schwein ist in bezug auf seine Nahrung nicht wählerisch. Wie bei Millionen heutiger Menschen schließt seine Nahrung praktisch alles Genießbare ein, ganz gleich, ob es tierischer oder pflanzlicher Herkunft ist.

Physiologisch paßt eine Früchte- und Pflanzenkost besser zur menschlichen Anatomie. Die Zähne, das Verdauungssystem, die Hände, die Füße und die Brustdrüsen der Menschen ähneln weitgehend denen der Affen.

Die primitiven Menschen waren ohne Zweifel hauptsächlich Früchteesser wie die Menschenaffen.

Robert Briffault,
The Mothers, 1927

Die Verdauungssäfte der Menschen reichen nicht aus, um mit dem, was Raubtiere zu sich nehmen, fertig zu werden. Raubtiere scheiden Salzsäure aus, die zehnmal so intensiv ist wie die der Menschen, und sie haben einen sehr kurzen Verdauungstrakt, so daß Fleisch rasch verdaut und ausgeschieden wird. Der Verdauungstrakt des Menschen ist dreimal so lang, so daß die Nahrung dort zwei bis drei Tage verweilt und sich bei Fleischkost eine verwesende Masse bildet.

Die Struktur der Zähne gibt einen wichtigen Anhaltspunkt für die natürliche Nahrung einer Spezies. Fleischessende Tiere haben Stoß- und Reißzähne, mit denen sie reißen und nagen können. Pflanzen- und Früchtefresser haben glatte Zähne, mit denen sie mahlen und kauen können. Menschen und Gorillas gehören zur Familie der Früchtefresser. Unsere Vorderzähne sind zum Abbeißen und unsere Backenzähne zum Zerkleinern geeignet, um die Nahrung in Brei zu verwandeln. Deshalb sollte die menschliche Nahrung der der Affen ähnlich sein: rohe Früchte, rohe Gemüse, Nüsse, Sprossen und Keime.

Es ist sicher, daß der Mensch von Natur aus nicht als fleischfressendes Geschöpf gedacht war: Er ist für Beute und Raub überhaupt nicht ausgerüstet, hat keine spitzen Zähne, keine scharfen gekrümmten Klauen, mit denen er reißen und zerstückeln könnte, sondern er hat zarte Hände, um Früchte und Pflanzen zu sammeln, und Zähne, mit denen er sie kauen und essen kann.

John Ray,
Historia Plantarum, 1686

Ungesund: Während des zweiten Weltkrieges wurden die Dänen auf Notrationen gesetzt, und der König forderte zu einem fleischlosen Jahr auf. In diesem Jahr erreichte Dänemark den Weltrekord der niedrigsten Todesrate und einen beachtlichen Ruckgang des Krankenstandes. Als man im nächsten Jahr zum Fleischessen zurückkehrte, stieg die Todesrate wieder auf das Vorkriegsniveau.

Die kräftigsten Tiere, Bullen, Elefanten, Gorillas und Flußpferde, ernähren sich alle vegetarisch. Kamele, ebenfalls Vegetarier, halten den Ausdauerrekord; Pferde und Hirsche halten Schnelligkeitsrekorde.

Ein Farmer sagte mir: »Du kannst nicht nur von Pflanzenkost leben, denn sie enthält nichts, was Knochen bildet«, und so verbrachte er gutgläubig einen Teil seines Tages damit, seinen Körper mit den Rohstoffen für Knochen zu versorgen. Während er sprach, ging er die ganze Zeit hinter seinen Ochsen her, die ihn und seinen schwerfälligen Pflug mit ihren aus Pflanzennahrung gemachten Knochen über jedes Hindernis hinwegzogen.

Henry David Thoreau,
Walden, 1854

Oft wird der Bedarf an Eiweiß und der hohe Eiweißgehalt in Fleisch und tierischen Produkten zur Erhaltung der Gesundheit angeführt – sicher braucht der Körper Eiweiß, um zu wachsen und gesund zu bleiben, aber gibt es nicht ein Maximum und auch ein Minimum, das man nicht über- bzw. unterschreiten sollte? Zuviel Eiweiß belastet die lebenswichtigen Organe. Dieser Überfluß muß als verloren ausgeschieden werden, oder er wird in den Muskeln abgelagert, wodurch diese hart und ungelenkig werden. Man kann daher genausogut fragen: »Wie wenig Protein braucht man?« und nicht: »Wieviel braucht man?«

Eiweiß ist in Nüssen, Bohnen, Erbsen, Linsen, Pilzen, Käse, Milch, Eiern, Vollkorngetreide und vielen grünen Pflanzen enthalten. Praktisch gibt es kein gebräuchliches Nahrungsmittel ohne Eiweiß. Pflanzen gewinnen es aus dem Stickstoff der Luft. Sie bilden die einfachere Form des Proteins, aber sie enthalten die gleichen Aminosäuren wie Fleisch.

Pflanzeneiweiß ist die eigentliche, ursprüngliche Quelle für Tiereiweiß. Nüsse sind kein Ersatz für Fleisch – vielmehr ist Fleisch ein Ersatz für Nüsse. Früchte enthalten im Durchschnitt so viel Eiweiß wie Muttermilch, Bananen enthalten mehr Eiweiß als Muttermilch. Gemüse enhält durchschnittlich 3 % Eiweiß, Nüsse bis zu 15 % und Samen ungefähr 20 %.

Wenn man sich angemessen von frischem Gemüse, von Früchten, Nüssen, Samen und Keimen ernährt, kann man ohne tierisches Fleisch und Milchprodukte auskommen und damit noch über dem von der konventionellen Ernährungswissenschaft empfohlenen Minimum liegen.

Unhygienisch: Es ist nicht nur gesünder, sondern auch sauberer, frisches Gemüse und Früchte zu essen statt faulendes Fleisch. Tierleichen sind oft voller Gifte und Krankheiten, voller Nahrungszusätze und Chemikalien, die eingesetzt wurden, um die Tiere zu mästen, das schnell verderbliche Fleisch weich zu machen oder vor dem Verderb zu schützen. Diese Gifte gehen in den Körper des Menschen, der das Fleisch ißt, über. Mit Fleischkost ist der Mensch ein Grab für Tierkrankheiten. Tote Tiere enthalten toxische Abfälle und lebende Bakterien in starken Konzentrationen und hatten oft Geschwülste, Krebs, Tuberkulose, Schweinefieber und andere gefährliche Krankheiten.

Das meiste Fleisch, das man heute bekommt, ist praktisch gesättigt mit Antibiotika, Hormonen, Beruhigungsmitteln, Pestiziden, Farbstoffen, desodorierenden Mitteln und Bestrahlungen. (...) Der überwiegende Teil des angebotenen Fleisches enthält Konservierungsmittel, Stabilisatoren, Synthetikrückstände und andere schädliche Substanzen.

The Mother Earth News, Nr. 2,
»Meat is no Treat«

Niemand weiß besser, wieviele Krankheiten Tiere, die für die Ernährung geschlachtet werden, übertragen können, als Fleischbeschauer. Eine Frau nahm an einem Festessen teil und bestellte ein vegetarisches Gericht. Neben ihr saß ein Unbekannter, der ebenfalls ein vegetarisches Gericht auswählte. »Sind Sie Vegetarier?« fragte sie ihn. »Nein, gnädige Frau«, antwortete er, »ich bin Fleischbeschauer.«

Unwirtschaftlich: Zu viele Tausende von Hektar wertvollen, fruchtbaren Landes sind für Weiden oder Futterpflanzen bestimmt, für Tiere, die fett gemacht werden, um von Menschen gegessen zu werden – mehr als die Hälfte der gesamten bebauten Fläche in den USA. Auf diesem Land könnten Ernten zur unmittelbaren, direkten Ernährung des Menschen erzielt werden, was ein viel schnellerer und wirtschaftlicherer Weg wäre, um Nahrung zu erhalten, als der aus zweiter Hand über den Körper der Tiere. Man schätzt, daß 40 % der Weltviehproduktion aus pflanzlichen Quellen ernährt werden, die für die menschliche Ernährung genutzt werden könnten.

Man nimmt an, daß pro Person in der Welt ungefähr 4.000 Quadratmeter für die Nahrungsproduktion zur Verfügung stehen. Fleischessende Menschen beanspruchen ungefähr 8.000 Quadratmeter, um die Tiere zu füttern, die sie essen. Es ist ökologischer und wirtschaftlich folgerichtiger, fruchtbares Land für die menschliche Nahrung zu bestimmen, als gutes Getreide und Hülsenfrüchte durch den Körper von Rindern gehen zu lassen. Ein halber Hektar Weideland bringt etwa vierzig Pfund Nahrungseiweiß hervor, wenn er mit Sojabohnen bepflanzt wird, die im Ernährungswert dem Fleisch gleichkommen, die billiger und weniger fetthaltig sind und bei denen die Gefahr von Krankheitsübertragungen geringer ist.

Die Eiweißmenge, die auf 4.000 Quadratmeter Land produziert werden kann, deckt bei getrockneten Bohnen, Erbsen oder Sojabohnen den Bedarf einer Person für 1.116 bzw. 1.785 oder 2.224 Tage. Bei der Produktion von Rindern, Schweinen oder Geflügel würde der Bedarf für 77 bzw. 125 oder 185 Tage gedeckt werden.

Bio-Dynamic Magazin, Nr. 126

Auf einer bestimmten Fläche Land kann mit Getreide oder Wurzelgemüse zehnmal so viel an Kalorien produziert werden wie in der Form von Fleisch, Milch oder Käse.

Dr. John Yudkin,
Sweet and Dangerous, 1972

Mit dem Vegetarismus könnte das Welthungerproblem weitgehend gelöst werden, wenn wir uns auf einer niedrigeren Stufe der Nahrungskette ernähren würden. Um die Weltbevölkerung angemessen und wirtschaftlich zu ernähren, müßten die riesigen Mengen an Getreide, Hülsenfrüchten und Gemüse, die an Farmtiere verfüttert werden, drastisch herabgesetzt werden oder ganz wegfallen.

Unästhetisch: Die abstoßenden Fleischscheiben und -stücke, die in der Auslage der Metzgerläden oder in Plastik verpackt in den Regalen der Supermärkte liegen, müßten alle sensiblen oder künstlerisch veranlagten Menschen, die in der Lage sind, objektiv zu urteilen, schockieren. Vom ästhetischen Standpunkt aus sind Früchte und pflanzliche Nahrungsmittel sicherlich attraktiver als aufgeschnittene Leichen und aufgehängte Fleischstücke, ganz gleich, ob sie roh und rot, geröstet oder gegrillt sind.

Walter de la Mare schrieb ein Gedicht über einen Metzgerladen:

Den Metzger kann ich nicht leiden,
sein Fleisch mag ich nicht,
Sein Laden ist häßlich,
auf ihn fällt kein Licht.
Beim Bäcker ist's warm;
beim Schuster dunkel;
beim Drogisten hell;
Aber oh, dieser gräßliche Metzgerladen, vorbei will ich schnell.

Ruskin hat lyrisch geschrieben: »In einem Gesang findest Du das Kriterium einer guten Handlung oder eines noblen Gedankens, und eine Handlung, aus der wir kein Gedicht machen können, paßt nicht zur menschlichen Natur.« Ob er diesen Test jemals auf das Fleischessen angewandt hat?

Ich aß kaum tierische Nahrungsmittel, nicht so sehr wegen einer krankmachenden Wirkung, die ich durch sie verspürt hatte, sondern weil sie meiner Vorstellung nicht angenehm waren. Die Verweigerung tierischer Nahrung erfolgt nicht aufgrund von Erfahrung, vielmehr ist sie ein Instinkt. Ich glaube, daß jeder Mensch, der je bemüht war, seine höheren geistigen oder poetischen Fähigkeiten in bestem Zustand zu halten, besonders darauf bedacht gewesen ist, sich tierischer Nahrung zu enthalten.

Henry David Thoreau,
Walden, 1854

Herzlos: Wir wollen Fleischessen vom Standpunkt der Tiere aus betrachten. Sie haben Rechte, die nicht verletzt werden dürfen. Wilde Tiere werden ohne Mitleid grausam gejagt und getötet. Haustiere werden aus ihren Familien gerissen, werden abgestumpft und lieblos zum Schlachthof transportiert; dort, wo sie in dem Gedränge, dem Geschrei und Gestank wahnsinnig vor Angst sind, werden sie mit einem Beil erschlagen und zum endgültigen Ausschlachten an beweglichen Haken aufgehängt. Ihre Kehlen werden durchgeschnitten, ihre hängenden, sich drehenden, Todespein erleidenden Körper aufgeschlitzt und abgehäutet – oft, bevor alles Leben erloschen ist. Ich weiß das, weil ich es vor fünfundzwanzig Jahren bei zwei schrecklichen

Besuchen in Schlachthäusern in Chicago gesehen habe.

Ohne Herzlosigkeit, Gewalt und Tierquälerei können wir kein Fleisch essen. Fische werden mit grausam spitzen Angeln aus ihrem natürlichen Element gezogen; die riesenhaften Körper der Walfische werden im Meer verfolgt und ohne Mitleid totgestochen; Robben werden mit Knüppeln umgebracht, und ihre Häute werden abgezogen, solange sie noch halb lebendig sind. Krabben und Hummer werden lebend gekocht.

Wir werfen unsere Krabben lebendig in kochendes Wasser, befestigen unsere Hummer am Bratspieß, um sie quietschen zu hören, wenn sie geröstet werden, unsere Aale und Gründlinge springen ins Feuer, um der Gefahr der Bratpfanne zu entgehen.

William King,
The Art of Cookery, 1709

Man könnte fragen, wie es denn mit dem »humanen Töten« steht? Wie kann man human grausam sein? Töten ist Töten. Man nimmt an, daß die Menschen an einem Tag mehr Vieh töten, als alle Raubtiere in hundert Jahren. Über die rohe und grausame menschliche Sitte, unsere tierischen Verwandten zu schlachten und zu essen, möchte ich einige Worte von bekannten Philosophen zitieren:

Die Erde stöhnt unter der Last eines Krieges, der gegen die wehrlose Unschuld geführt wird.

William Cowper

Jeden Tag werden Tausende von Tieren ohne die geringsten Gewissensbisse sinnlos getötet.

Romain Rolland

Welch abscheuliches Verbrechen ist es, Eingeweide in Eingeweiden zu begraben; einen raubenden Körper durch andere raubende Körper, mit denen er sich vollstopft, fett zu machen; eine lebende Kreatur durch den Tod einer anderen lebenden Kreatur leben zu lassen.

Pythagoras

Warum wollt Ihr diese zarten Wesen, die niemandem Böses tun, die Euch bei Eurer Arbeit helfen, Euch vertrauensvolle Kameraden sind und Euch mit Kleidern versehen, töten und so grausam martern, um Euch zu ernähren? Was braucht Ihr mehr von Ihnen? Bringt nicht der Boden genügend Früchte für Eure Nahrung hervor?

Plutarch

Es ist nicht einmal das Leiden und der Tod der Tiere, was so schrecklich ist, sondern die Tatsache, daß der Mensch, ohne daß es nötig ist, sein edles Gefühl und Mitleid für die Lebewesen verdrängt und sich Gewalt antut, um grausam zu sein.

Leo Tolstoi

Unethisch: »Wie konnten Sie sich solch eine Beschäftigung aussuchen?« fragte ein entsetzter Zuschauer einen Arbeiter in den Schlachthöfen von Chicago. »Wir tun nur die Dreckarbeit für Sie, mein Herr«, war die Antwort, die ihn zum Schweigen brachte. Wer Fleisch ißt, ohne das Tier selbst zu töten, hat jemanden, der diese schmutzige Arbeit für ihn erledigt.

Ich weiß nicht, was mich in bezug auf die Ethik dieser Fragen nachdrücklicher beeindruckt: die Ungerechtigkeit, die Grausamkeit oder die ekelhafte Gewohnheit des Fleischessens. Ungerechtigkeit ist es gegenüber dem Metzger, Grausamkeit ist es gegenüber den Tieren, der Ekel betrifft diejenigen, die das Fleisch verzehren. Besonders im Hinblick auf letztere wundere ich mich sehr, daß Menschen, die sich für kultiviert halten, nicht – wenigstens anstandshalber – beleidigt sind, wenn sie ganz selbstverständlich Leichenstücke als Nahrung angeboten bekommen! Solche Nahrungsmittel können möglicherweise bei Belagerungen oder in anderen Zeiten des Mangels an geeigneten Nahrungsmitteln unter außergewöhnlichen Umständen annehmbar sein, aber mitten in zivilisierten Gemeinschaften, die in der Lage sind, über eine Fülle von guten, köstlichen Nahrungsmitteln zu verfügen, sollte man es als Beleidigung betrachten, einem Gast totes Fleisch vorzusetzen!

Anna Kingsford,
Adresses on Vegetarianism, 1912

Wir morden nicht nur, wir halten uns Sklaven und beuten sie aus, wir rauben ihnen ihre Nahrung. Wir rauben den Bienen den Honig, wir rauben den Hühnern die Eier, wir rauben der Kuh die Milch. Wilde Kühe säugen ihre Kälber fünfzehn Monate lang. Domestizierte Kühe werden über ihre normale Zuchtkapazität hinaus getrieben, von ihren Kälbern oft schon bei der Geburt getrennt und dazu gebracht, uns ihre Milch zu geben, anstatt ihren Kälbern.

Die meisten wilden Vögel legen vier oder fünf Eier im Jahr. Fabrikmäßige Haltung zwingt das Hausgeflügel dazu, jährlich Hunderte zu legen.

Milch ist Nahrung für den Säugling der jeweiligen Art. Eier sind Nahrung für den embryonalen Vogel. Beides sollte von erwachsenen Menschen nicht verzehrt werden.

Lange Zeit wagten die Ägypter keine Eier zu essen, weil sie unvollständiges oder flüssiges Fleisch seien; auch aßen sie lange Zeit keine Milch, weil sie nur entfärbtes Blut sei.

Thomas Moffet,
Helth's Improvement, 1600

Jedes Ei enthält ein Küken, es ist das vollständige Material vorhanden, um eines daraus zu machen; um ein lebendes Tier hervorzubringen, ist nichts anderes erforderlich als ein wenig

Temperaturerhöhung, die auf natürliche oder künstliche Weise erfolgen kann.

Sir Henry Thompson, *Food and Feeding*, 1880

Auch das Ei hat eine Seele, die das tut, was unsere fähigen Chemiker niemals tun werden: Sie bildet den Körper eines jungen Tieres, sie wählt unter den Eiweißbausteinen – diese für die jungen Flügelmuskeln, jene für die empfindlichen Nerven und das Gehirn: wählend und formend, eine begrenzte, aber übermenschliche Intelligenz.

Robinson Jeffers, *De Rerum Virtute*, 1963

Geflügel, Rinder und andere Haustiere führen ein geschütztes, aber unnatürliches Leben, das ganz von unserer Macht über Leben und Tod abhängig ist. Wir, die wir in ihr Leben eingreifen und irgendwie an ihrem Tod teilhaben, sind für sie ethisch verantwortlich.

Da wir uns des fast überall üblichen Mißbrauchs unserer tierischen Verwandten bewußt sind, haben Scott und ich – als vegetarisch lebende Menschen – unsere Abhängigkeit von Tierprodukten vermindert. Wir trinken keine Milch, essen keine Eier (außer denen, die uns bei Mahlzeiten außer Haus eventuell serviert werden), tragen keine Tierhäute oder Ledermäntel und versuchen, Gürtel und Schuhe zu bekommen, die nicht aus Leder sind. Wir sind nicht fanatisch und auch nicht ganz konsequent darin, Tieren keinen Kummer zu bereiten. Wir essen beide Honig, der den Bienen gestohlen wurde. Scott ißt Joghurt; allerdings ist er dabei, auf Tofu, der aus Sojabohnen hergestellt wird, umzusteigen. Da wir wissen, daß man bei einer vegetarischen Ernährung auf die Zufuhr von Vitamin B_{12} achten sollte, essen wir etwas Quark. Ich habe eine Vorliebe für holländischen Käse, da ich lange in Holland gelebt habe und meine Mutter Holländerin ist. Ich habe auch eine Vorliebe für Eiscreme – ein Überbleibsel aus meiner fehlgeleiteten Jugend. Diesem Hang wird gelegentlich bei Geburtstagen oder anderen Festen nachgegeben, dann sündige ich mal. Ich habe Buttermilch in Kuchen für die Reise verwandt und gelegentlich auch Käse in einem gekochten Gemüsegericht.

Dogmatische Bekannte sehen zuweilen mit Verachtung auf uns herab, weil wir noch Milchprodukte zu uns nehmen. Wenn uns auf Reisen ein Gericht angeboten wird, das Ei oder Milch enthält, essen wir es, wenn Fleisch darin ist, nicht. Inkonsequent? Sicherlich. Wer ist es nicht in vielen Dingen? Gibt es in der Welt einen ganz und gar konsequenten Menschen?

Alle Ernährungsweisen hängen vom Bewußtsein der Essenden ab.

Man kann im Leben nicht vollkommen konsequent sein; möglich ist allerdings ein mehr oder weniger unschuldiger Lebensweg. Und wenn man auch nicht einhundertprozentig konsequent ist, kann man wenigstens versuchen, nicht so schlecht zu sein wie die Schlechtesten. Scott und ich haben uns für eine Kost entschieden, die die Ausbeutung der Tiere unserer Meinung nach auf ein Minimum reduziert. Sie hält uns bei guter Gesundheit und ist in dem Umfang, wie wir mehr lernen und weiter experimentieren, für Verbesserungen offen. In diesem Buch sind konsequente und weniger konsequente Rezepte: Es gibt keine mit Eiern und nur wenige mit Milch oder Käse. Bei einigen wird der Gebrauch von Honig und Ahornsirup vorgeschlagen; beides ziehen wir zum Süßen jeder Art von Zucker vor. Die Herstellung von Ahornsirup, von dem wir in Vermont so große Mengen produziert haben und den wir jetzt kaufen müssen, geht auch nicht ganz ohne Ausbeutung vor sich, weil es dafür notwendig ist, in geringem Umfang den Lebenssaft des edlen Ahornbaumes anzuzapfen und abfließen zu lassen.

Die Versklavung der Tiere durch den Menschen ist das eine. Aber auch die Menschen beuten sich selbst aus und werden zu Sklaven von Tieren. Züchter, Melker, Schäfer, Bauern, Schlachter – alle beteiligen sich an Arbeiten, die sie zu Dienstboten von Tieren machen. Die hierfür aufgewendete Zeit und Mühe wäre bei der Erziehung und Sorge für menschliche Lebewesen besser investiert.

Wir Menschen sind privilegierte Tiere. Wir werden nicht für das Mittagessen der Kuh gekocht oder mit einer Krankheit infiziert, damit ein Affe die Ursache seiner Krankheit herausfinden kann. Es wird uns nicht beigebracht, in einem Rad rundherum zu laufen, um damit ein Eichhörnchen zum Lachen zu bringen. Man setzt uns auch nicht in einen Käfig und ritzt uns unsere Kehle auf, damit wir für unser Abendbrot singen. Wir werden nicht als Beispiel für seltsame menschliche Wesen hinter Zoogittern eingeschlossen. Unsere Muttermilch wird nicht gestohlen, um sie Kälbern zu geben, und unsere Babys werden auch nicht zum Schlachthaus geschickt und zum Mittagessen aufgeschnitten.

»Ober, bringen Sie mir den Pudding zurück!« rief Alice. Sie schnitt eine Scheibe ab und gab sie der Königin. »Welche Unverschämtheit!« sagte der Pudding. »Ich möchte gerne wissen, wie es Dir gefallen würde, wenn ich eine Scheibe von Dir abschneiden würde, Du Geschöpf«.

Lewis Carrol,
Through The Looking Glass, 1896

Eßgewohnheiten können geändert werden, obwohl sie zu den stärksten Gewohnheiten der Menschen gehören. Man sagt, daß jemand in einem fremden Land schneller die eigene Muttersprache aufgibt als die Eßgewohnheiten, mit denen er oder sie aufgewachsen ist.

Viele junge Menschen ändern heute die Sitten, in die sie hineingeboren wurden. Tausende in unserem Umkreis probieren neue Wege aus, um Nahrungsmittel vor- und zuzubereiten. Hunderte von Leuten in unserem Bekanntenkreis wenden sich dem Vegetarismus zu, weil sie gesund leben möchten.

Natürlich gibt es auch Menschen, die andere verachten, weil sie von »Wurzeln und Beeren« leben oder sich von »Kaninchen- und Vogelfutter« ernähren. Ich bin ganz sicher, daß Ewiggestrige, die diese Seiten zufällig überfliegen, niemals dazu gebracht werden können, ihre Ernährung, die sich aus »ekelhaften Körpern toter Tiere« zusammenstellt, zu ändern, wie John Evelyn, dieser Anhänger der gesunden Pflanzenkost, in seinem Buch *Arcetaria* (1699) vermutete:

Ich bin vernünftig genug und weiß, wie wenig Erfolg ich in dieser Sache habe: Unser roher Salat, im besten Zustand aufgetischt, wird Menschen, die einmal Fleisch gegessen haben, niemals dazu bringen, damit aufzuhören und eine Gewohnheit aufzugeben, die so lange geherrscht hat. Es ist nicht meine Aufgabe, mehr zu tun, als mit vielen Beispielen und Vorbildern zu zeigen, wie man von gesunder Pflanzenkost sowohl lange als auch glücklich leben kann.

Eines gebe ich zu: Wenn man kein Fleisch ißt, bedeutet dies, den Pflanzen das Leben zu nehmen, indem wir sie abschneiden, hinunterschlingen und verdauen. Und ich entschuldige mich bei dem Radieschen, der Karotte, dem Kopfsalat, dem Apfel und der Orange, wenn ich sie esse. Ich hoffe, daß wir eines Tages fähig sein werden, von Sonnenlicht zu leben, das wir durch die Haut aufnehmen, und durch tiefe Atemzüge frischer Luft – obwohl es auch darin von kleinsten Lebewesen wimmelt.

Bis jetzt müssen wir essen, um zu überleben. Daher sollten wir nach den am wenigsten empfindlichen Lebensformen zum Lebensunterhalt suchen. Leben steckt in jeder Nahrungssubstanz, die wir aufnehmen, und man muß töten, um zu essen, ganz gleich ob es ein Apfel ist, eine Tomate oder ein Grashalm. Mit welchem Recht verzehren wir diese Wunder der Natur? Pflanzen haben einen wichtigen Platz auf der Erde. Ich grüße die Bäume und entschuldige mich, wenn ich einen fälle. Ich scheue davor zurück, ein Gänseblümchen oder ein Stiefmütterchen zu pflücken oder in einen Apfel oder ein Radieschen zu beißen. Wer bin ich, ihr Leben in ihrem Frühling zu beenden?

Wir sollten die Bandbreite der menschlichen Gefühle erweitern, bis sie alle Lebewesen auf der Erde umfaßt, und der größten Zahl das Beste und der kleinsten Zahl das geringste Leid antun. Die Maßstäbe und das relative Ermessen eines Schadens werden bei uns allen verschieden sein. Einige werden weiterhin Fisch und Geflügel essen, während sie rotes Fleisch meiden, einige werden nichts essen, was herumläuft oder fliegt, aber noch Milchprodukte zu sich nehmen, einige werden überhaupt nichts aus dem Tierreich essen – keine Eier, keine Milch, keinen Käse oder Honig. Aber wir alle können uns die Rechte der anderen dauernd bewußt machen, sei es ein Lamm, ein Bison, eine Fliege oder ein Blumenkohl. Wir können unsere Eßgewohnheiten ändern, so daß wir uns dem Ideal nähern, von Früchten, Nüssen und Samen zu leben, die ihren Lebenszyklus beendet haben und mit denen der Baum oder Busch oder die Pflanze fertig ist.

Die Zeit in der Weltgeschichte wird kommen, und schon jetzt gibt es eine Bewegung in diese Richtung, in der es als eine seltsame Sache betrachtet wird, Männer oder Frauen zu finden, die Fleisch zu sich nehmen, so wie heute Frauen oder Männer seltsam betrachtet werden, die kein Fleisch essen.

Ralph Waldo Trine,
Every Living Creature, 1899

Die Zeit wird kommen, in der die Menschen einen Tiermörder so ansehen, wie wir heute einen Menschenmörder.

Leonardo Da Vinci

Ihre Kost sollte eher aus den Vorräten ihres eigenen Gartens stammen, als aus den Einkäufen am Markt; und sie sollte die vertraute Bekanntschaft mit ihnen mehr schätzen als die Fremdartigkeit und Seltenheit jener Dinge, die aus anderen Ländern gebracht werden.

Gervase Markham,
The English Hus-wife, 1615

Wenn diese Sommerfrüchte, die vor längerer Zeit gesammelt wurden, der schlechten Luft der Städte ausgesetzt werden, sind der saubere, lebendige Wert und die Verdauungskraft in gewisser Weise zerstört. Pflanzliche Nahrungsmittel liegen oft beträchtliche Zeit, bevor sie gegessen werden. Besonders in den Städten liegen einige von ihnen, wie Bohnen und Erbsen, und erhitzen sich gegenseitig, wodurch sie ihren reinen, knackigen, lebendigen Geschmack und Geruch verlieren.

Thomas Tryon, *The Way to Health, Long Life & Happiness*, 1683

Manche sind der Meinung, daß sie nichts schätzen, was nicht von weither geholt und teuer gekauft wird oder schwierig zu bekommen ist (...). Das ist die Eitelkeit dieser verruchten Welt.

Hannah Woolley,
The Queenlike Closet, 1684

Wir haben uns große Mühe gegeben, verschiedene Nahrungsmittel zu finden, die unsere Vorfahren nicht kannten, so daß wir eine Menge Krankheiten einführten, die bei ihnen unbekannt waren.

Dr. M.L. Lemery,
A Treatise of All Sorts of Foods, 1745

Bewahre Dir einen gesunden Körper und Geist. Dazu trägt eine karge Diät viel bei. Iß gesund, aber nicht teuer.

William Penn,
Fruits of Solitude, 1792

Wer so glücklich ist, auf dem Lande zu leben und täglich im eigenen Garten Gemüse zu ernten, kennt den Unterschied zwischen diesen Früchten, die auf diese Weise geerntet und richtig zubereitet wurden, und jenen, die gepflückt und auch nur eine Nacht für den Markt aufbewahrt wurden.

Solon Robinson,
Facts for Farmers, 1866

Wenn Zutaten und Kochkunst vom Besten sind, hat die einfachste, billigste Nahrung Vorzüge, die nur selten selbst in den aufwendigsten Mahlzeiten zu finden sind.

Henry Southgate,
Things a Lady Would Like to Know, 1874

Kompliziert oder einfach: verarbeitete contra frische Nahrungsmittel

Wenn wir uns nicht gerade in einem Gefängnis oder Krankenhaus befinden, wo wir gezwungen sind, das zu essen, was uns vorgesetzt wird, können wir unsere Nahrung selbst wählen. Wir können einfache, frische Nahrung zu uns nehmen oder wir können im Laden gekaufte Industrieprodukte essen. Fast jedes Nahrungsmittel, das heute auf dem Markt ist, ist in der einen oder anderen Weise mit wertlosen oder unerwünschten Stoffen verfälscht oder seiner reinen vitalen Elemente beraubt worden. Diese verfälschten, unnatürlichen Nahrungsmittel – hergerichtet, pasteurisiert, geräuchert, gesalzen, gezuckert, gefärbt und aufpoliert – haben nur noch wenig Natürliches. Sie sind keine natürlichen Nahrungsmittel mehr, sondern denaturierte.

Es gibt drei Arten von Nahrungsmitteln: Solche, die roh, vital und frisch sind, wie sie in der Natur gefunden werden; solche, die gekocht sind, deren Lebenskraft durch hohe Temperaturen weitgehend abgetötet wurde; und solche, die maschinell bearbeitet, abgetötet oder vergiftet sind. Ein Motto für sicheres Essen in einer vergifteten Welt könnte das folgende sein: Jede Nahrung vermeiden, die nicht schlecht wird.

Essen Sie nur solche Nahrungsmittel, die verderben, verfaulen, schlecht werden, aber essen Sie sie, bevor sie das tun.

Dr. E.V. McCollum,
Johns Hopkins University

Vermeiden Sie alle toten, denaturierten Nahrungsmittel wie weißes Brot, weißen Zucker, polierten Reis, haltbar gemachten Käse. »Die vier Faktoren, die unsere Zivilisation zerstören, sind raffinierter Zucker, raffiniertes Mehl, gehärtetes Öl und Benzinabgase« (Dr. Carl C. Wahl, *Essential Health Knowledge*, 1966). An dieser Stelle würde ich hinzufügen: Zigarettenrauch und Alkohol.

Wenn man mit Lebensmitteln zu tun hat, die sterilisiert, geräuchert, gehärtet, homogenisiert, gefärbt, gebleicht, entfettet oder texturiert sind oder wenn man nicht weiß, was mit ihnen gemacht wurde, ist es am sichersten, diese Produkte nicht zu essen.

Mein Freund Woody Kahler schreibt, wie sich das Konservieren und Verarbeiten von Nahrungsmitteln finanziell lohnt: »Es bezahlt die Untersuchungslabors. Es bezahlt die Werbefachleute. Es bezahlt die Ärzte. Es bezahlt die Krankenhäuser. Es bezahlt die Psychiater, solange unser Geld reicht. Es bezahlt die Geschäftsräume der Bestattungsunternehmer.« (Woodland Kahler, *The Cravings of Desire*, 1960)

Mit dem Fortschritt der Zivilisation hat unsere Ernährung – wie viele andere Dinge im Leben – eine grundlegende Wandlung erfahren. Noch hat das Großkapital die Luft, den Sonnenschein, den Schlaf, die Erholung oder das reine Wasser nicht monopolisiert; allerdings hat es ein Monopol über einen großen Teil der Nahrungsmittel, die in der Welt gegessen werden, erkauft. Unser Land ist ein Supermarktland, und unsere Läden sind voll mit Waren, die so verpackt und vor dem Verderb geschützt sind, daß die Kundinnen und Kunden sie, wann immer es ihnen paßt, aus dem Regal nehmen können.

Die Zubereitung der Nahrung ist eine Art Massenproduktion geworden, während es einst ein individuelles Handwerk war. Wir kennen viele Leute, die ein eigenes Haus mit Garten besitzen, ihre Nahrungsmittel selber anbauen und sagen: »Kauft diese Sachen nicht, pflanzt sie an. Verwendet, was Ihr habt, anstatt zu kaufen, was Ihr nicht braucht.« Aber die allgegenwärtige Werbung lautet anders: Kauft unsere bequemen Nahrungsmittel. Hier sind sie: alles gereinigt und aufgeschnitten, hygienisch gemacht, gefärbt, gewürzt, angereichert, entwässert, so behandelt, daß sich alles hält. »Frühstückskost, gemahlen, gegrillt, gebacken, getrocknet, zusammengemischt, in Kartons verpackt und monatelang haltbar.« (Wentworth Day, *Farming Adventure*, 1937)

Luxusnahrungsmittel überfluten den Markt, da in Einkaufszentren, die wie Pilze über Nacht aus dem Boden schießen, hierfür Absatzmärkte entstehen. Wenn ein Produkt hergestellt werden kann, das die Menschen anzieht, wenn diese das Produkt kaufen und verbrauchen und dann wiederkommen, um mehr davon zu kaufen, und wenn dieses Produkt für zehn Cent hergestellt und für einen Dollar verkauft werden kann, dann macht das Gewerbe große Profite und kümmert sich wenig um die Gesundheit derjenigen, die es zu sich nehmen. Große Profite können sehr wohl mit einer schlechten Ernährung der Bevölkerung im Zusammenhang stehen.

Die Industrie fügt guter frischer Nahrung Chemie, Verarbeitungsprozesse und Verpackungsmaterial hinzu, keine Gesundheit. Ihre im Handel befindlichen Waren sind leblose Materialien, die in hohem Grad zu künstlicher Vollkommenheit bearbeitet wurden. Supermärkte und Läden sind an raschen Umsätzen interessiert. Schmeichle dem Gaumen und dem Auge der Kundinnen und Kunden, ganz gleich, ob es ihren Körpern schadet oder nicht. Ein abscheuliches Beispiel hierfür sind »Heidelbeerwaffeln« – hergestellt mit »Zucker, Baumwollsamenöl, Salz, Natriumkarboxydmethylcellulose, Kieselsäure, Zitronensäure, umgewandeltem Sojaeiweiß, künstlichen Gewürzen und Farben, Malz und Heidelbeerextrakt«, so etwa liest man es auf der Packung.

Die US-Nahrungsindustrie verbrauchte 1969 mehr als 40.000 Tonnen Gewürze und Aromastoffe. Weiter verbrauchte sie ungefähr 350.000 Tonnen an Zusätzen zur Verbesserung von Farbe, Beschaffenheit und Haltbarkeit der Nahrungsmittel. Es werden zur Zeit etwa 3.000 Nahrungszusätze verwandt, einschließlich verschiedener Gärstoffe, 9 Emulgatoren, 30 Stabilisatoren, 85 oberflächenaktive Mittel gegen das Zusammenklumpen, 28 Antioxidantien, vielleicht ein Dutzend Farbstoffe, 8 Säuerungsmittel, mehr als 30 chemische Konservierungsmittel und mehr als 1.100 Gewürzzutaten. Und ständig werden neue Zusätze eingeführt (...). Amerikas Brotindustrie benutzt über 7.000 Tonnen Chemikalien im Jahr, meist Mittel, um den Teig aufgehen zu lassen, sowie Konservierungsmittel und Anti-Schimmelzusätze. (...) Im Sommer 1969 ließ sich ein britischer Wissenschaftler einen neuen Zusatz patentieren, mit dem man erreichte, daß Brot nach Brot schmeckt.

James Trager,
Foodbook, 1970

Es ist erschreckend, wie sehr die Menschen heutzutage einer wachsenden Zahl von chemischen Zusätzen ausgesetzt werden. Warum sollten wir weiterhin synthetische Materialien, die jetzt in Nahrungsprodukten gebraucht werden, konsumieren?

Du mußt möglicherweise in einer Menge leben, aber Du mußt nicht wie sie leben und Dich auch nicht von ihrer Nahrung ernähren.«

Henry van Dyke,
The School of Life, 1925

Mark Hegstead, der im Öffentlichen Gesundheitswesen tätig ist, betrachtet die Sache noch milde, wenn er sagt: »30 % des Sortiments heutiger Lebensmittelgeschäfte könnten weggeworfen werden, und niemand hätte einen Schaden davon.« Ich denke, wir alle würden sogar besser dran sein.

Aus schlechten Nahrungsmitteln kann man keine guten Nahrungsmittel machen. Ich fand eine Karikatur, die eine Gruppe kleiner grüner Männchen darstellt, die im Central Park in New York City aus ihrem Raumschiff aussteigen. Ihr Anführer sagt: »Denkt daran, dies ist der Planet Erde. Hier dürfen wir keine Luft atmen, kein Wasser trinken und nichts von ihrem Fressen anrühren.«

An dieser Stelle möchte ich eine Schimpfkanonade von Mimi Sheraton, einer bekannten Schriftstellerin und regelmäßigen Kolumnistin der *New York Times*, einfügen. In einem Artikel im Magazin *Diversion* (Februar 1974) kritisiert sie Industrienahrungsmittel auf unmißverständliche Weise:

Die ständig wachsende Menge an schlechten Nahrungsmitteln, die – wie ein Wolf im Schafspelz verkleidet – in Supermärkten und Restaurants verkauft wird, wird immer mehr zur täglichen Familiennahrung. Ich gehe in den Gängen der Supermärkte hin und her und sehe, wie fest diese gastronomischen Verfälschungen den amerikanischen Gaumen im Griff haben. Ob sie nun in Papier verpackt, in Schachteln, Tuben, Konserven, gefroren oder getrocknet sind – alle sind sie behandelt mit künstlichen Farben und Gewürzen und mit genug Konservierungsmitteln, um sie völlig unverderblich zu machen. (...) Das Gefrierfach enthält meist nur unnatürlichen Fraß. Fertigmahlzeiten bieten weiches Fleisch an, das mit stärkehaltigen Bratensaucen gedünstet ist; das Gemüse ist so geschmacklos (und auch ähnlich nahrhaft) wie ein nasser Lumpen; die Kartoffeln sind so bequem, weil sie aus Pulver gemacht sind, das in Wasser aufgelöst wird; und der Kuchen ist niemals so, wie Mutter ihn machte, auch wenn Mutter die schlechteste Bäckerin der Welt war. Die Kuchen sind zu feucht, zu süß und so künstlich wie Papierrosen (...). Schmierige konservierte Bratensauce, die wie Hundefutter riecht, klebrige Salatsaucen in Flaschen mit ihrem Knoblauch- und Zwiebelsalz, das nach Silberputzmittel schmeckt (...). Aufgeblähte Toastschnitten, die schmecken, als ob etwas hundsgewöhnliche Marmelade zwischen zwei Pappscheiben gestrichen und mit Klebstoff versiegelt worden wäre. Papierdünne Hamburger, weich und gräulich und etwa so appetitanregend wie nasser Wundschorf.

Sie vergleicht einige dieser »gastronomischen Verbrechen« mit »Instant-Schweinefutter«. Können Worte stärker und treffender sein? »Was mir Sorge macht«, fährt sie fort, »sind die Tausende und Millionen von Menschen, Erwachsene wie Kinder, die denken, dieser Fraß sei wirklich so, wie Nahrung sein sollte.«

Auch im Magazin *Esquire* (Juni 1974) werden heftige Vorwürfe gegen die heutigen Nahrungsmittel erhoben. Roy Andries de Gront schreibt über eine angebotene französische Salatsauce und eine Steaksauce:

Das ganze Zeug ist mit Monosodium-Glutamat und Zucker völlig überladen, aber es hat auch etwas von Schalheit, von Eiern, die so alt sind, daß sie schon fast verwesen, oder von Rosmarin, der so trocken ist wie Heu, oder von Erdnußmus, das fünf Jahre lang auf den Regalen stand, oder von Estragon, das vor Alter ganz schwarz geworden ist. Die dünne schleimige Konsistenz auf der Zunge schmeckt nach chemischen Konservierungsmitteln, der Geruch ist der von alten Ratten in einem Geisterhaus (...). Die ganzen schrecklichen Zutaten (zu der Sauce) sind eine scheußliche Erfahrung. Überall ist ein strenger Geruch von Schimmel und Fäulnis. Ein Geruch starker Verwesung. Es riecht, wie Waschkörbe riechen, wenn verschwitzte Hemden drei Tage lang darin gewesen sind.

Nichts, was ich oder die von mir bevorzugten alten Denker geschrieben haben, könnte sarkastischer oder anklagender sein, als das, was diese zeitgenössischen Geschmacksexperten zu sagen haben, vielleicht mit Ausnahme dessen, was in einem Buch von 1709 zu lesen ist: Nachdem er ein üppiges Rezept mit unzähligen köstlichen Zutaten beschrieben hat, war der Autor »derart überzeugt von der Absonderlichkeit der Zusammensetzung und Ausstattung, daß man als geeignetes Gefäß für diese Gelegenheit einen Nachttopf am Tisch verordnen solle.« (William King, *The Art of Cookery*, 1709)

Mein Ratschlag ist: Gehören Sie nicht zu denen, die das essen, was gerade als neuester Gaumenreiz gilt, und fallen Sie nicht auf das herein, wofür im Fernsehen oder Radio aufdringlich geworben wird, oder auf die übertriebenen Anpreisungen großgedruckter Sonderangebote in den Zeitungen. Genau die Leute, die dieses Zeug essen, sind im Prinzip diejenigen, die abweichen und fanatisch sind, und keineswegs die »Gesundheitsapostel«, wie wir genannt werden. Die eigentlichen Ernährungsspinner begeistern sich für Automatenmahlzeiten, Industrielebensmittel, Pappkartonpizzas, Sägemehlgetreide – wo die Packung mehr wert ist als der Inhalt – und für schwammiges Brot.

Die gegenwärtige amerikanische, reichhaltige, aber ungesunde Kost, jene fragwürdige, unechte, schnell zuzubereitende Nahrung, ist ein Problem, mit dem die meisten unserer Landsleute täglich zu tun haben. Dabei ist es ohne weiteres möglich, im Supermarkt Kartoffelprodukte, Berliner Pfannkuchen, Instantpudding, Salatsaucen, gesalzene Nahrungsmitteln, mit künstlicher Kohlensäure versetzte Getränke, Konserven, in Essig eingelegte Gewürzgurken, gebratene Snacks, Aromastoffe, aufgeblähtes Weißmehlbrot, weißen Zucker und Süßigkeiten zu umgehen.

Es sollte heute zur Allgemeinbildung gehören, natürliche, nicht verfeinerte, einfache Nahrungsmittel zu wählen, die ihrer wesentlichen Nahrungselemente nicht durch industrielle Prozesse und Konservierung beraubt wurden. Aber heute sind die meisten Bewohner der Vereinigten Staaten und der zivilisierten Welt an denaturierte Nahrung gewöhnt, durch sie verdorben und vergiftet.

Betrachten wir die seltsamen Eßgewohnheiten der zivilisierten Menschen, die in Restaurants, Flugzeugen oder Bars essen, d. h. in künstlich erleuchteten und mit Vorhängen versehenen Räumen voll schlechter Luft und Konservenmusik. Sie ernähren sich von tiefgekühlten Tierleichen, die seit langem tot sind, von konservierten Lebensmitteln aus Dosen, die zu Teil jahrelang in Regalen gelegen und stundenlang auf dem Herd gestanden haben, und gießen zusammengebraute Saucen über die verfaulte Nahrung, um ihre abgestumpften Gaumen zu reizen. In der Tat eine Luxus-Kost!

Nun aber wollen wir diese komplexe handeltreibende Ökonomie verlassen, um sie in ihrem eigenen beißenden Saft schmoren zu lassen, während wir uns einen einfacheren, gesünderen, leichteren Weg suchen, um uns zu ernähren. Schließlich ist es unsere Sache zu entscheiden, ob wir alte »Lagerkost« oder gartenfrische Nahrungsmittel zu uns nehmen.

Was ich am meisten liebe, ist eine Fülle einfacher Nahrung von bester Qualität und überwältigender Frische, die sehr einfach und ehrfurchtsvoll behandelt wurde und noch ganz ihren eigenen Geschmack hat.

Sybille Bedford,
The Artist's & Writer's Cook Book, 1961

Ich möchte die Ernährung und das Kochen auf den kleinstmöglichen Nenner reduzieren, um einfachste, billigste Mahlzeiten bereitzustellen – möglichst einfach zubereitet und aufgetischt. Wenn ich eine einfache Art und Weise kenne, einen Salat anzurichten oder ein Gemüse zuzubereiten, werde ich davon berichten. Wenn Sie eine einfachere Methode kennen – wunderbar, richten Sie sich danach und geben Sie mir Bescheid. Wenn Ihnen ein komplizierterer Weg gefällt, richten Sie sich danach, aber geben Sie mir nicht Bescheid. Dieser Tip wäre bei mir fehl am Platz, denn ich würde ihn niemals ausprobieren.

Für mich ist diejenige Nahrung am besten, die der Natur am nächsten kommt und die natürlichste ist. Allerdings würde ich kaum so weit gehen wie der alte Mann aus Leeds, dessen Bedürfnisse wirklich sehr einfach waren. Er sagte: »Um die Mühe zu sparen, die Sachen im Boden wachsen zu lassen, werde ich einfach die Samenpackungen essen«. Vielleicht kann man die Einfachheit auch zu weit treiben.

Scott und ich waren vor einigen Jahren in Japan und wanderten ganz allein in einer ländlichen Gegend umher. Wir hatten nur ein japanisches Wörterbuch, das uns in kritischen Situationen helfen sollte. In einem kleinen Restaurant am See Hakone mit Blick auf den Fudschiyama wiesen wir mit Hilfe unseres Wörterbuches auf die Fleischgerichte, schüttelten Kopf und Hände und sagten: »Nein, nein, wir möchten eine Mahlzeit *ohne* Fleisch« und deuteten auf das Wort »ohne«. Der Ober, dessen Englischkenntnisse genau so gering waren wie unsere Japanischkenntnisse, verbeugte sich und ging in die Küche, um den Auftrag auszuführen. Nachdem wir ziemlich lange gewartet und durch die Schwingtüren eine Diskussion gehört hatten, kam der Eigentümer oder Chef heraus, der uns in gebrochenem Englisch fragte: »Wir würden Ihnen gerne Ihren Wunsch erfüllen, aber bitte, welches Fleisch ist das *ohne Fleisch*?«

Mein Buch ist wirklich ein »ohne«-Buch: ohne Fleisch, ohne Fisch und Geflügel, natürlich ohne weißen Zucker und weißes Mehl, ohne kohlensaures Natrium und Backpulver, ohne Pfeffer und Salz (es sei denn »Meersalz«), ohne Eier und Milch, Pasteten und Torten. Was bleibt dann noch übrig, kann man fragen? Gefängniskost, Notnahrung, werden viele sagen.

Diese gute Frau ernährt sich (und wünscht andere zu ernähren) wie Tiere auf der Weide, die zufrieden sind, heute mit Gras und morgen mit Gras, so lange, bis ihr Hunger gestillt ist, ohne die Beachtung des Genusses üppigerer Speisen.

A Lady,
The Lady's Companion, 1851

Was bleibt übrig? Wir haben alle Früchte, alle Gemüse und die ganzen Getreidearten zum Essen. Es gibt so viele gute Sachen, daß es schwierig für mich ist, eine Auswahl zu treffen. Ich könnte die Rezepte in diesem Buch verdoppeln. Ich kann versichern, daß wir zu Hause nicht verhungern. Wir sind wohlgenährt und sogar oft überernährt.

Hier könnte noch der Einwand gemacht werden, daß die meisten Leute nicht sieben Tage in der Woche und zwölf Monate im Jahr von den gleichen, einfachen Dingen leben können. Aber viele unserer kräftigen Vorfahren auf diesem Kontinent lebten genau so. Der Autor des Buches *Pioneers of Old Ontario*, W.L. Smith, berichtet 1923 von der Ernährung des »nördlichsten weißen Mannes«, für den »es oft Kartoffeln und Kohl an einem Tag gab, abwechselnd mit Kohl und Kartoffeln am nächsten«.

Glücklicherweise, sagt ein anderer Schreiber »hatte die durchschnittliche Hausfrau in Krisenzeiten die Geschicklichkeit, die beinahe zur genialen Begabung wurde, wohlschmeckende und befriedigende Mahlzeiten aus den kärglichsten Hilfsquellen zuzubereiten« (Edward Everett Dale, *The Food of the Frontier*, 1947).

Die Nahrung kann sich mit den Jahreszeiten ändern: Im Winter gibt es kräftigere und schwerere Nahrung, mehr Wurzeln, getrocknete Bohnen, Kartoffeln und rote Bete. Im Frühling und Sommer dagegen kommt leichtere Nahrung auf den Tisch – Spargel, Löwenzahn, grüne Erbsen, Tomaten und Gurken. Nutzen Sie die Nahrung der verschiedenen Jahreszeiten und Klimazonen und verwenden Sie sie im bestem Zustand, wenn sie jung ist. Es gibt ein schottisches Sprichwort: »Wer nur eine Speise ißt, braucht selten den Doktor.« Nur ein Nahrungsmittel auf einmal zu essen und das zur entsprechenden Jahreszeit, ist eine gute Regel, die man befolgen sollte.

Scott hat mir einmal die Geschichte seines Freundes, des Reverend John Holmes, eines bekannten New Yorker und Bostoner Geistlichen, erzählt, der von einem Reporter der Zeitung *Daily Worker* interviewt werden sollte, während er sein Frühstück im Eßsaal eines stilvollen Hotels aß. Es war Februar, und Holmes wurden Erdbeeren mit Sahne serviert. In Verlegenheit gebracht, weil er dabei ertappt wurde, eine so üppige Speise außerhalb der Saison vor einem Mitglied des Proletariats zu essen, bot Holmes seinem Interviewer einige davon an. »Nein, danke«, war die ziemlich verbissene Antwort, »das könnte meinen Geschmack an Pflaumen verderben.«

In diesem Zusammenhang könnte man anmerken, ich hätte dieses Buch so geschrieben, als ob genügend Nahrung für alle da wäre und wir nur das Nahrhafteste herauszusuchen hätten. Ich weiß wohl, daß es heute in der Welt Millionen Menschen gibt, die verhungern oder am Rande des Verhungerns sind und die hastig nach jedem Stück greifen würden, um damit ihren leeren

Magen zu füllen. Wer kann die »übertriebene Bedeutung leugnen, die ein verhungernder Mensch der Nahrung beimißt«, wie Emily Dickinson es in einem ihrer Gedichte so zynisch ausdrückt.

Einfaches Essen muß nicht eintönig sein. Wenn man will, kann jedes Mahl jeden Tag anders sein, aber man sollte nicht vor Einförmigkeit zurückschrecken. Wenn Sie etwas Gutes finden, das Sie mögen, bleiben Sie dabei. Abwechslung ist nicht unbedingt die Würze des Lebens oder des Kochens. Lust zum Essen dagegen schon. Wenn man eine zu große Auswahl hat, ißt man zuviel. Man wechselt von einem zum anderen, kehrt zum ersten zurück, beginnt wieder von vorne und ißt mehr, als man braucht. Alles wird schnell heruntergeschluckt und zu wenig gekaut. Richten Sie Ihre Aufmerksamkeit beim Kochen und Essen auf wenige Dinge und lernen Sie, diese zu würdigen.

Einfacher, einfacher! Essen wir statt drei Mahlzeiten am Tag nur eine, wenn nötig; statt hundert Gerichten nur fünf, und reduzieren wir andere Dinge entsprechend.

Henry David Thoreau,
Walden, 1854

Nahrung kann nicht nur einfach ausgewählt und zubereitet werden, sie kann auch zu Hause, im eigenen Garten einfach angebaut werden. Wenn man nur Pflanzen und Früchte ißt, kann eine kleine Fläche mit geringen zusätzlichen Ausgaben oder Mühen die Nahrung hervorbringen, die man braucht. Bedecken Sie die für diesen Zweck bestimmte Gartenfläche im Herbst mit dickem Mulch, mit Heu oder Seetang oder mit Laub oder, wenn Sie solchen Tierprodukten nicht abgeneigt sind, mit Mist. Lassen Sie den Mulch den ganzen Winter auf dem Boden liegen. Bedecken Sie ihn im Frühjahr mit Kompost und graben Sie ihn unter. Säen und kümmern Sie sich um die Ernte, wenn die Sonnenstrahlen und das Wetter die Pflanzen reifen lassen. Benutzen Sie keine Sprays, Pulver und chemische Gifte. Holen Sie im Sommer das aus dem Garten, was Sie an täglicher Nahrung brauchen. Lassen Sie es frisch und ganz und weitgehend unbehandelt. Es kann aus dem Garten in zehn Minuten auf dem Tisch oder auf dem Herd sein.

Die einfachsten der selbstangebauten, ganz gegessenen Nahrungsmittel sind sowohl schmackhafter als auch wertvoller als die reichsten, exotischsten – die äußerst verführerisch angemachten und betrügerisch verfälschten.

H.J. Massingham,
This Plot of Earth, 1944

Die Ziele des Kochens hat Thomas Cooper in seinem Buch

A Practical System of Domestic Cookery aus dem Jahre 1824 treffend dargestellt:

1) Eßwaren so zuzubereiten, daß ihre Bekömmlichkeit vermehrt wird und ihre Nahrungsqualitäten erhalten bleiben.
2) Dies auf wirtschaftliche Weise ohne Zeitverschwendung zu tun.
3) Dies in der für den Gaumen am schmackhaftesten, aber einer mit der Gesundheit zu vereinbarenden Art und Weise zu tun.

Ich würde hinzufügen: 4) Den Umstand mit Nahrung und Essen auf ein Minimum zu reduzieren. 5) Einen Plan auszuarbeiten, um von eigenem Grund und Boden zu leben, so daß Nahrung am Ort wachsen kann und Transport, Handelsverdienste und übertriebene Produktionskosten vermieden werden können und man die Nahrung frisch an Ort und Stelle bekommt.

Einfache Nahrung (Früchte, Nüsse, Gemüse), einfach gewachsen (organisch), einfach zubereitet (mit wenig schälen oder klein schneiden), einfach gekocht (wenig geschmort, blanchiert, gekocht oder gebacken), einfach garniert (mit gehackten zarten Kräutern und ohne Saucen), einfach aufgetischt (vom Herd zum Tisch im Kochtopf, mit einer Holzschale für jede Person, für die ganze Mahlzeit) oder, noch besser, roh gegessen: Was kann einfacher sein, es sei denn, man ißt, indem man unterm Baum steht und pflückt?

Hier, hier lebe ich mit dem, was mein Tisch bei den geringsten Kosten gewähren kann. Wenn das Essen auch noch so gering ist, meine Prue und ich sind zufrieden. Mit Erbsen oder Bohnen oder Kraut oder Rüben – was immer kommt, Zufriedenheit macht es angenehm:
Wir essen unser Eigenes und gedeihen besser, weil wir uns auf niemandes Kosten ernähren.

Robert Herrick,
Epigram Complete, 1670

Teil 2:

Die Zubereitung der guten Nahrung

Ich weiß nicht, welche Gerichte in dieser bescheidenen Rezeptsammlung Ihnen, liebe Leserin, lieber Leser, schmecken werden, denn sie sind so verschieden wie die Gaumen der Menschen; aber ich muß es wagen, unter der Menge zu wählen, und obwohl der Gegenstand, über den ich schreibe, von vielen – und dies oft mit größerem Verdienst – abgehandelt worden ist, bin ich doch weit entfernt von der Vorliebe für holprige, schlechte Sprache oder von der Schlichtheit großer Langeweile, so daß, wenn mein Buch mit anderen verglichen wird, es genügend für sich spricht, um bestehen zu können. Ich hoffe, daß nichts darin wertlos sein wird, nichts, das nicht sehr wohl der Nachahmung wert ist. Und ich maße mir auch nicht selber die Urheberschaft aller Erfindungen an, denn viele sind den vorzüglichen Leistungen anderer zuzuschreiben, wofür ich sehr dankbar bin.

Gervase Markham,
Hobson's Horse-Load of Letters, 1613

Wenn Du bessere Rezepte weißt als diese, sag sie mir freimütig; wenn nicht, folge diesen, so wie ich es tue.

Quintus Horatius Flaccus,
Satires, 35.v.Chr.

Falls irgend jemand wünscht, wegen meiner Rezepte Streit anzufangen, weil sie nicht geeignet oder nicht vollständig sind, dann möchte ich von ihm verlangen, es mit mir auszuhalten, bis er selbst bessere bekannt gemacht hat, oder bis zur nächsten Auflage zu warten und mich inzwischen (beachtend, daß es leichter ist, eines Mannes Tun zu kritisieren, als es zu verbessern) als einen Schleifstein zu benutzen, um ihn weiterzubringen.

Dr. Rembert Dodoens,
A Nievve Herball, 1578

Und obwohl bei meinen Rezepten einige dabei sein werden, die mißlingen: Da für sie aber klarer Verstand und Wahrscheinlichkeit sprachen, hoffe ich darauf, daß Sie sich in Ihrer Höflichkeit bereit finden, eine so kleine Zahl zu entschuldigen, weil ich nicht daran zweifle, daß Sie mit dem Rest sehr zufrieden sein werden.

Sir Hugh Platt,
Floraes Paradise, 1608

Diese Experimente, von denen ich einst dachte, daß ich sie mit ins Grab nehmen würde, sind gut und leicht, eine einfache Art, die Dinge auf kürzerem und sichererem Weg zu tun, als ihn irgend jemand bis jetzt entdeckt hat.

Gervase Markham,
Countrey Contentments, 1613

Ich gebe nicht vor, die alten, erfahrenen Hausfrauen zu belehren oder die, deren Wissen meinem überlegen ist; aber wenn auf den folgenden Seiten irgend etwas gefunden werden kann, ihnen zu dienen, so würde es mir große Freude machen. Einige Ratschläge für die Jungen und Unerfahrenen, so schmeichle ich mir, werden nicht als Unverschämtheit angesehen werden.

Hannah Glasse,
The Servant's Directory, 1760

Alle Rezepte sind nach einem so leichten und billigen Plan ausgearbeitet, daß sie im Rahmen des Budgets aller Menschen liegen.

William Augustus Henderson,
The Housekeeper's Instructor, 1800

Studiere das ganze Buch mit Aufmerksamkeit, denn es ist eine Aufzeichnung von Dingen, die nötig sind, um im Haushalt den Erfolg zu erzielen, der jungen Hausfrauen meist nur durch viele anstrengende Experimente vergönnt ist.

Juliet Corson,
Family Living on $500 a Year, 1888

Über Rezepte im allgemeinen

Einige Rezepte dieser Sammlung sind reine Inspiration; sie sind meinem Kopf entsprungen. Einige sind *force majeur*, von der Notwendigkeit diktiert – sie mußten nur noch aufgeschrieben werden. Einige sind Variationen schöner Ideen anderer, und einige sind einfach gute, alte vorhandene Rezepte – was Großmutter und Urgroßmutter einfach und gut machten.

Ich kann mir nicht vorstellen, daß für die elementarsten Grundnahrungsmittel ein Rezept nötig ist, auch nicht für die blutigsten Anfängerinnen und Anfänger. Ich entdeckte eine Autorin, die für immer namenlos bleiben soll, die sich die Mühe machte, zu erklären, wie man ein Erdnußbuttersandwich zubereitet: »Zwei Teelöffel Erdnußbutter auf eine Scheibe Brot streichen, eine zweite Scheibe Brot darauflegen. Das Brot in zwei Hälften schneiden, auf einen Teller legen und servieren.«

Meine Rezepte sind zwar einfach, aber nicht einfältig. Wem muß man sagen, wie man Kartoffeln backt? Kartoffeln schrubben und in den Backofen legen, bis sie gabelweich sind. Oder wie man Mais kocht? Hülsen entfernen, ihn in kochendes Wasser geben und nach einigen Minuten herausnehmen. Oder wie man Apfelkompott macht? Eine ausreichende Zahl von Äpfeln halbieren, das Kerngehäuse herausnehmen, Äpfel in Stücke schneiden, sie in wenig Wasser köcheln lassen, bis sie weich sind, und erst vor dem Servieren – wenn überhaupt – etwas zum Süßen hinzufügen.

Dies soll ein Buch mit allgemeinen Kochrichtlinien sein, das zeigt, wie man die Dinge einfach macht. Deshalb zielen die Rezepte und Anleitungen alle darauf ab, möglichst einfach zu sein. Genaue Zutatenmengen werden nicht immer angegeben. In einigen der einfacheren Rezepte ist keine

Genauigkeit nötig. Ich gebe einen ungefähren Umriß, den man den eigenen Vorstellungen anpassen kann.

Wenn meine Verlegerin es erlauben würde, würden meine Rezepte so aussehen: »Eine Handvoll von dem und ein bißchen von jenem.« Nicht: »Zwei kleine Zwiebeln«, sondern »einige Zwiebeln«. Zitronensaft kann hinzugefügt werden, wenn vorhanden. Wer Kräuter mag, soll diejenigen nehmen, die gerade da sind. Immer sollte etwas Spielraum für eigene Ideen bleiben. Man nehme so viele Kartoffeln, daß sie ausreichen. Wenn reichlich Petersilie da ist, nimmt man reichlich; wenn sie knapp ist, kommt man mit weniger aus. Gesüßt wird, wie es schmeckt, also wenig oder viel.

Wo die Mengen ungenau gelassen werden, ist es so, weil wirklich ein weiter Spielraum für ein gutes Gericht vorhanden ist. Experimentieren Sie ruhig. Machen Sie ein Spiel daraus. Probieren Sie einige ungewohnte Zutaten bei einem Lieblingsrezept aus. Wenn es nicht schmeckt, braucht man es ja nicht zu wiederholen.

Wenn Sie nicht so kühn sind, machen Sie sich einen guten Namen für die eine oder andere gute Sache, die Sie gut können. Wenn Sie damit Erfahrung haben, wird niemand erkennen, wie begrenzt Ihre Kochkunst wirklich ist. Meine Stärke ist offensichtlich die Gemüsesuppe. Viele Leute nehmen das als Beweis dafür, daß ich eine gute Köchin bin. Aber ich weiß nicht, wie ich erklären soll, wie man meine Suppen macht. Ich schneide bloß eine Menge von einigen Gemüsesorten in Stücke, in fast beliebiger Reihenfolge (obwohl die härteren zuerst in den Topf sollten). Ich schmore einige Zwiebeln, füge ein bißchen von diesem und jenem hinzu und koche das Ganze zusammen.

Meiner Ansicht nach sollten Rezepte absichtlich unbestimmt bleiben, so daß man sie ausarbeiten und das nehmen kann, was man hat. Ganz unbestimmte Anleitungen sind uns in alten Kochbüchern überliefert worden. »Ein walnußgroßes Stück Butter« war wahrscheinlich der erste Versuch zu exakten Maßangaben. Hier einige Auszüge von Rezepten aus Manuskripten des fünfzehnten Jahrhunderts im britischen Museum: »Eine gute Menge Kuhmilch (...) Genügend Zucker in den Topf schütten (...) Eine große Menge Hafermehl (...) Machen Sie das Gericht mit Gewürzen schmackhaft (...) Eine gute Weile kochen (...) und in Schüsseln servieren.«

Eines der bezeichnendsten Merkmale alter Rezepte ist ihre Unbestimmtheit (...). In der Regel sind in den alten Büchern keine bestimmten Mengen von Fleisch oder Fisch oder irgend etwas anderem angegeben, und die Mengenverhältnisse sind dem eigenen Urteil überlassen. Als unvermeidliches Resultat wurde eine erfahrene Köchin bzw. ein erfahrener Koch leicht unersetzbar und war so keiner gefährlichen Konkurrenz ausgesetzt.

William Edward Mead,
The English Medieval Feast, 1931

Nehmen Sie so viele Karotten, wie Sie wollen. Diese gut bürsten, in Stücke schneiden und kochen.

A Citizen of Paris,
Le Menagier de Paris, 1393

Lassen Sie es kochen, bis es fertig ist (...). Reis so lange garen, bis er etwas gequollen ist. Und wenn die Zwiebeln gar sind, diese vom Herd nehmen.

Thomas Dawson,
The Good Huswife's Jewell, 1587

Ein Pfund Butter oder mehr hineingeben, je nach Vorrat.

William Penn Jr.,
My Mother's Receipts for Cookerys, 1702

Hier ein typisches ungenaues Rezept aus einem alten schottischen Kochbuch: »Ein kleines bißchen Mehl, ein kleines bißchen Butter, ein kleines bißchen Zucker und ein kleines bißchen Melasse«. Oder folgendes aus einem irischen Kochbuch: »Vom Mehl nimmt man etwas mehr, als man denkt, von der Butter genauso viel, wie man denkt, vom Backpulver nur ein ganz kleines bißchen und von der Milch einen kleinen Krug voll.«

Das folgende Gespräch bezog sich auf ein rätselhaftes Rezept: »Aber, wenn wir Eier hätten«, fragte Elisabeth, »wieviele müßte man dann nehmen?« »Das kommt darauf an. Wenn Du ein Dutzend Eier hast, nimm ein Dutzend Eier. Wenn Du drei oder vier hast, nimm drei oder vier.« »Gut, und wieviel Mehl nimmt man?« »Das hängt von der Zahl der Eier ab.« Diese Köchinnen scheinen ihre Rezepte nur ungern weiterzugeben.

Wie ungern gute Rezepte weitergegeben wurden, zeigt ein konkreter Fall aus den fünfziger Jahren des achtzehnten Jahrhunderts in Virginia. Eine junge Dame ging zur Familienköchin und sagte: »Tante Chloe, sag mir bitte, wie man diesen Kuchen macht, den wir zum Abendbrot hatten.« Die Antwort lautete: »Gut, Fräulein Agnes, ich weiß nicht, ob ich es Ihnen sagen kann. Also gut, nehmen Sie ein halbes Dutzend Eier. Wenn Sie die haben, dann – gehen Sie genau so vor, wie Sie es kennen und backen ihn.«

William Chauncy Langdon,
Everyday Things in American Life, 1941

Vielleicht das unklarste von allen Rezepten ist eines für Ingwerbrot, das ich in einem *Old Farmers Almanac* fand: »Ich nehme immer etwas Mehl, gerade genug für die Kuchen, die ich machen will; das mische ich mit etwas Buttermilch, wenn ich sie habe, gerade so viel, daß es für das Mehl reicht, dann nehme ich etwas Ingwer: Manche mögen mehr, manche weniger. Ich tue ein wenig Salz und Perlasche hinein, und dann bitte ich John, Melasse hineinzuschütten, bis ich ihm sage, daß er aufhören soll.«

Hier ist ein anderes Rezept für Ingwerbrot (aus dem fünfzehnten Jahrhundert), in dem Ingwer nicht einmal erwähnt wird:

Ein Pfund Honig kochen und klären. Safran und Pfefferpulver dazugeben. Geriebenes Brot zugeben und das Ganze so steif machen, daß es ausgewalzt werden kann. Genügend Zimtpulver daraufstreuen und das Brot viereckig machen, so daß man es aufschneiden kann. Beim Schneiden Hefewürfel darauflegen und Nelken hineinstecken. Wenn man es rot haben will, muß es ausreichend mit Sandelholz gefärbt werden.

Und hier noch ein anderes Rezept aus einem alten Kochbuch, das ich Ihnen nicht vorenthalten möchte: »Die Regeln zum Süßen von Stachelbeeren, Rhabarber und Preiselbeeren: So viel hineingeben, wie man denkt, umrühren und dann noch einmal so viel hineingeben.«

Wenn die Zutaten einfach sind, können auch die Anleitungen einfach und begrenzt sein. Ich bekam folgende Anleitungen, um Hafermehl zu kochen: »Zum kochenden Wasser genug Mehl hinzufügen, bis es genügend dick wird, so daß es ›Puff‹ macht, wenn es kocht.« Das einfachste Rezept von allen dürfte lauten: »Kochen, bis es gar ist.«

Auch einige unserer modernen Kochbücher sind so unbestimmt wie die alten: Das zeigen diese unklaren Anleitungen von Max Eastman, einem Freund Scotts in früheren Jahren:

Eine gewisse Menge Wasser nehmen – es kommt nicht darauf an, wieviel, denn man kann mehr hinzufügen oder die Mischung länger kochen. Ein Quentchen Salz dazugeben. Die Menge eines Quentchens ist niemals genau festgelegt worden und kann nicht ergründet werden. Man muß es dem Unbewußten überlassen.

Sybille Bedford,
The Artist's & Writer's Cook Book, 1961

Ich könnte schwören, daß hier in einem Kochbuch zum ersten Mal das Unbewußte erwähnt wurde.

Die Begriffe »steif«, »dünn« und »weich« sind sehr flexibel und hängen vom Standpunkt der Köchin oder des Kochs ab.

Kate Douglas Wiggin, *A Book of Dorcas Dishes & Family Recipes*, 1911

Er fragte seinen Onkel. »Wie lange muß das ungefähr kochen?« »Oh, ich weiß nicht. So lange, wie man braucht, um zum Lebensmittelladen und zurück zu gehen.«

X. Marcel Boulestin,
A Londres Naguère, 1930

»Wie viele Eßlöffel soll ich hineintun?« Meine Mutter pflegte zu sagen: »Tu rein, was Du für richtig hältst. Tu soviel rein, wie Du brauchst. Tu genug rein. Das ist alles!«

Robert Tristram Coffin,
Mainstays of Maine, 1944

Das Rezept ist als Vorlage da und wird in der Praxis so verändert, wie es die Inspiration des Augenblicks und die Materialien erfordern (...). Sogar die tüchtigsten Berufsköche folgen selten sehr genau ihren eigenen Rezepten.

Fletcher Pratt & Robeson Bailey,
A Man and His Meals, 1947

Wenn die Mengenverhältnisse ungenau gelassen werden, dann, weil da wirklich ein weiter Spielraum ist, in dem ein gutes Gericht gemacht werden kann (...). Wenn man am Anfang nicht weiß, was man tun kann, wird man so weise sein, zu experimentieren.

Wilson Midgeley,
Cookery for Men Only, 1948

Jedes Kochen ist wirklich ein neuer Anfang, und das Ergebnis hängt davon ab, wieviel von diesem oder jenem vorhanden ist. Sind die Äpfel oder Zwiebeln groß oder klein? Hat man Olivenöl zum Kochen oder nur Wasser? Ist der Herd heiß oder nur warm? Mögen die anderen Knoblauch, kann ich welchen besorgen? Ist Mehl im Haus? Was könnte ich statt dessen nehmen? Was kann ich improvisieren? Welche Menge ist ausreichend? Wer gut kocht, weiß, wann man aufhören muß.

Dieses Buch enthält kein Rezept, das nicht ganz leicht zubereitet werden kann, das dem Gaumen nicht zusagt und zu Lasten des Geldbeutels geht, weil alle die Freiheit haben, so viel oder so wenig zur Herstellung oder Verschönerung dieser Kuchen und Festessen zu nehmen, wie Mittel, Zeit und der jeweilige Anlaß es erlauben.

M. Marnette,
The Perfect Cook, 1656

Wenn einige der genannten Dinge nicht vorhanden sind, können einige andere Sachen nach Belieben an ihre Stelle gesetzt werden.

John Murrel,
Two Books of Cookerie, 1631

Zu den Mengen in meinen Rezepten: Die meisten sind für drei bis vier Personen mit gutem Appetit gedacht. Wenn eine hungrige Horde zu füttern ist, können die Rezepte verdoppelt werden. Doch wenn Leute da sind, die nur kleine Häppchen essen, dann wird die Mahlzeit für fünf bis sechs reichen. Was sind ihre Eßgewohnheiten? Arbeiten sie an der freien Luft oder sind sie Bankangestellte, die den ganzen Tag sitzen? Sehen sie viel fern? Kommen sie gerade vom Ski- oder Schlittschuhlaufen oder von einer Teeparty? Sind sie gesund, heißhungrig oder übersättigt und wählerisch? Sind sie dick und blaß und gut gepolstert oder energisch und schlank? Wie gut wird Ihr Essen sein? Sind Sie in der rechten Stimmung zum Kochen oder nicht? Wird noch etwas anderes aufgetischt? Wieviele Leute werden unangemeldet kommen? Vielleicht kommen zwei oder aber zwanzig Personen. Woher sollen Sie das wissen, bevor sie auftauchen? Ich weiß es niemals, daher koche ich reichlich.

Meine Herausgeberin und ich haben ein gutes und freundschaftliches Verhältnis in allen Bereichen, außer bei einigen Diskussionen über dieses Buch. Bei Einzelheiten des Rezepteschreibens ist unsere Ausgeglichenheit etwas strapaziert worden. Sie wollte etwas anderes als meinen telegrafischen Stil und mehr Einzelheiten. Ich leistete Widerstand – besonders in bezug auf die Anzahl der Personen, für die jedes Rezept reichen sollte (...).

Wir einigten uns schließlich darauf, daß – solange nichts anderes angegeben wird – jedes Rezept für drei oder vier normal hungrige Leute gedacht ist.

Nun zur Vorbereitungszeit: Wie kann man da für jemand anderen etwas aussagen? Manche trödeln beim Kochen, manche arbeiten rasend schnell. Einige gehen ganz systematisch vor, andere sind nachlässig und unordentlich. Einige benutzen langsame Holzherde, andere arbeiten mit schnellen elektrischen Heißluftherden oder Gasherden. Alle Kochzeiten hängen von der Hitze des Feuers ab, und wenn man mit Holz kocht, ist jedes Brennholz anders. Kochen und Backen müssen daher daran angepaßt werden, je nachdem, welches Holz benutzt wird. So sind beim Aufschreiben eines Rezepts mehr Dinge abzuwägen als Maße und Zutaten.

Ich habe noch nichts über Feuer und Kochherde gesagt. Ich selbst habe an einem alten Holzherd kochen gelernt und niemals gewagt, mit Gas oder elektrisch zu kochen. Diese Herde mögen in bezug auf die Geschwindigkeit ihre Vorteile haben, aber irgend etwas fehlt ohne die niedrige, gleichmäßige Hitze, die ein Holzfeuer liefern kann.

Langsamkeit beim Kochen ist eines der Geheimnisse des guten Kochens; sie ist heute, wo Schnellherde und dünne Töpfe und Pfannen uns unser Recht auf guten Geschmack und Zartheit ganz rauben, verschwunden. Viele der besten Gerichte meiner Mutter (auch gebackene Bohnen) setzen voraus, daß diese Stunden über Stunden langsam gekocht werden. Der hintere Teil des Herdes, die nur leicht warme Hälfte des Herdes, war oft wichtiger als der Backofen. Die Hälfte des Aromas bei den modernen Speisen ist verschwunden, weil sie schnell und mit der Hitze nur an einem einzigen Punkt gekocht werden. Gekocht? Mit elektrischem Strom getötet ist das richtige Wort. Gutes Kochen ist langsames Kochen. Stunden einer ruhigen Entwicklung, so wie sich eine Rosenknospe bildet und entfaltet. Daher sind die dicken alten Eisentöpfe die besten, die die Hitze halten und ringsum verteilen. Die besten Bratpfannen sind so dick wie eine Hand.

Robert Tristram Coffin,
Mainstays of Maine, 1944

Jeder kann in ein oder zwei Minuten lernen, welcher Knopf an einem modernen Herd gedreht werden muß, um bestimmte Hitzegrade zu erreichen. Um in alten Zeiten die Temperaturen des Feuers für die Gerichte zu lernen, brauchte man mehr als ein Drehen des Handgelenks:

Wie ein langsames, aber gutes Feuer entsteht; wie ein schnelles und scharfes Feuer entsteht, ohne die Gerichte anzubrennen; was plötzlich und schnell fertig werden muß.

Gervase Markham, *The English Hus-wife*, 1615

Ein Ofen zum Brotbacken sollte so heiß sein, daß man die Hand für zwanzig Sekunden (oder während man bis zwanzig zählt) hineinhalten kann. Als schneller Ofen wird einer bezeichnet, in dem man die Hand nicht länger halten kann, als bis fünfundzwanzig zu zählen. In einen langsamen Ofen könnte man die Hand halten, bis man bis dreißig gezählt hat.

Mrs. T.J. Crowan,
Every Lady's Cook Book, 1854

Obwohl ich niemals nach einer genauen Herdtemperatur gekocht habe, weiß ich, daß viele andere daran gewöhnt sind, mit Temperaturwerten zu arbeiten. Nach meiner bestmöglichen Schätzung sind die entsprechenden Temperaturen meiner Rezeptanleitungen die folgenden:

schwache Hitze	100 – 125° C
mäßige Hitze	125 – 150° C
stärkere Hitze	175° C
starke Hitze	über 200° C

Die allgemeine Regel für gutes Kochen sollte lauten: Nur frische Zutaten von bester Qualität nehmen, diese so einfach wie möglich zubereiten und im letzten Augenblick kochen, so daß nichts lange herumsteht. Dazu sollte folgendes beachtet werden: Gemüse zu bürsten oder zu schaben, ist besser, als es zu schälen, es sei denn, es hat harte Schalen. Backen ist besser als Kochen. Dämpfen ist besser als Kochen. Kurzes Kochen ist besser als Braten. Dämpfen oder Dünsten in kleinen Wassermengen oder Öl ist besser als Braten. Geschnitzeltes oder dünn geschnittenes Gemüse ist besser als dicke Scheiben. Gewürze oder Butter am Tisch dazufügen, nicht am Herd. All dies sind Gewohnheiten, die man mit der Zeit lernt.

Mit eigenen Versuchen ist man immer sehr zufrieden. Daher rate ich allen, die praktische Erfahrung wünschen, alle meine Versuche zu wiederholen, bevor sie sich darauf verlassen. Nicht daß ich unzuverlässig gewesen wäre, als ich sie machte oder von ihnen berichtete; auch zweifle ich nicht daran, daß, wer dem gleichen Verfahren folgt, erfolgreich sein wird, wie ich es war. Aber sehr wahrscheinlich werden andere mehr Schlüsse daraus ziehen, als ich es tat.

Jethro Tull,
The Horse Hoeing Husbandry, 1751

Ich bin gefragt worden, welches die praktischsten Geräte sind, die ich zum Kochen benutze. Zuerst und als Bestes möchte ich meinen elektrischen Mixer anführen. Da ich mich zum einfachen Leben bekenne und danach strebe, mag dies inkonsequent und widersprüchlich erscheinen. Zwanzig Jahre lang lebten wir in Vermont glücklich ohne Elektrizität. Als wir nach Maine zogen, stellten wir fest, daß das alte Haus, das wir an einer abgelegenen Straße kauften, an die Elektrizitätsversorgung angeschlossen war. Ich bekam einen elektrischen Mixer geschenkt, den ihn zunächst verachtete. Dann jedoch probierte ich ihn ein bißchen aus und fand, daß dies ein ausgezeichnetes Gerät sei, um zähes Gemüse für die Suppe weich zu machen, um aus überreifen Bananen schnelle Drinks herzustellen und vieles mehr. Nun finde ich einen Mixer sehr nützlich; er ist der einzige Gegenstand, den ich vermissen würde, wenn wir keine Elektrizität hätten. Suppen können mit ihm in Minuten gemacht werden; Vitamine, Heizmaterial und Zeit können gespart werden. Ich könnte ohne einen Mixer leben, aber jetzt, da ich einen habe, benutze ich ihn oft. Wenn ich schreibe, daß etwas im Mixer zerkleinert werden soll, läßt sich als Ersatz ein Sieb nehmen.

Ein anderer praktischer Apparat ist ein Entsafter. Wir verwerten große Mengen von Möhren, Rote Bete, Sellerie und Äpfeln, indem wir sie durch unseren Entsafter geben; die Reste brauchen wir zum Kochen. Auch haben wir eine kleine französische Mühle für Nüsse und Samen – ein nützliches elektrisches Zusatzgerät.

Außer diesen drei Geräten, die mit fremder Kraft betrieben werden, sind meine Küchengeräte alltäglich und harmlos: Holzlöffel, Schüsseln, Siebe, Schöpfkellen, viele scharfe Messer, eine große Bratpfanne, ein Wok, ein 10-Liter-Suppentopf und ein 2-Liter-Topf.

Ich hoffe, daß meine Rezepte als Anreiz für weitere Erfahrungen für Ihr eigenes Kochen dienen. Im besten Falle werden Sie sie mögen, und sie werden Ihnen gut bekommen; im schlechtesten Falle werden sie harmlos sein und nicht weh tun. Einige gute Rezepte in diesem Buch könnten zu anderen führen, die Sie selbst erfinden. Ändern Sie Rezepte und erfinden Sie selbst welche! Scheuen Sie sich nicht, sie anderen mitzuteilen und weiterzugeben. Gute Rezepte sind – wie wahre Liebe – gegeben besser als gekauft.

Ein Rezept gehört nicht irgend jemandem. Es wird mir gegeben, und ich gebe es Dir. Es ist nur ein Führer, ein skelettartiges Gerippe. Du mußt es mit Fleisch ausfüllen, entsprechend Deiner Natur und Deinen Wünschen.

Edward W. Brown,
The Tassajara Bread Book, 1970

Die folgenden Rezepte sind für verwöhnte Gaumen, großen Hunger und gesunde und geräumige Mägen gedacht. Sie wurden für eine vernünftige Erfrischung verfaßt und voller Respekt entwickelt. Sie wurden am Herd aufgeschrieben, mit dem Bratspieß in einer Hand und dem Federhalter in der anderen.

Dr. William Kitchiner,
The Cook's Oracle, 1817

Die Damen mögen jetzt ihre Ärmel aufkrempeln, ihre Ringe und Armbänder ablegen und es selbst versuchen.

Lady Barker, *First Lessons in the Principles of Cooking*, 1874

Ich denke, daß wir ein Frühstück brauchen. Männer und Frauen, die nicht alt sind, deren Mägen sauber sind, ohne verweste Stoffe, die angemessen und gesund in der Nacht schlafen und sich morgens unbeschwert fühlen und frisch atmen, laß' sie in Gottes Namen ihr nächtliches Fasten brechen.

Sir Thomas Elyot,
The Castel of Helthe, 1534

Frühstücke so, als ob Du nicht vorhättest, zu Mittag zu essen und iß so zu Mittag, als ob Du Dein Fasten nicht gebrochen hättest.

Dick Humelbergius,
Tales of the Table, Kitchen & Larder, 1836

Laßt uns in der Frühe aufstehen und fasten oder laßt uns das nächtliche Fasten brechen, sanft und ohne Unruhe.

Henry David Thoreau,
Walden, 1854

Am Frühstückstisch Vater, Mutter, Kinder anzutreffen, alle gesund, müßte jedes Herz glücklich summen; es sollte ein Quell demütiger Dankbarkeit sein und die wärmsten Gefühle unserer Natur wecken. Mach' es dir zur Regel: Komme niemals in mürrischer Stimmung zu Tisch.

Solon Robinson,
Facts for Farmers, 1866

Nach dem Frühstück ist es die erste Pflicht der Hausfrau, ihre Anweisungen für den Tag zu geben, und sie beginnt selbstverständlich mit der Köchin. Beim Betreten der Küche sagt sie immer: »Guten Morgen, Köchin« (eine Höflichkeit, die im Untergeschoß sehr geschätzt wird).

Isabella M. Beeton,
Every-Day Cookery, 1872

Bei diesem Mahl wäre es besser, daß einer Besucherin die Möglichkeit gegeben würde, ihre Tasse Tee in ihrem Zimmer einzunehmen und erst zum Mittagessen zu erscheinen.

M.E.W. Sherwood,
The Art of Entertaining, 1892

»Sie soll verdammt sein!« sagte Kapitän Huff. »Sie schwört bei Gott, sie wisse nicht, wie man kocht, und ich fange an, ihr zu glauben. Es ist für die Stadt Arundel eine Schande und für die ganze verdammte Provinz Maine, wenn Sie mich fragen! Kann nicht kochen! Donnerwetter! Ich habe nicht geglaubt, daß eine Frau aus Maine nicht kochen könne!« »Kümmere Dich um Deine eigenen Angelegenheiten!« sagte ich ihm. »Es gibt viele Frauen in Maine, die nicht kochen können oder nur soviel wie ein Eichhörnchen, obwohl sie es kochen nennen. Warum kochst Du Dir Dein Frühstück nicht selber?«

Kenneth Roberts,
Arundel, 1930

Mit dem Frühstück das Fasten brechen?

Das Frühstück ist eine Mahlzeit, ohne die Scott und ich auskommen können. Gewöhnlich nehmen wir höchstens eine Tasse Kräutertee zu uns, den wir selbst gepflanzt und getrocknet haben, und ein Glas Hagebuttensaft von Hagebutten, die wir selbst geerntet und in Gläser abgefüllt haben. Wenn wir nach der Mahlzeit mit Gästen bei Gesprächen verweilen, servieren wir mitunter Bananen oder Äpfel oder eine Handvoll Sonnenblumenkerne, Rosinen oder Nüsse zum Kauen. Aber in der Regel trinken wir, bevor wir unsere Arbeit am Morgen beginnen, unseren Kräutertee mit Honig und den Hagebuttensaft wegen des Vitamin C. Mit dieser leichten Mahlzeit fühlen wir uns leichter, heiterer, schwungvoller und frischer.

Er fühlte sich so frisch wie eine zweischwänzige Kaulquappe, stark und zu allem bereit, obwohl er noch keinen Bissen zum Frühstück gehabt hatte. Oder vielleicht gerade deshalb.

Kurt Arnold Findeisen, *Abglanz des Lebens*, 1950

Es hat bei unseren Nahrungsexperimenten (die wir noch immer fortsetzen) Zeiten gegeben, in denen wir nur Früchte aßen, und andere Zeiten, in denen wir ganz aufs Frühstück verzichteten. Wir stellten uns vor, daß sich der Körper während der ganzen Nacht lediglich ausgeruht hatte und die Anregung von etwas Aktivität im Freien brauchte, bevor er sein Fasten brechen durfte.

Es ist für jeden klugen Menschen einleuchtend, daß ein Mann, der eine rechte Nahrung und Verdauung hat, wie es vorteilhaft ist, durch morgendliches Fasten oder mit einer kleinen Erfrischung sich nicht nur durch eine raschere Intuition, ein vollkommeneres Urteil und eine schlagfertigere Rede auszeichnet, sondern daß auch sein

Verstand klarer, seine Ohren aufmerksamer, sein Gedächtnis sicherer und meistens alle seine Kräfte und sein Geist wirkungsvoller sind, als wenn er zuviel gegessen hätte.

Sir Thomas Elyot,
The Boke Named The Govenour, 1531

Der Magen braucht Zeit, um auszuruhen, wie jedes andere Muskelorgan.

William A. Alcott,
The Young Housekeeper, 1842

Der Körper hat die Schlafperiode dazu benutzt, die Nahrung des vorhergehenden Tages aufzunehmen, und braucht nicht sofort wieder mit Nahrung vollgestopft zu werden. Da in der Nacht wenig Energie verbraucht wurde, sind die Bedürfnisse des Körpers nahe Null. Die inneren Verdauungsorgane, besonders der Magen, können ohne weiteres sechzehn Stunden in Ruhe gelassen werden (vom Abendbrot bis zum Mittagessen am nächsten Tag). Daher kann man das Frühstück gut auslassen.

Unsere Theorie ist: Je weniger man im Laufe seines Lebens ißt, desto besser, solange man genug bekommt. Man kann den Körper dazu erziehen, täglich ein reichliches Frühstück zu erwarten, man kann ihn aber auch dazu erziehen, wenig oder nichts zu essen. Gar kein Frühstück zu sich zu nehmen, kann ebenso eine Gewohnheit werden, wie den Tag mit einer großen Nahrungsmenge zu beginnen.

Wir stimmen Thoreau zu, der sagt: »Das beste Frühstück ist ein Atemzug Morgenluft und ein langer Spaziergang.« Robert Louis Stevenson schreibt über Thoreau und spricht von seiner Enthaltsamkeit von Tee und Kaffee. »Er hielt beides für verschwenderisch; seiner Meinung nach würde ein wirklicher Kenner sich einen natürlichen, wunderbaren Morgen mit solch trüben Stimulanzien nicht verdecken.« (*Men and Books*, 1888)

Von Talleyrand, dem französischen Staatsmann des späten achtzehnten Jahrhunderts, sagt Alexandre Dumas: »Das Mittagessen war die einzige Mahlzeit, die er aß, denn morgens waren drei bis vier Tassen Kamillentee alles, was er einnahm, bevor er anfing zu arbeiten.«

Es ist bemerkenswert, daß, ungeachtet der Zeitspanne, die zwischen dem letzten Mahl des vorhergehenden Tages und der Stunde des Aufstehens am Morgen vergeht, im allgemeinen wenig Neigung besteht, nach dem Aufstehen als Allererstes zu essen. Das scheint vom Zustand des Magens nach der Nachtruhe zu kommen. Nachdem dieses Organ während der Nacht alle Nahrung, die in ihm blieb, verdaut hat, gerät es wahrscheinlich in einen Zustand der Ruhe, so daß, wenn der Körper nicht durch Übung angeregt wird oder der Magen selbst durch Nahrung, kein Hunger entsteht.

Sir John Sinclair, *The Code of Health and Longevity*, 1833

Zwei Mahlzeiten am Tag sind genug für einen ruhenden Mann; ein Arbeiter mag dreimal am Tag essen. Wer öfter ißt, lebt ein abscheuliches Leben.

Andrewe Boorde, *A Dyetary of Helth*, 1542

Die meisten Leute essen zum Frühstück das, was in der Nachbarschaft gegessen wird. In Frankreich trinkt man Kaffee und ißt Croissants, in England Haferbrei, Schinken und Eier und immer Kaffee oder Tee. In Indien mag man Bananen und Chappatis, in China Reis und Tee. In Amerika wählen die meisten Orangensaft, Toast und Kaffee, oft mit Popcorn oder Cornflakes, die leicht zu kaufen und zu lagern sind und beim Zubereiten keine Arbeit machen. Brauch und Tradition diktieren die Frühstücksgewohnheiten.

Welch besseres Frühstück kann es geben – wie kann man dem großzügigen Urheber alles Guten herzlicher danken – als ein Korb oder eine Schüssel Erdbeeren, frisch von den eigenen Pflanzen gepflückt, mit dem vollsten Aroma und dem köstlichsten Geschmack. Und wer würde bei einem gemixten, erhitzten und fettigen Frühstück sitzen, ohne den glücklichen Nachbarn zu beneiden (wo immer Neid erlaubt ist), der für sich und seine Familie über solche einfachen, nahrhaften, frischen, vollwertigen und wirklich weisen Nahrungsmittel verfügt?

William A. Alcott, *The Young Housekeeper*, 1842

Wir haben uns zum Frühstück stets auf eine Frucht beschränkt, wo auch immer wir waren. In Singapur haben wir so viele reife, saftige, süße Ananas zum Frühstück gegessen, wie wir konnten; in Indien gab es köstliche Mangos oder kleine fingerlange Bananen, in China saftige Khakis, in Südfrankreich alle Arten von Melonen und in Südamerika Papayas. In den Staaten Oregon und Washington hatten wir zum Frühstück Kirschen, in Ohio Pfirsiche, in Florida und Kalifornien Grapefruits oder Orangen oder Pflaumen oder Birnen. In Neuengland pflanzten wir reichlich Erdbeeren, Himbeeren und Heidelbeeren, die ein gutes Frühstück ergaben. Aber die unserer Einschätzung nach allerbeste Frucht, die wir nie leid werden, ist der Apfel. Er ist weder zu süß noch zu sauer. Er hinterläßt kein Gefühl der Übersättigung. Ganz egal, wie viele Äpfel man ißt, es können gar nicht zu viele sein.

Für das Individuum mit idealem Appetit (obwohl ich noch nicht weiß, wo man so ein Individuum finden kann) ist es wahrscheinlich am besten, dann und wann ein Frühstück nur aus Äpfeln zuzubereiten.

William A. Alcott,
The Young Housekeeper, 1842

Wir bemühen uns, die Früchte, die wir essen, nicht zu mischen. Auf einmal kann man nur so und so viele Pfirsiche oder Erdbeeren essen. Irgendwann ist genug. Wenn man ein bißchen von einer Sache und dann von einer anderen ißt und vielleicht noch wieder zum ersten zurückkehrt, neigt man dazu, zuviel zu essen.
Am besten ist es, so viel wie man kann oder will von einer Sache zu essen und dann aufzuhören. Es ist besser für das Gewicht und auch leichter für das Verdauungssystem.

Obwohl Scott und ich nur ein oder zwei Tassen Kräutertee zu uns nehmen und dann gewöhnlich bis zum Mittagessen unserer Morgenarbeit nachgehen, bin ich mir darüber im klaren, daß wir zur Landbevölkerung gehören, somit von morgens bis abends daheim sind und uns ein ordentliches Mittagessen bereiten können. Viele von Ihnen sind vielleicht in Berufen tätig, bei denen man zur Mittagszeit nur Zeit für ein schnelles Sandwich und irgendein Getränk hat. Ihre Ernährung muß darum ganz anders sein als unsere. Deshalb schreibe ich für die, denen Izaak Walton in *The Compleat Angler* (1653) rät, »ein gutes, ehrliches, gesundes, hungriges Frühstück« zu essen, einige einfache, herzhafte, selbstgemachte und niemandem schadende »Füller« auf.

Popcorn

Warum probieren Sie nicht mal Popcorn als schnelles, leichtes und billiges Frühstück anstelle von Cornflakes oder irgendwelcher anderer verpackter Frühstücksflocken? Eine große Schüssel frisches Popcorn, in die man mit einer Hand greift, eine gute, reife Banane in der anderen Hand – das ergibt zusammen ein gutes und sättigendes Frühstück. Und was kann für die Köchin einfacher sein, insbesondere wenn jemand anders sich freiwillig anbietet, das Popcorn zuzubereiten?

Wir kaufen im Großhandel einen 50-Pfund Sack Maiskörner für Popcorn und brauchen bis zu zwei Säcke im Jahr, da wir Popcorn zu jeder Gelegenheit, vom Frühstück bis zum Mittagessen und zu abendlichen Veranstaltungen, anbieten. 1-Pfund-Tüten oder kleinere Packungen mit Popcorn sind in den meisten Lebensmittelgeschäften erhältlich.

Am einfachsten wird Popcorn zubereitet, indem man eine Tasse Körner mit ein wenig Öl in einer schweren Pfanne und einem gut schließenden Deckel auf ein kleines Feuer setzt. Die Pfanne muß geschüttelt werden, um die Körner in Bewegung zu halten. Das dauert nicht lange. Eine Freundin von uns macht Popcorn auf ihrem elektrischen Herd in einem großen Topf aus Gußaluminium, was schnell geht und ganz einfach ist. Es gibt auch Drahtkörbe mit langem Griff, die dazu da sind, Popcorn über einem offenen Feuer oder auf dem Herd zuzubereiten. Wir haben ein elektrisches, sehr wirkungsvolles Popcorngerät. Geschmolzene Butter und Salz kann man zum Popcorn hinzufügen, sobald es fertig ist, aber wir bevorzugen es ohne Zutaten oder lediglich mit ein bißchen Meersalz.

Pferdefutter

In den frühen 30er Jahren, bevor Naturkost und Müslimischungen bekannt wurden, erfand ich ein Gericht, das wir »Pferdefutter« nannten. Damals aß niemand rohen Hafer. Unsere Mischung ist die einfachste überhaupt und vielleicht eine der ersten Müslimischungen. Sie wurde im österreichischen Tirol ausgedacht, wo wir uns einen Winter lang in einem Dorf aufhielten. Dort hatten wir einen guten Appetit, befanden uns aber weit weg von Läden und verfügten nur über einen sehr dürftigen und schnell zusammengestellten Vorrat an Speisen.

4 Tassen Haferflocken
½ Tasse Rosinen
Saft einer Zitrone
1 Prise Meersalz
Olivenöl oder anderes Pflanzenöl, um das Ganze anzufeuchten

Alles mischen. Wir essen diese Mischung mit Holzlöffeln aus Holzschalen.

Weizenkörner

Weizenkörner sind in Naturkostläden, Reformhäusern oder in Lebensmittelgeschäften erhältlich (wo möglicherweise mit Pestiziden behandelte Ware angeboten wird, also aufpassen!). Die Zutaten sind die allereinfachsten:

2 Tassen Weizenkörner, über Nacht in 1 Liter Wasser einweichen

Wasser am Morgen abschütten (Einweichwasser trinken oder damit Pflanzen gießen). Körner in einen Topf mit soviel Wasser geben, daß sie wenigstens 3 cm bedeckt sind, und bis zu 2 Stunden leicht kochen lassen. Bei Bedarf etwas mehr Wasser hinzufügen.

Hinten auf meinem Holzherd können die Weizenkörner 3 – 4 Stunden kochen, bis sie weich sind. Wir essen sie heiß oder kalt, mit Honig, geriebenen Äpfeln oder Bananen oder (so schmecken sie mir am besten) mit einem Schuß Olivenöl und Meersalz. Sie passen auch als Zusatz zu *Scotts Lieblingspaste* (siehe unten) oder zu jedem anderen Getreide, das täglich zum Essen serviert wird.

Scotts Lieblingspaste

1 EL Honig
2 EL Erdnußmus

Zutaten in einer Schale kräftig zu einer weichen Paste rühren. (Wer ißt, muß in diesem Fall die Arbeit tun, nicht wer kocht.) Schale mit eingeweichten Weizenkörnern (oder Buchweizen oder Hirse) füllen, noch einmal gut umrühren und unbegrenzte Mengen davon essen.

Müsli

Ein Gericht aus ungekochtem Getreide, das in Europa schon seit Jahren bekannt ist und in den Vereinigten Staaten erst in den letzten zehn Jahren allgemein beliebt wurde. Wir lernten Müsli zuerst in den 30er Jahren in Bircher-Benners Klinik in Zürich kennen. Als ich es vor 40 Jahren zu Hause in Vermont zubereitete, fand es großen Anklag, aber die Leute konnten den Namen nicht aussprechen: »Bircher-Benners Müsli«. Das Originalrezept besagt, man solle die Haferflocken über Nacht einweichen, aber das finde ich nicht nötig.

2 Tassen rohe Haferflocken
4 ungeschälte Äpfel, gerieben
½ Tasse gemahlene oder gehackte Nüsse oder Sonnenblumenkerne
¼ Tasse Rosinen
1 EL Zitronensaft (auch die geriebene Schale kann zugefügt werden)

Alles zusammenmischen und sofort aufessen.

Varianten: Wer es lieber süß mag, gibt ein wenig Honig oder Ahornsirup oder auch etwas Apfelsaft oder Orangensaft dazu.

In jenen Tagen, bevor wir uns verpflichtet fühlten, unsere Eßgewohnheiten für die Nachwelt aufzuschreiben, süßten wir unser Müsli zu einem Geburtstagsfrühstück oder zu einer besonderen Gelegenheit mit einigen Löffeln der mit viel weißem Zucker hergestellten Kondensmilch und garnierten es mit Bananenscheiben, Erdbeeren, Johannisbeeren oder Heidelbeeren. Wenn wir es zum Nachtisch servierten, nannten unsere Gäste es Apfeleiscreme. Es ist wirklich zu üppig für ein Frühstücksgericht, es sei denn für eine Feier, die nur einmal im Jahr vorkommt.

Wundermus

2 Äpfel, ungeschält
1 Karotte
1 Rote Bete, geschält
¼ Tasse gemahlene Nüsse

Äpfel, Karotte und Rote Bete reiben und alles mischen. Mit gemahlenen Nüssen bestreuen.

Variante: Wem das zu trocken ist, kann Apfelsaft oder Orangensaft zugeben.

»Do-It-Yourself«-Müsli

Es gibt viele Müsli-Rezepte mit einem Dutzend oder mehr Zutaten. Hier ist ein einfaches:

3 Tassen Haferflocken
3 Tassen Weizenflocken
2 Tassen Weizenkeime
½ Tasse klein geschnittene Datteln oder getrocknete Aprikosen
1 Tasse gehackte Nüsse
½ Tasse Rosinen

Alles vermischen und das Ganze an einem kühlen Platz oder im Kühlschrank aufheben. Das Müsli kann im Ofen geröstet werden, bis es knusprig ist. Manche mögen es mit heißer, andere mit kalter Milch.

Variante: Man kann eine oder mehrere der folgenden Zutaten hinzufügen: 1 oder 2 TL Sesamsamen, Leinsamen, Kokosflocken, Hefeflocken, Kürbiskerne oder sogar eine Prise Gewürze.

Maisgrütze

3 Tassen gemahlenes Maismehl
6 Tassen kochendes Wasser
3 EL Butter
1 Prise Meersalz
Honig oder Ahornsirup zum Abschmecken

Maismehl 1 Stunde mit so viel Wasser einweichen, daß es bedeckt ist. Kochendes Wasser zum eingeweichten Maismehl zufügen und ungefähr eine halbe Stunde lang im Wasserbad kochen, bis es dick und glatt ist. Butter, Salz, Honig oder Ahornsirup hinzufügen und heiß servieren.

Variante: Gehackte Feigen oder Datteln können vor dem Servieren hinzugefügt werden.

Einfaches, gebackenes Getreide

1 ½ Tassen grobes Maismehl
2 Tassen Haferflocken
1 Tasse Weizenkeime
1 Tasse gemahlene Kokosnuß
½ Tasse Pflanzenöl
½ Tasse Honig
1 Teelöffel Salz (wenn gewünscht)
1 Tasse Wasser

Zunächst die trockenen Bestandteile in einer Schüssel zusammenmischen, dann die feuchten hinzufügen. Alles in einer großen flachen Pfanne verteilen und das Ganze eine halbe Stunde lang backen. In Schalen verteilen und mit Honig und Milch servieren.

Variante: Etwas Sesamsamen, Rosinen und zerkleinerte Datteln hinzufügen.

Herzhafte Gerste

1 Tasse Gerste über Nacht in 1 Liter Wasser einweichen. Morgens zum Kochen bringen und langsam 15 Minuten kochen lassen. Überflüssiges Wasser abschütten und als Suppengrundlage aufheben. Gerste mit Honig oder Ahornsirup servieren. Sie kann auch kalt als Nachtisch mit Sahne und etwas Süßem gegessen werden.

Hafergrütze

Dieses schottische »Gerührte« wird überhaupt nicht gekocht. Es wird zubereitet, indem man kochendes Wasser zu Hafermehl schüttet und flott rührt, bis es dick und glatt ist. Es wird so viel Hafermehl und so viel kochendes Wasser verwendet, daß die gewünschte Konsistenz erreicht wird. Wenn heiße Suppenbrühe oder Butter oder Öl statt heißem Wasser hineingerührt wird, nennt man es in Schottland »Brose«; »Budram« heißt es, wenn das heiße Getreide in Tassen oder kleine Schalen gefüllt und kalt gegessen wird.

Ob »Brose« oder »Budram« – es schmeckt gut mit Honig, Ahornsirup und Milch.

Morgenwärmer

1 Tasse geschroteter Weizen oder Bulgur
1 Apfel, klein geschnitten
4 EL Butter
½ Tasse Nußkerne
½ Tasse Rosinen

4 Tassen Wasser zum Kochen bringen und unter Rühren den Weizen allmählich dazugeben. 15 – 20 Minuten, nicht zu lange, kochen lassen (nur so lange, bis man den Weizen kauen kann).

Vom Feuer nehmen und unter Rühren Apfel, Butter, Nüsse und Rosinen hinzufügen.

Supergetreide

2 Tassen geschroteter Weizen oder Bulgur
6 Datteln, zerkleinert
2 EL Sonnenblumenkerne
2 EL Sesamsamen
1 reife Banane, in Scheiben geschnitten
Honig oder Ahornsirup oder Apfelkompott, wahlweise

Weizen oder Bulgur in 3 Tassen kaltes Wasser einrühren, bis es glatt ist. Den Brei bei geringer Hitze 15 oder 20 Minuten lang kochen und dabei viel umrühren. Vom Feuer nehmen und Datteln zufügen. Sonnenblumenkerne, Sesamsamen und Banane zugeben. Nach Belieben mit Honig oder Ahornsirup süßen. Wenn es zu trocken ist, rühre ich etwas Apfelkompott hinein.

Eingeweichtes Getreide

½ Tasse Hirse
½ Tasse Haferflocken
½ Tasse Buchweizenschrot
1 Tasse Rosinen
2 EL Butter
¼ Tasse Sonnenblumenkerne
Honig oder Ahornsirup zum Süßen

Das Getreide mit den Rosinen über Nacht in soviel Wasser einweichen, daß sie bedeckt sind. Am Morgen alles zum Kochen bringen und, wenn nötig, mehr Wasser hinzugeben. Wenn es gerade am Kochen gehalten wird, bleiben die Körner locker und verklumpen nicht. Beim Servieren einen Klacks Butter und eine Handvoll Sonnenblumenkerne sowie Honig oder Ahornsirup zugeben, um das Ganze abzuschmecken.

Sind all die Kräuter, aus denen die Suppe gemacht wird, makellos, gut und sauber, ohne Würmer und nicht durch schlechte Luft verpestet, so erquicken sie viele Menschen. Ein Brei mit Hafermehl und Kräutern kann wenig Schaden anrichten und ist eine Erquickung für Deinen Magen.

Andrewe Boorde,
A Dyetary of Helth, 1542

Suppe ist für alle erschwinglich und auch für die unteren Bevölkerungsschichten erreichbar, und wenn man sie einmal versucht hat, wird man finden, daß es in einer Familie keinen größeren Genuß gibt, der doppelt so weit reicht.

Anonymous,
How a Small Income Suffices, 1745

Welch eine Wohltat für einen arbeitenden Ehemann, eine gute, warme Suppe zu bekommen!

Maria Eliza Rundell,
A New System of Domestic Cookery, 1807

Wegen der Sparsamkeit sagen wir:
Iß jeden Tag Suppe.
Wegen der Gesundheit sagen wir:
Iß jeden Tag Suppe.

Anonymous,
Table Observances, 1854

Das Unbehagen des Hungers kann durch eine Schüssel guter Suppe schneller beseitigt werden als durch jede andere Nahrung.

J.B. & E. Lyman,
How to Live, 1882

Es tut mir leid, sagen zu müssen, daß mehr amerikanische Hausfrauen einen köstlichen und reichhaltigen Kuchen zubereiten können als vorzügliche Suppen.

Marion Harland,
Cookery for Beginners, 1884

Wir meinen, daß Suppe immer wohltuend wirkt, vorausgesetzt, sie ist gut.

J.L.W. Thudicum,
The Spirit of Cookery, 1895

Das Schlürfen einer guten lauten Suppe zu hören, ist immer erfreulich.

Bert Milton,
How to Behave at a Banquet, 1912

Einen Koch zu haben, der perfekt Suppen macht, ist soviel wert wie ein teurer Edelstein. Einer Frau, die keine Suppe kochen kann, sollte man nicht erlauben, zu heiraten.

P. Morton Shand,
A Book of Food, 1928

Suppen, Suppen, Suppen

Meine Vorliebe für Suppen wird mich voraussichtlich für immer von jenen trennen, die ganz auf Rohkost schwören. Meine Eltern stammen beide aus Europa, wo Suppenterrinen auf jeden Tisch gehörten. Sie brachten ihre Familien auf den Geschmack und servierten einmal täglich Suppe. Diese Gewohnheit habe ich seit Beginn meiner eigenen Hausfrauentage fortgesetzt. Ja, mein Ruhm – solange man überhaupt von meinem Ruhm als Köchin sprechen kann – gründet sich weitgehend auf Suppen, die ich für die Massen zubereite, die zu unserem Haus strömen und gewöhnlich zum Essen dableiben. Offensichtlich sind meine Suppen ganz annehmbar, und meiner Ansicht nach ist es in der Tat eine Sache, die ich als Köchin gut kann.

Bereite eine gute Suppe zu, eine besondere Suppe, eine Suppe, auf die sich Deine Freunde verlassen können, und Du bist ein Küchenchef.

Esquire's Handbook for Hosts, 1949

Eine Suppe ist eine erquickende Speise, die leicht gekocht, leicht verdaut und überall willkommen ist. Wenn man das eine oder andere von früheren Mahlzeiten verwendet, können Suppen sehr billig sein. Reste und Gemüsekochwasser beispielsweise eignen sich hierfür hervorragend. Ein bißchen von dieser Wurzel, ein oder zwei Blätter von diesem Grün, ein oder zwei Kräuter, einige Kleinigkeiten, die vom vorigen Tag übriggeblieben sind, etwas Wasser hinzufügen, und fertig ist die Suppe. Zur Zubereitung einer guten Suppe gehört meiner Meinung nach ein Drittel Zutaten, die man gerade zur Hand hat, ein Drittel Erfindungsgabe in bezug auf gerade Verfügbares und ein Drittel Glück.

Ich weiß niemals, wie meine Suppe schmecken wird, weil ich immer wieder neue Reste hinzufüge. Manchmal mache ich eine wirklich gute Suppe (meistens aus Resten), und dann kann ich sie nicht mehr wiederholen. Was war darin, was so ungewöhnlich gut schmeckte? Wahrscheinlich ein paar vergessene Zutaten, die das gewisse Etwas ausmachten. Viele haben mich gefragt und keine akzeptable Antwort erhalten: »Was war in dieser Suppe? Ich habe alles genommen, was Du gesagt hast, aber meine Suppe schmeckte nicht so.«

Ich kann nur sagen, daß meine Suppen oft eine Überraschung für mich sind. Sie sind manchmal sehr gut, manchmal nicht so gut, aber immer sättigend und nahrhaft. Es gibt keinen Rest von irgendeiner eßbaren Substanz, der so unbedeutend ist, daß man ihn nicht im Suppentopf gebrauchen könnte. Ich »mache« eine Suppe nicht; sie macht sich selbst von dem, was gerade im Garten wächst, von dem, was getrocknet in der Speisekammer ist, von dem, was in den Tagen davor übrigblieb, von dem, was im Keller eingelagert ist. Eine wohlversorgte Speisekammer und ein blühender Küchengarten machen die Suppenkocherei leicht und außerordentlich billig.

Die Suppe hat noch andere Vorteile. Sie nimmt dem Appetit die Schärfe, so daß es nicht so auffällt, wenn andere Dinge auf dem Tisch fehlen. Sie kann im voraus gekocht und wieder aufgewärmt werden. Mit einem guten Feuer und nur wenig Mühe kann man mit einem großen Topf Suppe ziemlich viele Leute füttern. Ich habe das immer wieder ausprobiert, wenn eine Horde von einem halben Dutzend bis zu zwanzig Leuten unangemeldet von irgendwoher hereinkam. Sechs Monate im Jahr sind Scott und ich glücklicherweise allein. Sechs Monate im Jahr (Mai bis Oktober) füttere ich alle miteinander – manchmal bis zu siebenundzwanzig – bei einer Mahlzeit. Eine Suppe hat mir schon häufig mein Leben gerettet.

Heute, wo Lebensmittel so sehr teuer sind, kann eine gute Suppe das Rückgrat jeder Mahlzeit sein.

Marie A. Essipoff,
Making the Most of Your Cooking Time, 1952

Vorausgesetzt eine Köchin hat ein gutes Gefühl und eine glänzende Schöpfergabe, dann braucht von einem Jahresende bis zum nächsten nie die gleiche Suppe serviert zu werden. Sie ist immer gleich wünschenswert, bei Krankheit und Gesundheit, auf Reisen und in den Tagen zu Hause. Warum ist die Suppe niemals so gelobt und gepriesen worden, wie sie es verdient hat?

Elizabeth Robbins Pennell,
A Guide for the Greedy, 1896

Es gibt zu jeder Jahreszeit verschiedene Arten von ausgezeichneten Suppen, und für sparsame Familien auf dem Land, die wissen, wie man mit einem kleinen Einkommen recht gut lebt, gehören Suppen im allgemeinen drei- oder viermal wöchentlich auf den Tisch. Sie geben entsprechend ihren Verhältnissen eine kleine Beigabe dazu und verändern ihre Suppe somit durch Abwechslung.

Anonymous,
How a Small Income Suffices, 1745

Es gibt keine gesündere, nahrhaftere, sparsamere Nahrung für eine Familie als Suppe – ob arm oder reich. Suppe sollte von jeder Familie gegessen werden, besonders von Arbeitern. Ein französischer, Schweizer oder deutscher Bauer hat jeden Tag Suppe auf seinem Tisch, oft sogar zweimal. Ohne Suppe würde für ihn die Welt untergehen.

John T. Walters,
Thrift Lessons, 1881

Suppe kann eigentlich aus fast allem und auch aus fast nichts gekocht werden. Vor langer Zeit las ich eine Geschichte, die von einer wunderbaren Steinsuppe handelte. Ein wandernder Landstreicher in Frankreich näherte sich der Hütte einer Bauersfrau und bat sie um einen Kochtopf, damit er sich etwas Suppe kochen könne. Sie fragte, ob er die Zutaten habe, worauf er antwortete, er habe einen Stein. Verblüfft rief sie aus: »Sie können doch aus einem Stein keine Suppe machen!« »Oh, doch«, sagte er, »ich werde es Ihnen schon zeigen, wenn Sie mir den Topf leihen und mir etwas Wasser geben.« Sie tat es gern, und er machte sich daran, ein Feuer anzumachen. Er legte den gut gewaschenen Stein auf den Boden des Topfes, während das Wasser warm wurde. Dann sagte er: »Nun, Sie werden sicher nichts dagegen haben, mir einen Stengel Salbei aus ihrem Kräutergarten zu geben.« Nein, und er bekam das Kraut. »Und ein bißchen von dem Löwenzahn, der um Ihre Türstufen herum wächst.« Auch das wurde ihm gewährt. Er fuhr fort, ein Kraut hier und ein Blatt da zu stibitzen, während sie ihn beobachtete und das Wasser sprudelte. Er fand einige trockene Erbsenschoten und holte die Samen heraus. Als er fragte, ob sie vielleicht eine kleine Kartoffel und einen alten Knochen hätte, fing sie an, seine »Steinsuppe« zu verstehen. All diese Dinge kamen in den Topf hinein, in dem der Stein sich erwärmte. Schließlich sagte er: »Voilà! Meine Suppe ist fertig. Wollen Sie sie probieren?« Und er hatte mit seiner Steingrundlage eine sättigende Suppe gemacht.

Eines muß man bei einer guten Suppe wissen: Sie muß entweder gut heiß sein oder kalt. Es gibt nichts Schlechteres als eine lauwarme Suppe.

Ein Kellner brachte in einem Restaurant einen Teller Suppe auf den Tisch. Bevor er ihn absetzen konnte. sagte der Gast: »Kellner, nehmen Sie die Suppe wieder mit in die Küche. Sie ist lauwarm.« »Aber«, sagte der erstaunte Kellner, »Sie haben sie ja noch nicht mal probiert.« »Das stimmt«, sagte der aufgebrachte Gast, »aber das ist nicht nötig. Wenn Sie den Daumen reinhalten können, ist sie nicht warm genug.«

M.E.W. Sherwood,
The Art of Entertaining, 1892

Suppen können schwer und dick gemacht werden, oder sie können eine wäßrige Brühe sein. Robert Louis Stevenson läßt einen schottischen Lord in *The Master of Ballantrae* (1899) sagen: »Ich denke, in dieser Brühe würde man besser schwimmen als sie auslöffeln.«

Am besten macht man Suppen weder zu dick noch zu dünn. Ein Zeitgenosse von John Keats hat es gut ausgedrückt: »Die Konsistenz sollte zu dünn sein, um sie mit der Gabel zu essen, und zu dick, um sie zu trinken.«

Es gibt eine Geschichte von Alfred Tennyson, der als kleiner Junge die Suppe probierte, die sein Vater bei Tisch servierte. »Oh, Vater«, soll er begeistert gesagt haben, »das ist aber eine gute Suppe.« Sein puritanischer Vater probierte sie und sagte: »Du hast recht, Kind, sie ist zu gut« und verdünnte sie mit dem Wasser aus seinem Wasserglas.

Suppen verdünnen ist einfach. Ich muß oft Wasser oder Tomatensaft zur Suppe geben, wenn mehr Leute zum Essen da sind, als ich erwartete. Zum Andicken nehme ich eine Paste aus Mehl und kaltem Wasser, die ich in die heiße Suppe rühre. Zuweilen nehme ich auch fein geriebene Erdnüsse und sogar rohe geriebene Kartoffeln, um die Masse schnell zu vermehren. Wenn man in der letzten Minute eine rohe geriebene Möhre hinzufügt, gibt das eine schöne Farbe und verbessert bei manchen Suppen Geschmack und Konsistenz. Ein geriebener Apfel oder eine fein zerstampfte gekochte Kartoffel sind geeignet, um eine Rote-Bete-Suppe dicker zu machen.

Wenn Suppen gesalzen werden, sollte das Salz nicht lange mit dem Gemüse mitkochen. Man gibt es erst wenige Minuten vor dem Servieren dazu. Ist eine Suppe zu salzig, fügt man eine halbe rohe Kartoffel hinzu und kocht die Suppe noch ein paar Minuten. Die Kartoffel nimmt das Salz auf und kann vor dem Servieren herausgenommen werden.

Wenn man eine Suppe mit geröstetem Brot verfeinern möchte und keine Brotbrösel da sind, kann man auch Puffreis oder -weizen, der im Ofen geröstet wurde, nehmen oder Popcorn.

Suppen werden mit feingehacktem Weizengras oder gehackten

Blättern von jungem Beinwell garniert. Roher Kohl, junge Zwiebeln oder Petersilie, alles fein gehackt und in den letzten Minuten des Kochens zugegeben, kann eine zwei bis drei Tage alte Suppe wieder beleben und frisch machen. Statt auf traditionelle Weise Petersilie oder Schnittlauch zu verwenden, wird die Suppe mit Luzernensprossen, in feine Scheiben geschnittenem Sellerie oder grünem Paprika bestreut. Zu schwarzer Bohnensuppe gibt man zum Schluß einen Spritzer Zitrone und eine Scheibe Zitrone.

Ich bin dafür bekannt, daß ich gekauften Tomatensaft in den Suppentopf gieße, um Aroma und Menge zu vergrößern, wenn einer Suppe Pfiff oder Würze fehlt oder plötzlich mehr gebraucht wird. Als er davon hörte, sagte einer meiner eher kritischen Gäste einmal: »Ich hoffe, Du hast die Dose vorher aufgemacht, Helen«.

Ich habe gehört, daß es zum Aroma beiträgt, wenn man in einer dicken Gemüsesuppe mit einem Messer herumrührt, das benutzt wurde, um eine Knoblauchzehe zu schneiden. Oder man soll mit der angeschnittenen Oberfläche einer Knoblauchzehe über den Boden der Suppenteller reiben, bevor man die heiße Flüssigkeit hineingießt. Die Prinzessin, die die Erbse unter zehn Matratzen spürte, könnte dieses flüchtige Aroma wahrnehmen; ich bin weniger vorsichtig: Ein oder zwei kleingehackte Knoblauchzehen kommen in viele meiner Suppen.

Die Schalotte behauptet sich nicht mit der Heftigkeit und Zähigkeit des Knoblauchs; sie kündigt ihre Gegenwart nicht mit dem Selbstbewußtsein der Zwiebel an. Sie gefällt mit feinerer Wirkung, mit milderen Mitteln und muß dementsprechend geschätzt werden.

Elizabeth Robbins Pennell,
A Guide for the Greedy, 1896

Wenn Fleischgeschmack nicht möglich ist oder absichtlich weggelassen wird, muß das Verlangen nach Geschmack durch ein starkes Pflanzenaroma befriedigt werden, und der zu diesem Zweck ausgesuchte Bestandteil ist die Zwiebel. Daher diese stark gewürzten Speisen, die die Menschen mit schlechten Ausdünstungen umgeben und dazu führen, daß sie von empfindlichen Personen gemieden werden. Solche Nahrung ist nur für Menschen geeignet, die isoliert oder in der frischen Luft bleiben; ihrer Auswirkung sollten ästhetisch Empfindende nicht ausgesetzt werden. Die Suppen und Gemüsespeisen, die hauptsächlich aus Zwiebeln bestehen, sollten gemildert werden, um dem feinen Umgang angepaßt zu werden.

J.L.W. Thudicum,
The Spirit of Cookery, 1895

Meiner Ansicht nach beginnt jede gute Suppe mit einer Zwiebel, die klein geschnitten und in Öl gedünstet wird. Eine gute braune

Suppe kann gekocht werden, indem man Zwiebeln oder Knoblauch mit hinzugefügten klein geschnittenen Gemüsen und Kräutern schmort, bis das Fett aufgesaugt ist und die Gemüse braun sind. Dann gießt man kochendes Wasser hinzu (ungefähr drei- bis viermal so viel Flüssigkeit wie Gemüse), und schon entsteht die Suppe oder Brühe.

Es kann jede Kombination von Gemüsen oder Kräutern oder Gemüsebrühe verwendet werden. Meine Suppengeheimnisse sind: Zwiebeln zuerst und zum Schluß. Ich fange mit ihnen an, indem ich sie schmore, während ich andere Gemüse kleinschneide, und ich höre mit ihnen auf, indem ich gehackte Zwiebeln fünf Minuten vor dem Servieren roh in die Suppe streue.

Setze bei der Zubereitung einer jeglichen Suppe die Pfanne über ein sehr schwaches Feuer mit Zwiebeln, Kräutern, klein geschnittenen Wurzeln und einem dicken Stück Butter. Das wird alle Kraft aus den verschiedenen Zutaten ziehen, gibt einen guten Sud und hat in bezug auf den Geschmack eine ganz andere Wirkung, als wenn zuerst Wasser zugegeben würde. Der Topf wird mit Wasser gefüllt, sobald die Zwiebeln gebräunt sind. Dann den restlichen Anweisungen folgen.

Frederic Nutt,
The Important & Royal Cook, 1809

Ich benutze meinen Mixer fast täglich, um rohe oder wenig gekochte Suppen zuzubereiten. Je weniger man kocht, desto weniger Vitamine gehen verloren. Daher neige ich dazu, nur kurz zu kochen und die Gemüse dann in den Mixer zu geben: Ein bißchen von diesem, ein bißchen von jenem, etwas Gemüsesaft – und fertig ist die Suppe, die dann heiß oder kalt gelöffelt werden kann. Spinat, Sellerie, gekochte Kartoffeln, Tomaten – alle weichen Gemüsesorten können in wenigen Minuten püriert werden. Sogar Salatreste können mit etwas Gemüsewasser in den Mixer gegeben werden und ergeben eine schmackhafte Suppe, oder sie werden zu einer bereites vorhandenen hinzugefügt.

Ich erinnere mich, daß meine Großmutter eine Suppe immer mit kaltem Wasser ansetzte, um den Geschmack aus dem Gemüse herauszuziehen. Gemüse zum Kochen hingegen tat sie in kochendes Wasser, um Geschmack – und Qualität – zu erhalten.

Ganz gleich welche Zutaten man wählt, sie sollten stets in kaltem Wasser aufs Feuer gesetzt werden und wenigstens die erste Stunde bei niedrigen Temperaturen gehalten werden. Das Hauptgeheimnis in der für viele geheimnisvollen Kunst des Suppe-Kochens ist ein gleichmäßiges schwaches Kochen über einen langen Zeitraum. Wenn man es dabei eilig hat, verdirbt man sie. Ungeduld beschleunigt das Verderben noch. Zwei Stunden lang sollte der Inhalt des Topfes unter einem dicht verschlossenen Deckel leicht köcheln. Dann kann die Hitze vermehrt werden, bis ein sanftes Sprudeln die Flüssigkeit bewegt. Vom Beginn bis zum Ende des Prozesses wird durch kräftiges Kochen nichts gewonnen und vieles gefährdet.

Marion Harland,
The Cottage Kitchen, 1883

Wenn man bei irgendeinem kulinarischen Prozeß irgend etwas heftig kochen läßt, ist das ganz falsch (...). Wenn es möglich wäre, etwas immer nur gerade kochend heiß zu halten, ohne es tatsächlich zu kochen, wäre das sehr viel besser.

Count Rumford,
Essays on Feeding the Poor, 1798

Die Suppe sehr langsam heiß werden lassen. Nachdem sie einige Minuten lang gekocht hat, den Topf an den Rand des Herdes ziehen und die Suppe schwach, aber ohne Unterbrechung köcheln lassen, bis sie fertig ist; denn davon hängt die Qualität ab. Jede Köchin, jeder Koch versteht den Unterschied zwischen dem schnellen Kochen und dem sanften Dämpfen von Suppen und Saucen perfekt und wird die letztere Methode genau befolgen.

Eliza Acton,
Modern Cookery for Private Families, 1845

»Um eine gute Suppe zu machen, sollte der Topf gerade nur lächeln«, sagt ein Franzose, was in weniger poetischen Wendungen übersetzt heißt: mit kaltem Wasser beginnen und die Suppe langsam zum Kochen bringen, so daß die Säfte aus den Zutaten herausgezogen werden können.

Dieses lange, langsame Kochen, das der Suppe den vollen Geschmack gibt, ist mit einem Holzherd keine Extraarbeit. Im Gegenteil, vieles kann in dieser Zeit anderswo im Haus oder außerhalb getan werden, während die Suppe für sich selbst sorgt, anstatt daß man im letzten Augenblick ein stürmisches Feuer macht und einen stark kochenden Topf bewacht. Ich habe schon Stunden draußen mit Maurerarbeiten verbracht, ohne einen Gedanken an das Mittagessen zu verschwenden, komme mittags herein und finde auf dem Herd eine fertige, vortrefflich gekochte Suppe für ein halbes Dutzend Arbeitsleute vor.

Suppen können mit dem Alter besser werden. Am ersten Tag kann eine Suppe ein Versuch sein. Oft ist sie am dritten Tag ausgereift und am allerbesten. Danach kann sie durch Verdünnen und Andicken kaum noch verbessert werden, obwohl sie in modernen Kühlschränken tagelang frisch und eßbar bleibt.

Brühen und Suppen am Abend zubereiten, bevor man sie essen möchte. Dadurch hat man mehr Zeit, um sich am nächsten Tag um den Rest des Essens zu kümmern.

Mrs. N.K.M. Lee,
The Cook's Own Book, 1832

Wenn Suppen oder Saucen aufgehoben werden sollen, werden sie jeden Tag in frisch ausgespülte Töpfe gegeben.

Thomas Cooper,
A Practical System of Domestic Cookery, 1824

Dieser letzte Rat ist sehr nützlich, wenn von größeren Mengen Suppe etwas übrig bleibt. Sie mag für drei oder vier Tage reichen, und obwohl Suppen mit dem Alter besser werden, werden sie doch zu irgendeinem Zeitpunkt sauer. Daher ist es ratsam, saubere Töpfe zu benutzen und die Suppe vor dem Servieren kurz kräftig zu kochen.

Suppe kann eine Mahlzeit für sich sein oder ein leichter Start für eine Mahlzeit. In feineren Kreisen ist die Suppe nur eine Einleitung zu einem Mahl – aber das wird von der weniger eingebildeten Landbevölkerung nicht immer verstanden.

Scott hat mir einmal die Geschichte eines Bauern aus einer ländlichen Gemeinde erzählt, der als Abgeordneter nach Washington gewählt wurde. Er nahm an einem festlichen Abendessen teil und genoß den ersten ihm servierten Gang sehr. Er schickte seinen Teller sieben Mal zurück (so sagt Scott, obwohl es kaum zu glauben ist), um mehr von der köstlichen Suppe zu bekommen. »Und dann«, sagte der Abgeordnete, »brachten sie das beste Essen, das ich je gesehen hatte, und da saß ich nun, zum Platzen voll mit Suppe.«

Wenn die Gastgeberin wünscht, daß das übrige Essen volle Würdigung erfährt, wird sie nicht damit beginnen, ihren Gästen eine dicke Suppe zu servieren. Die wahre Aufgabe der Suppe ist es, den Appetit zart anzuregen, nicht ihn zu befriedigen. Eine dicke Suppe nimmt den Appetit, und dann sieht der gequälte Gast einen Gang von Speisen nach dem anderen vorbeigehen und ist unfähig, ihnen gerecht zu werden.

Anonymous,
The Young Ladies' Treasure Book, 1885

In den französischen Provinzen nennen die Landbewohner das Abendbrot noch »La Soupe«, weil es aus wenig anderem besteht.

Claire de Pratz,
French Home Cooking, 1856

Manche Leute denken, ohne Fleischgrundlage könne keine gute Suppe gemacht werden. Das stimmt natürlich nicht, wie ich und tausend andere vegetarisch lebende Menschen Tag für Tag beweisen können. Das Wasser, in dem Gemüse gekocht wird, kann stets als Suppengrundlage aufgehoben werden. Auch die Flüssigkeit, in der Bohnen, Weizen oder

Luzerne über Nacht eingeweicht werden, kann als Suppengrundlage dienen. Die äußeren Stengel und Blätter von Sellerie, rohe Kartoffelschalen, grobe Kohl- oder Salatblätter, Stengel von Brokkoli oder Grünkohl oder Spargel, Spinatblätter, überreife Tomaten, grobe grüne Spitzen von Lauch oder Zwiebeln lassen sich ebenso aufheben. All diese Zutaten werden gewaschen und geschnitten, mit kaltem Wasser bedeckt und sollen mindestens eine Stunde lang köcheln; dann wird die Brühe durchgesiebt. Entsprechend der Jahreszeit nimmt man Zwiebeln, in Scheiben geschnittene Karotten, gelbe Kohlrüben, weiße Rüben, Knollensellerie, Liebstöckelblätter, Basilikum, Thymian, Salbei, Bohnenkraut oder andere frische oder getrocknete Kräuter. Ein Spritzer Zitronensaft oder ein Lorbeerblatt beleben eine Suppe.

Man nehme Kerbel, Rote Bete, Spinat, Sellerie, Lauch und ähnliche Küchenkräuter mit zwei oder drei dicken Brotkrusten, etwas Butter, ein Bund frische Kräuter und ein bißchen Salz, gebe sie mit einer angemessenen Menge Wasser in einen Topf und koche sie eineinhalb Stunden lang. Die Flüssigkeit durch ein Sieb laufen lassen. Dies wird eine gute Suppengrundlage sein.

Anonymous,
The Lady's Companion, 1753

Keine Familie, die sich überhaupt eine Küche leisten kann, ist zu arm, um ohne einen Suppentopf zu sein.

Lady Barker,
Houses & Housekeeping, 1876

Cicero sagt an einer Stelle: »Außer heißen Brühen kann mein Koch nichts gut kochen.« Vielleicht war ich in einer früheren Inkarnation Ciceros Köchin. Auch jetzt ist das alles, was ich im Hinblick auf die Kochkunst gut kann. Suppen zu kochen, macht mir Spaß. Vielleicht sind sie darum besser als das meiste, was ich sonst koche.

Die Kunst, eine reichhaltige Suppe zusammenzustellen, besteht darin, die verschiedenen Zutaten, eine zur anderen, so zu bemessen, daß kein besonderer Geschmack stärker ist als das übrige, sondern solch eine feine Harmonie zu schaffen, daß das Ganze köstlich ist. Das erfordert die wohlüberlegte Kombination der Zutaten, die das Meisterstück der kulinarischen Kunst ausmacht.

Mrs. N.K.M. Lee,
The Cook's Own Book, 1832

Gemüsesuppe für jeden Tag

2 – 3 EL Butter oder Öl
3 gehackte Zwiebeln
4 Kartoffeln, geschält und gewürfelt
4 Karotten, in Scheiben geschnitten
2 weiße Rüben, gewürfelt
¼ Kopf Kohl, gerieben oder zerhackt
4 Tassen Tomatensaft
1 Tasse gehackte frische Petersilie oder Schnittlauch

Butter oder Öl in einem großen Topf erhitzen und die Zwiebeln darin schmoren, bis sie weich sind. Das Gemüse mit so viel Wasser zufügen, daß es bedeckt ist. Mischung ungefähr eine halbe Stunde köcheln lassen, bis Kartoffeln und Rüben weich sind. Tomatensaft zugeben und das Ganze weiterkochen, bis alles heiß ist. Gehackte Petersilie oder Schnittlauch hinzufügen und servieren.

Variante: Für eine sämige Gemüsesuppe die Zwiebeln wie oben angegeben schmoren. Die klein geschnittenen Gemüsestücke mit der Brühe (die Hälfte auf einmal) in einem Mixer pürieren und die Mischung zu den Zwiebeln geben. Alles eine halbe Stunde kochen lassen. Mit einem Schuß Sojasauce würzen und unmittelbar vor dem Servieren mit Petersilie bestreuen.

Einfache Sommersuppe

Das ist eine leichte und erfrischende Suppe für warme Tage. Als interessante Abwechslung können unmittelbar vor dem Servieren 500 g tiefgekühlte Erbsen, gerade aufgetaut, hinzugefügt werden.

½ Liter einfachen Joghurt
2 Tassen Tomatensaft
Saft einer Orange
ein paar Blätter Pfefferminze

Joghurt und Tomatensaft mixen. Orangensaft und Pfefferminzblätter zugeben und die Suppe gut gekühlt servieren.

Frühlingssuppe

Diese Suppe ist so grün wie die ersten Frühlingsblätter und eine köstliche Art und Weise, die neue Jahreszeit zu begrüßen.

2 – 3 EL Butter oder Öl
2 Bund Schalotten, gehackt
2 junge Karotten, in dünne Scheiben geschnitten
2 Tassen frische Erbsen
einige Spargelstangen, in 1 cm große Stücke geschnitten
eine Handvoll grüne Sellerieblätter oder Liebstöckel oder gehackter Spinat
6 Tassen Gemüsebrühe oder Wasser

Butter oder Öl in einer großen Pfanne erhitzen und die Schalotten und Karotten darin einige Minuten lang schmoren. Erbsen, Spargel und grüne Blätter zugeben und alles unter Rühren kochen. In der Zwischenzeit die Brühe oder das Wasser in einem großen Topf erhitzen. Sobald die Brühe heiß ist, Gemüse zugeben und zum Kochen bringen. Deckel auflegen und die Suppe 15 – 20 Minuten köcheln lassen.

Herbstsuppe

Wer sagte, daß eine gute Suppe den ganzen Tag kochen müßte? Diese ist schnell fertig, weil ich diesmal mit kochendem Wasser beginne.

1 Tasse Kohl, in feine Streifen geschnitten
1 Tasse Stangensellerie, klein geschnitten
1 Tasse Brokkoli, klein geschnitten
½ Tasse Petersilie, gehackt
4 Tassen kochendes Wasser
einen Spritzer Sojasauce oder Salz oder Zitronensaft

Gemüse in den Topf geben und das kochende Wasser zufügen. Sojasauce bzw. Salz oder Zitronensaft hinzufügen. Topf bedekken und alles eine halbe Stunde lang kochen.

Die allereinfachste Suppe

4 – 6 ungeschälte Kartoffeln
2 – 3 EL Butter
Meersalz zum Abschmecken
½ Tasse gehackte Petersilie

Kartoffeln bürsten, in dicke Stükke schneiden, in einen Topf geben und so viel kaltes Wasser hinzufügen, daß sie bedeckt sind. Das Wasser zum Kochen bringen und die Kartoffeln so lange kochen, bis sie gabelweich sind – ungefähr 20 Minuten lang. Kartoffeln im Mixer pürieren und, wenn nötig, etwas Wasser zugeben. Suppe wieder erhitzen und mit Butter, Meersalz und Petersilie servieren.

Chinesische dünne Suppe

10 kleine Knoblauchzehen, gehackt
1 Bund Schalotten, gehackt
2 EL Sojasauce
1 EL Sesamöl
1 Teelöffel Meersalz
7 Tassen kochendes Wasser

Knoblauch, Schalotten, Sojasauce, Sesamöl und Meersalz in einen mittelgroßen Kochtopf geben. Kochendes Wasser daraufschütten und das Ganze 10 Minuten lang kochen.

Kalte Gemüsesuppe

2 Tassen Zwiebeln oder Lauch, gehackt
1 Tasse Stangensellerie, klein geschnitten
4 Tassen Tomatensaft
1 EL Sojasauce
2 Tassen Wasser
eine Handvoll frische Petersilie, gehackt

Alle Zutaten – außer der Petersilie – im Mixer pürieren (wenn sie nicht alle auf einmal hineingehen, jeweils die Hälfte nehmen). Die Mischung in einen Stieltopf umschütten und langsam erhitzen. Suppe kurz zum Kochen bringen und gleich wieder vom Feuer nehmen. Die Suppe gut kühlen und mit Petersilie garniert servieren.

Gazpacho

Diese spanische Suppe schmeckt an einem heißen Tag großartig.

4 Tomaten, geviertelt
2 Gurken, geschält und klein geschnitten
1 Zwiebel, gehackt
1 grüne Paprikaschote, klein geschnitten
1 EL Olivenöl
½ Teelöffel Kümmel
1 EL frische Basilikumblätter, gehackt
einige schwarze Oliven, gehackt
trockene Brotwürfel

Alle Zutaten außer den Garnierungen in einem Mixer sehr kurz mischen, so daß die Konsistenz nicht zu glatt wird. Die Suppe in einzelnen Schalen gut gekühlt servieren und mit schwarzen Oliven und trockenen Brotwürfeln garnieren.

Tomatensuppe

2 – 3 EL Butter oder Öl
2 gehackte Zwiebeln
1 Pfund klein geschnittene Tomaten
2 Liter Wasser
1 Lorbeerblatt
1 Prise Meersalz
½ Tasse grüner Pfeffer oder gehackte Petersilie

Butter oder Öl in einer großen Pfanne erhitzen und die Zwiebeln schmoren, bis sie weich sind. Tomaten hinzufügen und alles weiterkochen. In der Zwischenzeit das Wasser in einem großen Topf erhitzen. Tomatenmischung zusammen mit den restlichen Zutaten in den Topf geben. Das Ganze 15 Minuten köcheln lassen. Unmittelbar vor dem Servieren vom Feuer nehmen und das Lorbeerblatt entfernen.

Rohe Tomatensuppe

6 reife Tomaten, geviertelt
1 grüne Zwiebel, gehackt
3 EL Olivenöl
2 Tassen Wasser
frisches Basilikum oder Oreganoblätter zum Abschmecken
Schnittlauch oder Petersilie, gehackt

Jeweils die Hälfte der Zutaten (bis auf die Kräuter) auf einmal im Mixer pürieren, bis eine glatte Masse entsteht. Die Mischung in eine Schüssel umfüllen und gekühlt servieren. Mit Schnittlauch oder Petersilie garnieren.

Möhrensuppe

2 EL Butter
2 Tassen Möhren, gerieben
1 Tasse Stangensellerie, in Scheiben
1 Zwiebel, gehackt
3 Tomaten, geviertelt
1 Tasse kochendes Wasser
4 Tassen Tomatensaft

Butter in einem schweren Topf schmelzen und Gemüse zugeben. Das Gemüse schmoren, bis es anfängt, braun zu werden. Kochendes Wasser hinzufügen, Topf zudecken und die Suppe ungefähr 15 Minuten köcheln lassen, bis das Gemüse weich ist. Tomatensaft hinzufügen und das Ganze kochen lassen, bis alles heiß ist.

Einfache Zwiebelsuppe

½ Tasse Butter oder Öl
6 Zwiebeln, in Scheiben geschnitten
2 Knoblauchzehen, gehackt
½ Tasse Sojasauce
6 Tassen Wasser
1 Handvoll frische Sauerampferblätter, gehackt

Butter oder Öl in einer großen Pfanne erhitzen und die Zwiebeln dazugeben. Bei geringer Hitze langsam kochen, bis die Zwiebeln weich sind. Knoblauch und Sojasauce hinzufügen. Wasser in einem großen Topf zum Kochen bringen und die Zwiebelmischung mit den Sauerampferblättern dazugeben. Deckel aufsetzen und die Suppe bei geringer Hitze 15 oder 20 Minuten lang köcheln lassen.

Variante: Statt Zwiebeln kann man auch Lauch nehmen.

Einfache Selleriesuppe

1 Stangensellerie
2 – 3 EL Butter oder Öl
1 Kartoffel, gebürstet und klein geschnitten
4 Tassen Brühe oder Wasser
1 Prise Meersalz
1 Prise Muskatnuß

Das Innere des Selleries herausnehmen und für Salate verwenden. Den Rest einschließlich der Blätter klein schneiden und die Blätter zum Garnieren zur Seite legen. Butter oder Öl in einem mittelgroßen Topf erhitzen und Sellerie und Kartoffel darin schmoren. Brühe bzw. Wasser hinzufügen, zum Kochen bringen und 45 Minuten köcheln lassen, bis der Sellerie weich ist. Meersalz und Muskatnuß dazugeben und das Ganze unmittelbar vor dem Servieren mit den gehackten Sellerieblättern garnieren.

Variante: Für eine sämige Selleriesuppe wird die Suppe so wie oben angegeben gekocht. Dann gibt man sie durch eine Mühle oder ein Sieb oder mixt sie grob und gibt nach Belieben mehr Wasser dazu.

Suppe aus getrockneten Pilzen

8 getrocknete Pilze, gewaschen und in heißem Wasser eingeweicht
2 EL Butter oder Öl
2 Zwiebeln, in Scheiben geschnitten
½ Tasse Gerste, über Nacht in reichlich Wasser eingeweicht, so daß die Körner bedeckt sind
1 Kartoffel, geschält und in Würfel geschnitten
¼ TL Kümmelsamen
2 EL Sojasauce
1 TL Meersalz
4 Tassen Wasser

Pilze in kleine Stücke schneiden. Butter oder Öl in einem Kochtopf erhitzen und Pilze und Zwiebeln darin schmoren, bis sie weich sind. Restliche Zutaten dazugeben. Topf zudecken und die Suppe eine ganze Stunde lang köcheln lassen.

Suppe aus frischen Pilzen

¼ Tasse Butter oder Öl
1 Tasse Stangensellerie, fein geschnitten
1 Tasse Zwiebeln, fein gehackt
1 Tasse Lauch, fein geschnitten
1 Tasse Pilze, fein geschnitten
1 – 2 EL Mehl
2 oder mehr Tassen Gemüsebrühe

Butter oder Öl in einem mittelgroßen Kochtopf erhitzen, Sellerie hinzugeben und schmoren, bis er glasig ist. Dann die Zwiebeln und den Lauch zufügen. Wenn das Gemüse beinahe weich ist, Pilze zugeben und alles einige Minuten lang durchrühren. Bei geringer Hitze köcheln lassen, bis das Gemüse weich ist. Mehl hineinrühren, ohne daß es Klümpchen gibt. Genug Gemüsebrühe hinzufügen, um die gewünschte Konsistenz zu erhalten – für eine ganz dicke Suppe weniger, wenn die Suppe gestreckt werden soll, mehr. Die Suppe 15 Minuten köcheln lassen.

Lauchsuppe

3 EL Butter
6 Lauchstangen, in 1 cm große Stücke geschnitten
2 Kartoffeln, geschält und in dünne Scheiben geschnitten
4 Tassen Wasser
¼ Tasse gehackte Petersilie
1 Spritzer Sojasauce

2 EL Butter in einem mittelgroßen Kochtopf schmelzen und den Lauch leicht bei geringer Hitze kochen. Kartoffeln und Wasser zugeben und das Ganze eine Stunde lang köcheln lassen. Unmittelbar vor dem Servieren die restliche Butter, Petersilie und Sojasauce dazugeben.

Frische Erbsensuppe

1 Liter frische grüne Erbsen, ohne Schoten
6 grüne Zwiebeln, gehackt

Eine Handvoll der kleinsten Erbsen beiseite legen, um sie als Garnierung zu benutzen. Die restlichen Erbsen in einen mittelgroßen Kochtopf geben und so viel kochendes Wasser zufügen, daß sie bedeckt sind. Die gehackten Zwiebeln dazugeben und das Ganze wieder zum Kochen bringen. Die Mischung in einem Mixer pürieren und, wenn nötig, ein bißchen mehr Wasser dazugeben. Die Suppe wieder erhitzen und mit den kleinen Erbsen, die obenauf schwimmen, servieren.

Kartoffelsuppe

10 Kartoffeln, geschält und gewürfelt
2 – 3 EL Butter oder Öl
2 Zwiebeln, gehackt
1 Prise Knoblauchpulver
1 Prise Dill- oder Selleriesamen
1 Prise Meersalz
¼ Tasse gehackte Petersilie

Kartoffeln in einen großen Topf legen und genügend Wasser zufügen, so daß sie bedeckt sind. Wasser zum Kochen bringen und die Kartoffeln kochen, bis sie weich sind – etwa 15 Minuten. Inzwischen in einer mittelgroßen Pfanne Butter oder Öl erhitzen und die Zwiebeln darin schmoren, bis sie weich sind. Zwiebeln mit Gewürzen zu den Kartoffeln geben. Das Ganze 15 – 20 Minuten köcheln lassen. Die Suppe mit der gehackten Petersilie garnieren und servieren.

Variante: Für eine sämige Suppe kann diese Mischung unmittelbar vor dem Servieren gemixt und wieder heiß gemacht werden.

Einfachste Gerstensuppe

2 EL Butter oder Öl
4 Zwiebeln, in Scheiben geschnitten
1 ½ Tassen Gerste, über Nacht in so viel Wasser eingeweicht, daß die Körner bedeckt sind
1 reichliche Prise getrockneter Thymian
1 Spritzer Sojasauce

Butter oder Sojaöl in einem großen Topf erhitzen und die Zwiebeln darin schmoren, bis sie weich sind. Gerste und Einweichwasser, wenn noch vorhanden, hinzufügen und den getrockneten Thymian hineinrühren. Alles in einen größeren Topf schütten und genügend Wasser dazugeben, um die Körner zu bedecken. Das Ganze eine Stunde lang kochen und, wenn es nötig ist, mehr Wasser dazugeben. Unmittelbar vor dem Servieren die Sojasauce zufügen.

Wintersuppe

Eine herzhafte und würzige Suppe

½ Tasse Gerste, über Nacht in 4 Tassen kaltem Wasser eingeweicht
2 EL Butter oder Öl
2 Stangensellerie, klein geschnitten
2 Karotten, gewürfelt
2 Kartoffeln, geschält und gewürfelt
2 Zwiebeln, gehackt
2 Stangen Lauch, in Scheiben geschnitten
1 Handvoll zarter Kohlblätter, klein geschnitten
¼ Tasse Butter oder Sauerrahm
1 Prise Muskatnuß

Gerste mit dem Wasser kochen, bis sie weich ist – eine ganze Stunde lang. Währenddessen 2 EL Butter oder Öl in einer großen Pfanne erhitzen und Sellerie, Kartoffeln, Zwiebeln und Lauch darin schmoren, bis das Gemüse weich ist. Das Gemüse sowie – falls eine dünne Suppe gewünscht wird – zusätzliches Wasser zu dem Gerstenbrei geben und 5 Minuten kochen lassen. Kohl dazugeben und die Suppe weitere 15 Minuten köcheln lassen. Erst unmittelbar vor dem Servieren Butter oder Sauerrahm und Muskatnuß dazugeben.

Rohe Rote Bete-Suppe

2 Tassen rohe Rote Bete, gewürfelt
1 grüne Zwiebel, gehackt
2 Tassen Sauerrahm oder Naturjoghurt
1 Prise Kümmel
Meersalz zum Abschmecken

Rote Bete, Zwiebeln und Sauerrahm oder Joghurt in einen Mixer geben und alles pürieren. Wenn nicht alles in den Mixer paßt, zweimal jeweils die Hälfte nehmen. Kümmel und Meersalz zum Abschmecken dazugeben und gut gekühlt servieren.

Rote Bete-Suppe

4 Tassen geriebene Rote Bete
1 Zwiebel, fein gehackt
4 Tassen Brühe oder Tomatensaft
Saft einer halben Zitrone
½ TL Meersalz
2 EL Sojasauce
½ Tasse Sauerrahm

Rote Bete, Zwiebeln und Brühe in einen großen Topf geben, das Ganze zum Kochen bringen und eine halbe Stunde köcheln lassen. Zitronensaft, Salz und Sojasauce dazugeben. Heiß oder kalt mit etwas Sauerrahm servieren. Diese Suppe reicht für 6 Personen.

Hagebuttensuppe

4 Tassen Hagebuttenmus (siehe Anleitung auf Seite 226)
6 Kardamomsamen, fein gemahlen
2 EL Ahornsirup
¼ Tasse gemahlene Mandeln
1 Prise Muskatnuß
1 Tasse Wasser
¼ Tasse Rosinen

Alle Zutaten (bis auf die Rosinen), aber jeweils nur eine Hälfte auf einmal, in den Mixer geben und pürieren, bis eine glatte Masse entsteht. Rosinen zugeben und die Suppe heiß oder kalt servieren. (Nicht kochen lassen!)

Einfache Linsensuppe

1 Tasse getrocknete Linsen
2 gehackte Zwiebeln
1 gehackte Knoblauchzehe
1 Lorbeerblatt
2 Liter Wasser
geriebene Schale einer Zitrone

Alle Zutaten in einem mittelgroßen Kochtopf mischen und eine Stunde lang köcheln lassen, bis die Linsen weich sind. Diese Suppe reicht für 6 Personen.

Party-Linsensuppe

2 Tassen getrocknete Linsen
2 – 3 EL Butter oder Öl
2 Zwiebeln, gehackt
4 Stangen Sellerie, klein geschnitten
2 Knoblauchzehen, gehackt
4 Tassen Brühe oder Wasser
½ TL Kreuzkümmel, gemahlen
½ TL Koriander, gemahlen
1 Prise Currypulver
1 Prise Meersalz
geriebene Schale einer Zitrone

Linsen in einen großen Topf geben und so viel Wasser zufügen, bis sie bedeckt sind. Das Ganze zum Kochen bringen, die Hitze verringern und die Suppe eine halbe Stunde lang köcheln lassen. In der Zwischenzeit Butter oder Öl in einer großen Pfanne erhitzen und Zwiebeln, Sellerie und Knoblauch darin schmoren, bis das Gemüse weich ist. Gemüse und Gewürze mit der Brühe oder dem Wasser zu den Linsen geben und zum Kochen bringen. Hitze verringern, Topf zudecken und alles eine Stunde oder länger köcheln lassen. Die Suppe reicht für 8 Personen.

Herzhafte Bohnensuppe

2 Tassen getrocknete Bohnen, im Topf mit 8 Tassen Wasser über Nacht einweichen
1 Lorbeerblatt
3 EL Butter oder Öl
2 Zwiebeln, gehackt
2 Stangensellerie, in Scheiben geschnitten
2 Karotten, gewürfelt
2 Knoblauchzehen, gehackt
1 EL Zitronensaft
½ TL Kreuzkümmel
½ TL Oregano
4 Tassen Tomatensaft

Bohnen, Lorbeerblatt und Wasser zum Kochen bringen, Hitze verringern und alles köcheln lassen, bis die Bohnen weich sind – eine ganze Stunde. Währenddessen Butter oder Öl in einem großen Topf erhitzen und Zwiebeln, Sellerie, Karotten und Knoblauch hinzufügen. Alles bei niedriger Hitze 10 Minuten lang dämpfen. Wenn die Bohnen weich sind, das Gemüse mit dem Zitronensaft, den Gewürzen und dem Tomatensaft in den Topf geben. Suppe zum Kochen bringen, das Lorbeerblatt entfernen und die Suppe servieren. Sie reicht für 8 Personen.

Suppe aus getrockneten Erbsen

2 Tassen getrocknete Erbsen, über Nacht in 2 Liter kaltem Wasser eingeweicht
2 Tassen Stangensellerie, klein geschnitten
1 EL Selleriesamen
1 TL Meersalz
einige Pfefferminzblätter
2 EL Butter

Erbsen etwa 1 Stunde in Wasser kochen, bis sie weich sind. Topf vom Feuer nehmen und Sellerie und Gewürze zugeben. Die Mischung pürieren und wieder erhitzen. Kurz vor dem Servieren Butter dazugeben. Die Suppe reicht für 6 – 8 Personen.

Gute-Nacht-Suppe

1 Tasse getrocknete Bohnen, über Nacht in 2 Liter Wasser eingeweicht
2 – 3 EL Butter oder Öl
2 Kartoffeln, geschrubbt und gewürfelt
2 Zwiebeln oder Lauchstangen, in Scheiben geschnitten
2 Stangensellerie, in Scheiben geschnitten
3 Karotten, in Scheiben geschnitten
2 weiße Rüben, geviertelt
1 Knoblauchzehe, gehackt
je 1 Prise Thymian, Majoran und Anissamen

Bohnen mit dem Wasser zum Kochen bringen, die Hitze verringern und die Suppe köcheln lassen, bis die Bohnen weich sind – ungefähr eine Stunde. Butter oder Öl in einem großen Topf erhitzen und das Gemüse darin schmoren, bis es weich ist. Gemüse mit den Gewürzen zu den Bohnen geben und die Suppe 30 Minuten köcheln lassen. Sie reicht für 6 – 8 Personen.

Saubohnensuppe

4 EL Butter oder Öl
1 gehackte Zwiebel
2 Tassen getrocknete Saubohnen, über Nacht in Wasser eingeweicht
1 Tasse Stangensellerie, klein geschnitten
2 Liter Wasser
2 Tomaten, in größere Stücke geschnitten
1 TL Oregano

2 EL von der Butter oder dem Öl in einem großen Topf erhitzen und die Zwiebeln darin schmoren, bis sie weich sind. Bohnen, Sellerie und Wasser zugeben und das Ganze köcheln lassen, bis die Bohnen weich sind – ungefähr 1 Stunde. Die restliche Butter oder das Öl in einer kleinen Pfanne erhitzen und die Tomaten darin schmoren. Tomaten und Oregano zu den Bohnen geben. Die Suppe zum Kochen bringen und sie gleich servieren. Sie reicht für 6 – 8 Personen.

Landsuppe

1 Tasse getrocknete Sojabohnen und
1 Tasse getrocknete weiße Bohnen, beide über Nacht in reichlich Wasser eingeweicht, so daß sie bedeckt sind
3 Karotten, in Scheiben geschnitten
1 Zwiebel, in Scheiben geschnitten
1 Knoblauchzehe, gehackt
1 Stangensellerie, klein geschnitten
2 Tomaten, geviertelt
4 Tassen Wasser
1 TL Pfefferminzblätter, getrocknet

Bohnen in Wasser bei geringer Hitze kochen, bis sie weich sind – ungefähr 1 ½ – 2 Stunden. Gemüse und Wasser zu den Bohnen geben und kochen, bis der Sellerie weich ist – ungefähr 30 Minuten. Während der letzten 10 Minuten die Pfefferminzblätter dazugeben. Die Suppe reicht für 6 Personen.

Sahnige Heidelbeersuppe

½ Liter Heidelbeeren
2 Tassen Wasser
½ Tasse Ahornsirup
½ TL Zimt
1 Prise Kardamom
1 Tasse Sauerrahm

Heidelbeeren waschen und sie mit Wasser, Ahornsirup, Zimt und Kardamom in einen Topf geben. Das Ganze langsam 15 Minuten lang kochen lassen, vom Feuer nehmen und abkühlen lassen. Sauerrahm unterrühren und die Suppe vor dem Servieren gut abkühlen lassen.

Man nehme Petersilie, Salbei, Knoblauch, Zwiebeln, Lauch, Borretsch, Kresse, Gartenraute, Rosmarin und Portulak, spüle alles ab und wasche es sauber. Dann reiße man alles mit der Hand klein und vermische es gut mit rohem Öl. Man gebe Essig und Salz dazu und serviere.

Samuel Pegge,
The Forme of Cury, 1390

Unter allen Kräutern hat keines so guten Saft wie Salat. Er bringt einen heißen Magen in Stimmung, regt den Appetit an und, am Abend gegessen, ruft er den Schlaf herbei. In den Brüsten einer Frau vermehrt er die Milch, aber er verringert das Verlangen nach Fleisch.

Sir Thomas Elyot,
The Castle of Helthe, 1534

Zuerst wollen wir von den Salaten sprechen, es gibt einige einfache und einige schwierigere: einige nur um den Tisch zu schmücken und einige sowohl zum Essen als auch zur Dekoration.

Gervase Markham,
The English Hus-wife, 1615

Es ist August, und Melone und Gurke sind jetzt begehrt: Und mit Öl und Essig serviert man Salatkräuter.

Nicholas Breton,
The Book of Moneths, 1626

Von großem Nutzen in der Küche und sehr angenehm und gesund auf dem Tisch ist Kopfsalat, ein ausgezeichneter Salat zum Abendbrot, kühlend und erfrischend.

John Woolridge,
The Art of Gardening, 1688

Oh, grün und prächtig! Oh, Kräuterschmaus! Der sterbende Einsiedler würde versucht sein, zu essen: Er würde seine fliehende Seele zurück zur Welt wenden und seine Finger in die Salatschüssel tauchen!

Rev. Sydney Smith,
The Lady's Annual Register, 1839

Was ist erfrischender als ein Salat, wenn Dein Appetit Dich verlassen zu haben scheint, oder nach einem üppigen Mahle – der schöne, frische, grüne, knackige Salat, voller Leben und Gesundheit, der den Gaumen belebt und die Kaumuskeln stärkt.

Alexis Soyer,
A Shilling Cookery for the People, 1854

Die kühlende Vernunft des Salates und jedes anderen Kräutergrüns, dessen Berührung besänftigend ist, dessen Herz rein ist.

Louis Untermeyer,
Food and Drink, 1952

Salat für die Gesundheit

Wenn mir nichts wichtig ist in diesem Buch – eines möchte ich doch herausstellen: die Bedeutung der rohen grünen Blätter als Nahrungsmittel. Sie sind die Nahrung, die die Natur für uns in Fülle hervorbringt. Und Salate sind nicht nur Sommernahrung; den ganzen Herbst und Winter hindurch können sie gestreckt werden – mit Kohl, Roter Bete, Möhren und Äpfeln –, bis das Frühjahr kommt mit Löwenzahn, Sauerampfer und den ersten Salatblättern. Für alles gibt es eine Saison? Salate haben immer Saison.

Salate sind die lebendigsten pflanzlichen Lebensmittel, die wir essen. Das Chlorophyll im grünen Gemüse verleiht dem Körper größte Vitalität und gibt die Sonnenkräfte direkt an unser Inneres weiter. Es ist das grüne Lebensblut der Pflanze, ein Kraft- und Energiespender. Der Salat ist ein wichtiger Beitrag zu unserer Gesunderhaltung.

Wenn ein Gemüse schon leicht angewelkt ist, kann man es immer noch kochen; ein würziger, leckerer Salat jedoch muß aus knackigfrischen Zutaten bereitet werden. Aus einem schlappen, welken Salat, der bereits durch viele Hände gegangen ist, aus schlaffem Sellerie, weichen Tomaten und schwammigen Gurken lassen sich niemals gute Salate bereiten. Die Zutaten sollten fest sein und sind gewöhnlich faserig: knackig genug, daß man sie kauen muß, nicht weich und labberig. Sie sollten die Speichelflüssigkeit und die Magensäfte anregen und die Verdauung im Mund beginnen lassen.

Salate sind als Nahrung nichts Neues, denn nach Grünzeug hat man sicher in den ältesten Zeiten gesucht; in den ältesten Büchern, die ich über Nahrung gefunden habe, sind sie häufig erwähnt.

Kopfsalat war und ist immer noch die Hauptgrundlage der überall anzutreffenden Salate. Er wurde vom Kaiser Augustus so hoch bewertet, daß er, weil er ihm seine Heilung von einer gefährlichen Krankheit zuschrieb, dieser Pflanze ein Denkmal errichtete und einen Altar erbaute.

John Evelyn,
Acetaria, 1699

Kopfsalat und Kresse haben von den ältesten Zeiten an unter den Salaten für die Mahlzeiten einen sehr wichtigen Platz eingenommen. Es wird berichtet, daß die Juden ihn ohne Sauce aßen, indem sie nur ein bißchen Salz darüber streuten. Die Griechen dagegen benutzten Honig und Öl, während die Römer Salat mit hartgekochten Eiern, Öl und Gewürzen servierten, den Salat also ähnlich bereiteten, wie man ihn heute liebt. Diese Salate wurden als erster Gang serviert. Sie wurden als großer Luxus und als Appetitanreger betrachtet, denn in jenen Tagen war die Nahrung schwer und wurde in enormen Mengen aufgetischt.

Sarah Tyson Rorer,
New Salads, 1897

Scott und ich halten das Essen von Rohkost für den wichtigsten Teil unserer Ernährung. Unsere Abendmahlzeiten sind ohne Salat unvollständig. Statt daß wir mit einem kleinen Salat aufhören, nachdem wir uns mit anderem satt gegessen haben, beginnen wir mit einer großen Schüssel voll frischem, rohem Grün oder mit zerkleinerten Früchten oder Gemüsen. Wir essen uns damit satt, und falls dann noch Löcher da sind, füllen wir diese mit zweitrangigem Essen. Das Abendessen beginnt immer mit Salat in irgendeiner Form.

An jedem der 365 Tage des Jahres bemühen wir uns, rohes Gemüse bei wenigstens einer unserer Mahlzeiten als Hauptbestandteil einzunehmen, es sei denn, wir fasten. Wäre die Hälfte unserer Kost roh und wenigstens ein Viertel grün, fänden wir das ideal. Wir streben dieses Ziel an und erreichen es sogar bei unserem kalten Klima – auch im Winter –, indem wir Wurzelgemüse und Kohl aus unserem Gemüsekeller verwenden und indem wir Samen keimen.

Samen enthalten die Lebensform der zukünftigen Pflanze, die konzentrierte Kraft, die sich zur Pflanze entwickelt. Die überreiche Quelle der Vitalität in gekeimten Samen ist der einfachste, schnellste und billigste Weg, dem Essen Vitamine, Mineralstoffe und Eiweiß zuzusetzen.

Samen jeder Art sind leicht zu bekommen und können bis zum Keimen unverpackt gelagert werden. Erbsen, Bohnen verschiedener Sorten (besonders Mungbohnen), Linsen und andere Hülsenfrüchte, Sonnenblumenkerne und Getreide wie Weizen, Hafer,

Roggen, Luzerne sind zum Keimen besonders beliebt. Keimen vermehrt den Nährwert der Samen; sie haben dann mehr Vitalität, als wenn sie gekocht werden.

Keime ißt man besser roh, aber sie lassen sich auch dämpfen oder kochen. Rohe Keime können Suppen, Mixgetränken, belegten Broten oder Joghurt zugesetzt werden. Auch in Salaten sind sie sehr wichtig.

Ich habe eine einfache Art und Weise, Samen zu keimen: Ich gebe eine Handvoll Samen in einen 2-Liter-Topf und fülle den Topf halb mit Wasser. Dann bedecke ich ihn mit einem Teller und lasse ihn über Nacht in der Küche. Am Morgen drehe ich den Topf vorsichtig um, lasse den Teller dabei darauf und fange das Einweichwasser in einem anderen Topf auf. Dieses nahrhafte Wasser gebe ich meinen Zimmerpflanzen, oder ich verwende es als Suppengrundlage. Dann bedecke ich die Samen mit frischem Wasser, rühre ein wenig um und gieße wieder ab, indem ich den Topf umdrehe und den Teller dicht darauf halte, bis alles Wasser abgelaufen ist. Ich decke den Topf wieder zu (diesmal ohne Wasser auf den Samen) und lasse ihn einen halben Tag so stehen. Dies wiederhole ich noch zwei- bis dreimal an jedem Tag – Samen mit Wasser bedecken, abgießen und zudecken –, bis kleine Keime erscheinen. Wenn sie drei bis fünf Zentimeter lang sind, essen wir sie. Im Kühlschrank sind sie tagelang haltbar.

Für Salate braucht man eigentlich keine Rezepte. Man nimmt immer das, was es gerade gibt – das, was im Garten oder auf der Wiese wächst.

Wer auf dem Land wohnt, braucht niemals ohne Salat zu sein, wenn man nur die Augen aufmacht.

Juliet Corson,
Family Living on $500 a Year, 1888

In der Nähe gibt es genug Pflanzen, genug Eßbares, das wir mit Freude sammeln und das für eine improvisierte Zwischenmahlzeit leicht zuzubereiten ist.

John Evelyn,
Acetaria, 1699

Wenn ich all die Sorten von Kräutern aufschreiben sollte, die gewöhnlich für Salate gesammelt werden, dann sollte ich nicht nur von Gartenkräutern sprechen, sondern von vielen Kräutern, die wild auf Feldern wachsen oder im Garten nichts anderes sind als »Unkräuter«, denn die gewöhnliche Art und Weise für viele ist die, junge Sprossen und Blätter von so ziemlich allem, was sowohl im Garten als auch auf den Feldern wächst, zu nehmen und alles zusammenzutun, so daß der Geschmack des einen die Würze des anderen ergänzt.

John Parkinson,
Paradisi in Sole, 1629

Für die Salatsauce nehme ich viel Öl und wenig Essig und gewöhnlich das eine oder andere Kraut. Aber: »Rühre Deinen Salat nicht um, bevor die Münder bereit für ihn sind.«

N.K.M. Lee,
The Cook's Own Book, 1832

Es ist nahezu unmöglich, ganz bestimmte Anleitungen für die Zusammensetzung eines Salates zu geben, was die genaue Menge jeder Zutat anbelangt – einige verlangen mehr Öl und Salz, einige mehr Essig und Pfeffer als andere – außerdem ist die Säure des Essigs oft sehr verschieden.

George H. Eliwanger,
The Pleasures of the Table, 1902

In eine Schüssel geworfen wird alles köstlich schmecken, obwohl es herb sein kann wie Löwenzahn, Sauerampfer oder Radieschen oder mild und süß wie Kopfsalat, Melde oder Möhren. Man muß kein Genie sein, um einen Salat zu machen, obwohl »die klügsten Schafe noch niemals daran gedacht haben, ihr Gras zu pflücken, es mit Thymian oder Estragon zu würzen, mit Essig oder Senf zu schärfen, mit Öl zu mildern und mit einer Spur Zwiebel zu vergeistigen. Der Löwe ist edel wie ein Held, die Ratte listig wie ein Advokat, die Taube sanft wie ein Liebender, der Biber ist ein guter Ingenieur, der Affe ein begabter Schauspieler, aber keiner von ihnen kann einen Salat machen.«

M.E.W. Sherwood,
The Art of Entertaining, 1892

Bevor ich zu meinen einfachen Mixturen komme, sind hier einige alte Rezepte, die Sie vielleicht ausprobieren möchten:

Man nehme Salat, Spinat, Endivie, Stangensellerie, schneide eine halbe Knoblauchzehe dazu und würze dann alles gut mit Öl, Essig und Salz. Das ist ein prächtiger Salat und sehr gesund.

Thomas Tryon,
The Good House-wife Made a Doctor, 1692

Ein sehr guter Salat kann aus Kapuzinerkresseblüten, Butterblumen, einem Kopf Salat und einem halben Pfund Brunnenkresse bereitet werden. Man schüttet französisches Dressing darauf und ißt ihn sofort.

M.E.W. Sherwood,
The Art of Entertaining, 1892

Salbei, Rosmarin, Thymian, Winter- und Sommerbohnenkraut, Pfefferminze, Poleiminze, Petersilie, Kerbel, Zwiebeln, Sauerampfer, Rote Bete und Rettiche, Spinat, verschiedene Kohlsorten, Beinwell und viele andere prächtige Kräuter geben sehr gute Salate, die, gemischt mit Öl oder Butter, Orangensaft und Salz, den Körper erwärmen und die Geister natürlicher und wohltuender anregen, als jeder mäßig getrunkener Wein.

Thomas Tryon,
Friendly Advice to Gentlemen Farmers, 1684

Eine begeisterte, treffende Lobeshymne auf Salate fand ich ohne Datum, Autor und Titel:

Eine Schüssel Salat ist die Venus der Tafel. Sie taucht auf, kühl, feucht und herrlich, wie diese unkluge Dame, die aus dem Meer kommt, mein Herr. Und, um das Bild zu vollenden, mein Herr, beide sollten im Naturzustand sein.

Wer einen großen Salat auf den Tisch setzen kann, kann immer eine große Menge Leute mit einer ausreichenden, gesunden Mahlzeit verköstigen. Salate sind ein wesentlicher Bestandteil meines guten Lebens.

Eine Hausfrau, die die Salatfrage gelöst hat, kann zum einfachsten Mahl immer eine begehrenswerte Speise hinzufügen. Sie kann die Hungrigen füttern, und sie kann die erschöpfte Phantasie des anspruchsvollsten Feinschmeckers durch diese delikaten und vollendeten Genüsse stimulieren. Zu lernen, einen Salat zu machen, ist die wichtigste der Qualifikationen für jemanden, der die Kunst der Bewirtung beherrschen möchte.

M.E.W. Sherwood,
The Art of Entertaining, 1892

Grundrezept für den Abendbrotsalat

1 Kopf Salat, grob zerkleinert
4 Tomaten, klein geschnitten
1 grüne Paprika, klein geschnitten
1 Zwiebel, gehackt
1 ungeschälte Gurke, in Scheiben geschnitten
6 Spinatblätter
¼ Tasse Petersilie, gehackt
4 EL Öl
2 EL Essig

Salat, Tomaten, grüne Paprika, Zwiebel und Gurke vermischen. Die Spinatblätter gründlich waschen, trocknen, in mundgerechte Stücke zerkleinern und mit der Petersilie zum Salat geben. Unmittelbar vor dem Servieren Öl und Essig zufügen und alles vermischen, damit es gut durchzieht. Den Salat sofort servieren, sonst werden die Spinatblätter weich. Ausreichend für 6 Personen.

Winter-Abendbrotsalat

½ Kopf Salat oder Kohl, zerkleinert
4 Stangen Sellerie, klein geschnitten
1 grüne Paprika, klein geschnitten
3 Äpfel, klein geschnitten
¼ Tasse gehackte Nüsse
¼ Tasse Öl
2 EL Essig

Salat oder Kohl mit Sellerie, grünem Paprika, Äpfeln und Nüssen mischen. Öl und Essig zugeben und alles vermischen, damit die Zutaten gut durchziehen.

Salat für eine Menge Leute

Auch wenn die Leute nachverlangen (und sie werden es tun), reicht dieser Salat sehr weit! Er wird in einer oder mehreren großen Schüsseln oder auch in einem großen Topf serviert.

1 Kopfsalat
1 Endiviensalat
1 Chicorée
1 Löwenzahnpflanze, fein geschnitten
1 Blumenkohl, nur die Röschen
3 Stengel Brokkoli, nur die Blüten
1 Stangensellerie, klein geschnitten (einschließlich der Blätter)
2 grüne Paprika, klein geschnitten
10 kleine rote Radieschen, ganz
1 Zwiebel, in Scheiben geschnitten
1 Karotte, in feine Scheiben geschnitten
1 Tasse Sojabohnenkeime
1 Tasse Olivenöl
½ Tasse Apfelessig

Kopfsalat, Endivie und Chicorée gründlich waschen, trocknen, in mundgerechte Stücke zerkleinern und in eine große Schüssel geben. Das restliche Gemüse zufügen und alles gut mischen. Öl und Essig unmittelbar vor dem Servieren dazugeben und alles gut vermischen, damit es gut durchzieht. Sofort servieren. Der Salat reicht für 8 – 10 Personen.

Sommersalat

2 Tassen frische grüne Erbsen, ungekocht
2 grüne Paprika, klein geschnitten
2 Karotten, gerieben
2 junge Gurken, in feine Scheiben geschnitten
½ Tasse Petersilie, gehackt
2 EL Olivenöl
1 EL Zitronensaft
Salatblätter

Erbsen, grünen Paprika, Karotten, Gurken und Petersilie in eine Schüssel geben. Alles mit Olivenöl und Zitronensaft vermischen, bis es gut durchgezogen ist. Auf Salatblättern servieren.

Kohlsalat im Winter

1 kleiner Kopf Rotkohl oder Weißkohl, gehackt
5 Äpfel, klein geschnitten
½ Tasse Rosinen
2 EL Apfelessig
3 EL Olivenöl

Kohl mit Äpfeln und Rosinen mischen. Essig und Öl zugeben und alles gut vermischen.

Spanischer Krautsalat

4 Tassen Kohl, gerieben
2 EL Olivenöl
½ Tasse entsteinte schwarze Oliven
1 grüne Paprika, klein geschnitten
1 Zwiebel, gehackt
1 Piment, gehackt
1 EL Essig zum Abschmecken

Kohl, Olivenöl, Oliven, grünen Paprika, Zwiebeln und Piment mischen. Zum Abschmecken Essig dazugeben und alles noch einmal vermischen.

Kohlsalat-Potpourri

1 kleiner Kopf Kohl, fein gehackt
2 Äpfel, zerkleinert
1 Orange, geschält und in Stücke geschnitten
½ Tasse Rosinen
½ Tasse entsteinte Datteln, klein geschnitten
1 Tasse gehackte Nüsse
2 EL Olivenöl
1 EL Zitronensaft

Kohl, Äpfel, Orangen und Rosinen mischen. Datteln und Nüsse zusammen unterheben. Olivenöl und Zitronensaft hinzufügen und alles gut vermischen.

Knuspriger Krautsalat mit Ananas

1 kleiner Kopf Kohl, in feine Scheiben geschnitten
1 Apfel, gewürfelt
500 g zerkleinerte Ananas, mit Saft
2 EL Olivenöl
2 TL Zitronensaft
¼ Tasse Erdnußkerne (wahlweise)

Kohl, Äpfel und Ananas (mit Saft) mischen. Olivenöl und Zitronensaft zugeben und alles gut mischen. Nach Belieben Erdnußkerne unmittelbar vor dem Servieren dazugeben.

Apfelsalat

3 geriebene Äpfel
2 Tassen Stangensellerie, grob gehackt, mit Blättern
¼ Tasse Rosinen
1 EL Honig
½ Kopf geriebener Rotkohl
1 EL Zitronensaft
2 EL Öl
Salatblätter

Äpfel, Kohl, Sellerie und Rosinen mischen. Honig, Zitronensaft und Öl zugeben und nach jeder Zugabe gut durchmischen, damit die Zutaten gut durchziehen. Auf Salatblättern servieren.

Waldorfsalat

4 Äpfel, gewürfelt
2 Tassen Stangensellerie, zerkleinert
¼ Tasse Rosinen
¼ Tasse Nüsse, gehackt
4 EL Öl
2 EL Zitronensaft

Äpfel, Sellerie, Rosinen und Nüsse mischen. Öl und Zitronensaft dazugeben und alles noch einmal gut durchmischen.

Variante: Wer es gewöhnt ist, zu einem Waldorfsalat Mayonnaise zu nehmen, ersetzt Öl und Zitronensaft durch einen Klacks Sauerrahm oder Quark. Beides gibt dem Salat eine cremige Beschaffenheit.

Schneller Rote Bete-Salat

4 gekochte Rote Bete, geschält und gewürfelt
2 Zwiebeln, in Scheiben geschnitten
2 Tassen Stangensellerie, in Scheiben
3 EL Olivenöl
1 EL Apfelessig

Rote Bete, Sellerie und Zwiebeln mischen. Olivenöl und Essig dazugeben und alles gut vermischen. Wenn nicht sofort serviert wird, den Salat kühlstellen; er hält sich mehrere Stunden lang.

Rote Bete-Salat

4 Rote Bete, geschält und gerieben
4 Stangensellerie, in Scheiben geschnitten
1 Zwiebel, gehackt
2 EL Öl
1 EL Essig
½ Tasse Sauerrahm

Rote Bete, Sellerie und Zwiebeln miteinander mischen. Öl und Essig zugeben und alles noch einmal gut durchmischen. Auf jede Portion einen Klacks Sauerrahm geben.

Rote Bete-Apfelsalat (1)

2 Rote Bete, geschält und gerieben
2 Äpfel, zerkleinert
1 Tasse Sellerie, klein geschnitten
1 Tasse Rosinen
1 EL Essig
1 EL Apfelsinen- oder Zitronensaft
2 EL Öl

Rote Bete, Äpfel und Sellerie mischen. Rosinen sowie Essig, Apfelsinen- oder Zitronensaft und Öl dazugeben und alles gut vermischen.

Rote Bete-Apfelsalat (2)

4 Rote Bete, geschält und gerieben
4 Äpfel, gerieben
2 EL Olivenöl
2 TL Honig
4 TL Zitronensaft

Rote Bete und Äpfel in eine Schüssel geben. Olivenöl, Honig und Zitronensaft hinzufügen und nach jeder Zugabe gut durchmischen, damit Äpfel und Rote Bete gut durchziehen.

Blumenkohlsalat

1 Blumenkohl, in kleine Röschen gebrochen
1 grüne Paprika, klein geschnitten
6 Stangensellerie, klein geschnitten (einschließlich der Blätter)
1 Tasse gehackte Nüsse oder ½ Tasse entsteinte schwarze Oliven
2 EL Olivenöl
1 EL Zitronensaft
Salatblätter

Blumenkohl, grüne Paprika und Sellerie mischen. Nüsse oder Oliven darunterrühren, Olivenöl und Zitronensaft dazugeben und sorgfältig mischen, damit das Gemüse gut durchzieht. Auf Salatblättern servieren.

Salat aus geriebenen Karotten

4 Tassen geriebene Karotten
2 EL Anissamen
Saft von 2 Zitronen
4 EL Erdnußöl
2 EL Apfelessig
½ Tasse Quark

Karotten mit dem Anissamen mischen. Zitronensaft, Erdnußöl und Essig dazugeben und alles vermischen, damit die Karotten gut durchtränkt werden. Mit einem Klacks Quark auf jeder Portion servieren.

Variante: Statt Anissamen ¼ Tasse Rosinen und 2 gewürfelte Äpfel zugeben.

Malayischer Salat

2 junge, ungeschälte Gurken, in dünne Scheiben geschnitten
4 Stangensellerie, in dünne Scheiben geschnitten
500 g Ananasstücke, gut abgetropft
⅓ Liter Sauerrahm
½ TL Dillsamen

Alle Zutaten mischen und leicht durchrühren. Wenn nicht sofort serviert wird, in den Kühlschrank stellen.

Salat ohne Blätter

4 Tomaten, zerkleinert
1 Zwiebel, fein gehackt
2 Gurken, geschält und in Scheiben geschnitten
1 grüne Paprika, aufgeschnitten
6 Stangensellerie, in Scheiben geschnitten
1 EL Apfelessig
3 EL Olivenöl

Tomaten, Zwiebel, Gurken, grüne Paprika und Sellerie mischen. Essig und Olivenöl dazugeben und alles noch einmal gut vermischen.

Griechischer Salat

2 Tassen getrocknete Bohnen, über Nacht in reichlich Wasser eingeweicht
2 EL Olivenöl
2 EL Apfelessig
1 kleine Zwiebel, gehackt
1 Knoblauchzehe, gehackt
1 Tasse Petersilie, gehackt
1 Prise Meersalz
Löwenzahnblätter zum Garnieren, fein gehackt
6 schwarze Oliven, geviertelt

Bohnen in Wasser kochen, bis sie weich sind – bis zu 2 Stunden lang. Flüssigkeit abtropfen lassen und, wenn gewünscht, für Suppe aufheben. Bohnen auf Raumtemperatur abkühlen lassen. Öl, Essig, Zwiebel, Knoblauch, Petersilie und Meersalz zugeben und mischen, bis es gut vermengt ist. Den Salat mit den gehackten Löwenzahnblättern und den schwarzen Oliven garnieren. Er reicht für 6 Personen.

Salat mit Hüttenkäse

2 Tassen Hüttenkäse
2 grüne Paprika, klein geschnitten
4 Stangensellerie, in Scheiben geschnitten
1 gehackte Zwiebel
10 entsteinte Oliven, gehackt
einige Salatblätter

Den Quark mit dem zerkleinerten Gemüse mischen. Zum Servieren die Mischung auf Salatblättern anrichten.

Löwenzahnsalat

2 Tassen getrocknete Limabohnen, über Nacht in reichlich Wasser eingeweicht
6 grüne Löwenzahnpflanzen, fein gehackt
4 EL Olivenöl
2 EL Essig
2 Tomaten, in keilförmige Stücke geschnitten

Bohnen in Wasser kochen, bis sie weich sind – ungefähr 2 Stunden. Die übrige Flüssigkeit abschütten und, wenn gewünscht, für eine Suppe aufheben. Bohnen abkühlen lassen, von den Löwenzahnpflanzen die Wurzeln abschneiden und die Blätter sorgfältig reinigen. Die Blätter zu den Bohnen geben, Öl und Essig zufügen und alles gut vermischen. Tomaten zugeben und noch einmal umrühren. Der Salat reicht für 6 Personen.

Bittersüßer Chicoréesalat

6 Apfelsinen, geschält und in Scheiben geschnitten
2 Gemüsezwiebeln, gehackt
1 Tasse entsteinte, schwarze Oliven, gehackt
4 TL Olivenöl
1 Prise Koriander, gemahlen
einige Chicoréeblätter

Apfelsinen, Zwiebeln und Oliven mischen. Olivenöl und Koriander zugeben und gut durchrühren, damit die Zutaten durchziehen. Einige Chicoréeblätter in Stücke reißen, auf Teller legen und den Salat darauf servieren.

Gurkensalat

6 kleine, ungeschälte Gurken, in feine Scheiben geschnitten
6 junge rote Radieschen, in feine Scheiben geschnitten
1 Bund grüne Zwiebeln, gehackt
1 TL frischer Dillsamen
1 TL frischer Thymian, gehackt
1 Tasse Sauerrahm

Gurken, Radieschen, Zwiebeln, Dillsamen und Thymian mischen. Die Mischung mit dem Sauerrahm angemacht servieren.

Pikanter Wintersalat

4 Äpfel, gewürfelt
4 Stangensellerie, in Scheiben geschnitten
1 Karotte, grob gerieben
1 sehr reife Banane, in Scheiben geschnitten
1 TL frischer Ingwer, fein gehackt
Saft einer Zitrone
2 EL Olivenöl
Salatblätter
½ Tasse Quark

Äpfel, Sellerie, Karotten, Bananen und Ingwer mischen. Zitronensaft und Olivenöl zugeben. Gut durchrühren, damit die Zutaten durchziehen. Den Salat zum Servieren auf Salatblättern anrichten und einen Klacks Quark daraufgeben.

Kartoffelsalat

6 mittelgroße Kartoffeln
1 Zwiebel, fein gehackt
½ Tasse Petersilie, gehackt
4 EL Öl
2 EL Essig
1 Prise Meersalz

Kartoffeln in einen großen Topf geben und so viel kaltes Wasser zufügen, daß sie bedeckt sind. Kartoffeln zum Kochen bringen und so lange kochen lassen, bis sie gabelweich sind (nicht zerkochen). Wasser abschütten; Kartoffeln pellen und in Scheiben schneiden, solange sie noch weich sind. Zwiebel und Petersilie dazugeben und vorsichtig umrühren. Die Kartoffelscheiben dabei nicht zerquetschen! Öl und Meersalz dazugeben und gut umschwenken, damit die Kartoffeln durchziehen. Der Salat reicht für 4 – 6 Personen.

Roher Kartoffelsalat

2 ungeschälte rohe Kartoffeln, klein geschnitzelt
2 Zwiebeln, gehackt
1 Bund Petersilie, gehackt
2 EL Olivenöl
1 reife Avocado, geschält und zerdrückt
1 TL Essig

Kartoffeln mit Zwiebeln und Petersilie mischen. Olivenöl, Avocado und Essig zugeben und alles mischen, bis die Zutaten gut vermengt sind. Auf Salatblättern servieren.

Zucchini-Brunnenkresse-Salat

2 junge Zucchini, in feine Scheiben geschnitten
3 Tomaten, klein geschnitten
1 Zwiebel, in Scheiben geschnitten
1 grüne Paprika, in Ringe geschnitten
3 EL Olivenöl
1 EL Apfelessig oder Zitronensaft
1 Prise Selleriesalz
Brunnenkresse

Zucchini mit Tomaten, Zwiebeln und grünem Paprika mischen. Oliven, Essig oder Zitronensaft und Selleriesalz dazugeben und alles gut durchrühren. Den Salat auf Kresse gehäufelt servieren.

Spinatsalat

500 g frischer Spinat
3 EL Olivenöl
1 EL Essig
1 Spritzer Sojasauce
½ Tasse gekeimte Mungbohnen
½ Tasse frische grüne Erbsen

Spinat gut waschen und abtropfen lassen. Blätter in mundgerechte Stücke zerpflücken und in eine Schüssel geben. Unmittelbar vor dem Servieren Öl, Essig und Sojasauce zufügen und alles vermischen, um den Spinat gut durchziehen zu lassen. Nicht zu früh mischen, sonst werden die Blätter weich. Den Spinat auf die einzelnen Schalen geben und jede Portion mit Bohnenkeimen und Erbsen garnieren.

Bohnensprossensalat

4 Tassen Mungbohnensprossen
1 Tasse Sellerie, geraspelt
4 Tomaten, klein geschnitten
1 Tasse Schalotten, gehackt
2 EL Öl
1 EL Weinessig

Sprossen, Sellerie, Tomaten und Schalotten in eine Schüssel geben und beim Durchmischen Essig und Öl zufügen.

Es gibt viele verschiedene Arten von Gartenkräutern, die allen wohlbekannt sind. Aber kaum jemand benutzt alle Arten, denn man mag nur einige; manche verwenden welche, die andere zurückweisen, und manche halten die für nicht gesund und von gutem Geschmack, die andere ohne Bedenken verspeisen.

John Parkinson,
Paradisi in Sole, 1629

Diese Art der Nahrung ist den großen Mengen von Fleisch, Butter, Käse usw. vorzuziehen, die bei uns zu viel gegessen werden.

Thomas Tryon, *The Way to Health, Long Life & Happiness*, 1683

Die Nutzung von Pflanzen ist unser ganzes Leben lang von universeller Bedeutung und Wichtigkeit, so daß wir ohne sie weder in Anstand noch in Bequemlichkeit oder Fülle leben könnten bzw. überhaupt nicht leben könnten: Welche Nahrung auch immer nötig ist, uns zu ernähren, was uns auch immer entzückt und erfrischt, es ist beschafft und gewonnen aus dem vollen und reichlichen Vorrat. Und, ah, wie unschuldig, süß und gesund ist eine mit ihnen reichlich gedeckte Tafel, statt mit dem stinkenden Fleisch von gemordeten und geschlachteten Tieren.

John Ray,
Historia Plantarum, 1686

Wenn Du hungrig bist, kannst Du nicht zufrieden sein mit den gesunden Wurzeln der Erde?

Richard Sheridan,
The Duenna, 1794

Hier breite Deine Gärten weit aus und laß den kühlen, feucht-wohltuenden Gemüsereichtum in jeder Mahlzeit überwiegen.

Dr. John Armstrong,
The Art of Preserving Health, 1804

Es ist zu bedauern, daß die arbeitenden Armen dieses Landes nicht mehr Gemüse essen, als sie es zur Zeit tun.

Alexis Soyer,
A Shilling Cookery, 1854

In frischem Grün ist eine lebendige Kraft, wie jeder Farmer sehen kann, der seine Kühe und Fohlen auf die Weide herausbringt oder wachsende Ferkel oder Legehennen mit Grünzeug versorgt.

Bernarr MacFadden,
Physical Culture Cook Book, 1924

Ich kann demjenigen, der sagt, er mag kein Gemüse, nicht ganz glauben. Ich kann einfach nicht einsehen, wie man solch eine große Verschiedenheit von Geschmäckern, Strukturen und Empfindungen zu: »Das mag ich nicht!« zusammenfassen kann.

Fueel und Joe Gibbons,
Feast on a Diabetic Diet, 1969

Gemüse für die Lebenskraft

Niemand wird dieses kleine Buch für einen vollständigen Führer zum Kochen halten, aber es ist vielleicht nötig zu sagen, daß es noch nicht einmal ein vollständiger Führer zum vegetarischen Kochen ist; es versucht einfach zu zeigen, wie man einige Gemüse möglichst nahrhaft und schmackhaft zubereitet und wie man dies ohne Verschwendung tut.

Alfred W. Yeo,
The Penny Guide, 1937

Gemüse stellt den größten Teil unserer Ernährung dar, wobei grüne Blätter die Wurzelgemüse übertreffen. Je grüner, desto besser – das ist unsere Regel für Blattgemüse. Wir ziehen die äußeren Blätter von Salat, Kohl und Stangensellerie den bleichen weißen inneren Herzen vor, weil ihr Vitamingehalt höher ist. Grünkohl, Spinat, Rüben, Rote Bete-Blätter und Erbsen (alle grün) sind eine wichtige Vitamin A-Quelle. Wir wollen das Chlorophyll: die Sonnenkraft oder Strahlenenergie, die die Blätter grün färbt und dadurch den Pflanzen und den Menschen, die sie essen, Vitalität und Kraft gibt.

Ich bin erstaunt, daß Thoreau, wenn er von der Einfachheit seiner Kost während seiner Zeit in Walden Pond spricht, nur Kohlenhydrate erwähnt. »Meine Nahrung allein kostete mich in Geld ungefähr siebenundzwanzig Cent die Woche. Sie bestand ungefähr zwei Jahre lang aus Roggen, Maismehl ohne Hefe, Kartoffeln, Reis, ganz wenig gesalzenem Schweinefleisch, Melasse und Salz; und mein Getränk war Wasser.«

Wo war sein Grünzeug, wo waren seine Vitamine und das Chorophyll? Er wurde nur fünfundvierzig Jahre alt. Ich bin sicher, daß uns aus seiner Feder mehr scharfsichtige Beobachtungen überliefert worden wären, wenn er reichlich Grünes gegessen hätte.

Grünes Gemüse ist eine Schutznahrung, die uns mit Mineralien, Ballaststoffen und Vitaminen versorgt. Rohes Grünzeug ist eine bessere Vitamin C-Quelle als Zitrusfrüchte. Wurzelgemüse, Getreide und stärkereiche Nahrungsmittel versorgen uns, ebenso wie einige Früchte, mit Nährstoffen und Energie, Zucker und Kohlenhydraten. Milchprodukte, Fleisch und getrocknete Hülsenfrüchte (insbesondere Sojabohnen) und einige Früchte versorgen unseren Körper mit Eiweiß oder gewebebildenden Stoffen.

Was die Auswahl der Gemüse anbetrifft, so kann das Auge bald die strahlende Frische entdecken, die die Natur solchen köstlichen Nahrungsmitteln wie Erbsen, Spargel, Gurken, Bohnen, Spinat und allen Sorten von Salat verleiht.

Alexis Soyer,
Cookery for the People, 1855

Der wirkliche Lebensstoff ist in Grünem enthalten, nicht in stärkehaltigem Brot. Pflanzen sind universale Nahrungsmittel. Grünes wächst überall; wildwachsende Pflanzen können ebenso gut gegessen werden wie solche aus dem kultivierten Garten. »Warum habt Ihr Wünsche?«, fragt Timon von Athen die Diebe in Shakespeares gleichnamigem Stück, »schaut, die Erde hat Wurzeln; auf einer Meile brechen hundert Quellen auf. Die Eichen tragen Eicheln zur Mast; die wilden Rosen rote Hagebutten. Die großzügige Hausfrau Natur zeigt mit jedem Busch ihre Fülle. Wünsche! Warum Wünsche?« Die Diebe antworteten: »Wir können nicht von Gras, Beeren und Wasser leben wie vierfüßige Tiere, Vögel und Fische.«

Die ablehnende Einstellung des Menschen zur Pflanzenkost reicht bis in die jüngste Vergangenheit. Im Mittelalter wurde nur wenig Gemüse gegessen und auch dies nur ungern (...). Gemüse, Salate und Früchte wurden nicht als wesentliche und rechtmäßige Bestandteile der Mahlzeit betrachtet. Vor dem achtzehnten Jahrhundert gehörten sie nicht zur täglichen Mahlzeit.

Mark Graubard,
Man's Food, its Rhyme or Reason, 1943

Mittlerweile hat man erkannt, daß Pflanzenkost in der menschlichen Ernährung eine sehr wichtige Rolle spielt. Ernährungsstudien haben gezeigt, daß Wurzeln, Blätter und Früchte vieler wilder und kultivierter Pflanzen durch ihre Mineralstoffe und Vitamine einen hohen Nährwert besitzen. In Amerika ißt man heute wenigstens etwas Gemüse täglich, gekocht oder roh.

Der Wert pflanzlicher Nahrung hängt von ihrer Frische und Lebenskraft ab. Sie verliert einen Teil ihrer Qualität im Verhältnis zu der jeweiligen Entfernung vom Markt über die Küche zum Eßtisch. Jedes Gemüse kann nur den Nährwert haben, den es aus dem Boden aufgenommen hat. Der Garten oder das Feld, wo die Pflanze wächst, sollte die Nährstoffe enthalten, die sie gebrauchen und ausnutzen kann.

Die Qualität von Gemüse hängt von beidem ab: vom Boden, auf dem es wächst, und vom Grad der Sorgfalt, die auf seine Kultur aufgewandt wird. Aber auch bei dem bestmöglichen Anbau wird seine Qualität doch ganz zerstört, wenn es schlecht gekocht wird.

Eliza Acton,
Modern Cookery for Private Families, 1845

In früheren Zeiten wurde Gemüse in der Kochkunst schlecht behandelt. Ihm wurde wenig Beachtung geschenkt, und es wurde wenig Sorge oder Vorstellungskraft darauf verwandt. Es wurde zu Brei gekocht und ganz weich serviert.

In England wird das Gemüse mißhandelt, in Deutschland geschätzt und in Frankreich idealisiert.

Mrs. Alfred Prag,
Cookery and Housekeeping, 1903

Die Franzosen sind dafür bekannt, daß sie ihr Gemüse mit großer Achtung behandeln, die durch ihre geschickte Gewohnheit, sie nur mit der besten Butter anzurichten, noch erhöht wird.

Da Nährwerte beim Kochen unvermeidlich verlorengehen, sollten wir lernen, wie man beim Kochen möglichst wenig verliert und am meisten rettet. Will man beim Kochen erfolgreich sein, muß man wissen, was man tut und wie man es tun muß. Es gibt verschiedene Methoden, Lebensmittel zu garen:

- Kochen: Gemüse in kochendes Wasser legen, so daß es fast bedeckt ist;
- Dämpfen: Gemüse auf einem Einsatz in einem zugedeckten Topf mit einem Minimum an kochendem Wasser brühen;
- Blanchieren: Gemüse in kochendes Wasser geben, einige Minuten kochen lassen und herausnehmen;
- Backen: bei hoher, anhaltender und trockener Hitze in einem Backofen garen;
- Ankochen: vor dem Backen blanchieren, um die Garzeit zu verkürzen;
- Sautieren: langsames Braten mit Öl oder Butter;
- Auf dem Rost braten oder grillen: durch direkten Kontakt mit dem Feuer garen;
- im geschlossenen Topf: in einer zugedeckten Backform im Backofen im Saft kochen.

Zu den einfachen, aber notwendigen Techniken zur Vorbereitung und zum Kochen der Gemüse gehören:

1) reinigen und waschen;

2) schälen, hacken, in Scheiben schneiden, würfeln, reiben oder ganz lassen;

3) die Wahl, ob kaltes oder heißes Wasser hinzugefügt wird, und wieviel;

4) die Frage, bei welchen Temperaturen man kocht, und wie lange.

Behandeln wir diese Fragen Punkt für Punkt:

Zu 1): *Zuerst kommt das rohe Produkt: reinigen und waschen.* Ich breite alte Zeitungen im Spülstein oder auf dem Tisch aus, bevor ich mit dem Reinigen und Schneiden beginne. Der gesamte Schmutz und alle Reste können, wenn man fertig ist, bequem eingewickelt werden, und der Inhalt kommt in den Abfalleimer oder auf den Komposthaufen. Dies ist eine ökologisch verträgliche Verwendung für die Massen an Papier, die in unserem Briefkasten landen, und Spülstein und Abflußrohre bleiben sauber.

Die Blätter werden geschüttelt und sofort in ein Sieb oder in den Kochtopf gegeben. Karotten oder Kartoffeln unter Wasser mit den Händen oder einer groben Bürste schrubben. Rote Bete muß vorsichtig gereinigt werden; beim Abwaschen darf die Haut nicht verletzt werden, weil die Knolle sonst beim Kochen ausblutet und ihre Farbe verliert. Stangensellerie und Mangoldstengel werden an der Basis ihrer Stengel sorgfältig von der Erde gereinigt. Spargel wird unter fließendem Wasser geschrubbt, die Enden werden abgeschnitten. Lauch muß sorgfältig untersucht und gewaschen werden, da viel Schmutz an ihm hängen bleibt, wenn er durch den Erdboden bricht; er kann recht sandig sein, wenn er nicht aufgeschnitten und gut gereinigt wird.

Zu 2): *Die Vorbereitung zum Kochen.* Geschält wird nur, wenn es nötig ist. Viele Vitamine liegen direkt unter der Schale. Am besten werden die Stücke immer ganz gekocht. Dünn geschnittene Gemüsestücke kochen schneller und gleichmäßiger als dicke Stücke. Um dem Verlust an Enzymen vorzubeugen, wird Gemüse erst in der letzten Minute in Würfel geschnitten oder gerieben.

Ganz junge Stangenbohnen müssen nicht klein geschnitten werden; ältere schneidet man längs und entfernt nur die Fäden. Die äußeren Häute von Lauch und Zwiebeln werden abgeschält. Um zu vermeiden, daß die Au-

gen tränen, hält man die Zwiebeln beim Schneiden unter kaltes, fließendes Wasser.

Alfred W. Yeo,
The Penny Guide, 1937

Zu 3): *Wieviel Wasser soll man hinzufügen; heißes oder kaltes?* Gemüse soll nicht in Wasser ertränkt werden. Es gibt kaum ein geschmackloseres Nahrungsmittel als durchweichtes, wäßriges Gemüse, das zu lange in zuviel Wasser gekocht wurde. Es gibt keine wirksamere Methode, um wasserlösliche Vitamine und Mineralstoffe zu verlieren, und auch keine wirksamere Methode, um Gemüseesser zu verlieren.

Die Gewohnheit, Gemüse in großen Wassermengen zu kochen, das man nachher weggießt, ist äußerst widersinnig und unklug, denn mit dem Wasser werden auch die besten und nahrhaftesten Teile des Gemüses weggeworfen.

Dr. John Armstrong,
To Virtue, Economy and Happiness, 1817

Gemüse enthält nicht nur genügend Wasser, um darin gekocht zu werden; die meisten Sorten besitzen auch genug Salz. Wenn man sich dem wahren besinnlichen Geist nähert – ihnen eine Chance gibt, für sich selbst zu sprechen – sind sie selbst genügsam. Es gibt keinen Grund für die Salzlauge, in die wir sie gewöhnlich werfen.

Robert Farrar Capon,
The Supper of The Lamb, 1969

Gemüse soll, wenn möglich, im eigenen Saft gekocht werden. Einige Gemüsesorten kann man in schweren Töpfen kochen, gut zugedeckt, nur mit dem Wasser, das nach dem Waschen an den Blättern haftet. Hierzu zählen z. B. Spinat, verschiedene Kohlsorten, Grünkohl, Rote Bete, gekeimter Senf, Mangold und weiße Rüben. Für anderes Gemüse sollte man sehr wenig ungesalzenes, kochendes Wasser nehmen; bei Wurzelgemüsen und Hülsenfrüchten, wie Linsen und Bohnen, wird mit kaltem Wasser begonnen.

Es gibt zwei Lehrmeinungen über das Kochen mit Deckel oder mit offenem Topf: Manche lassen das Gemüse unter einem Deckel ankochen und decken dann auf, um bei geringer Hitze köcheln zu lassen. Manche kochen mit offenem Topf an, decken dann zu und lassen mit etwas Butter bei geringer Hitze köcheln. Ich wende beide Methoden an. Die Hauptsache ist, daß das Wasser gerade aufgebraucht wird, so daß nichts übrig bleibt, bis das Gemüse weich sind. Dauerndes Rühren des Kochgutes ist nicht empfehlenswert, weil die zusätzliche Luft die Vitamine reduziert.

Dauernd den Deckel zu lüften, um zu versuchen, ob etwas gut ist, zeugt von großer Unerfahrenheit.

Eliza Warren,
My Lady-Help and What She Taught Me, 1877

Zu 4): *Bei welchen Temperaturen soll man kochen und wie lange?* Ich habe keinen Dampfdrucktopf und folglich damit auch keine Erfahrung. Wenn ein Topf einmal kocht, führe ich nicht mehr viel Hitze zu. Nachdem das Gemüse durch und durch heiß ist, kann es bei niedrigen Temperaturen weiterkochen. Wenn es einmal kocht, kann es danach köcheln. Ich versuche nicht zu kochen, bis ein Gemüse »fertig« ist, denn dann ist es wirklich fertig, und zwar im Sinne von erledigt, weich, schlapp und ungenießbar. Ich würde sagen: Man läßt Gemüse kochen, bis es noch nicht ganz fertig ist; besser zu wenig, als zu viel. Wenn es halb durchgekocht ist, nehme ich ein Stück heraus und probiere es. Es sollte fest sein und so, daß man es noch kauen muß. Ganze Karotten oder Kartoffeln oder Rote Bete dagegen sollten so sein, daß man mit einer Gabel bis zur Mitte hineinstoßen kann.

Die Kochzeit ändert sich natürlich mit der Art des Gemüses, seinem Zustand und der Kochtemperatur. Eine allgemeine Regel für meinen Holzofen ist fünf Minuten für Mais, zehn Minuten für Erbsen, fünfzehn Minuten für Kohl (geviertelt), zwanzig Minuten für Kartoffeln, Karotten, Rüben, Bohnen, fünfundzwanzig Minuten für Brokkoli, Blumenkohl, Zwiebeln und Lauch und eine Stunde für Rote Bete.

Wenn man irgend etwas beim kulinarischen Prozeß heftig kochen läßt, so ist das falsch, nicht nur, da es den Kochprozeß auch nicht im geringsten Maße beschleunigt, sondern es verursacht eine sehr große Verschwendung von Energie, und indem mit dem Dampf viele der flüchtigen Zutaten verloren gehen, werden die Nahrungsmittel weniger gut und wohlschmeckend.

Count Rumford,
Essays on Feeding the Poor, 1798

Ganz unerfahrene Küchenmädchen verderben meistens alles, was aus dem Garten kommt, indem sie es zu lange kochen. Alles Gemüse, welcher Art auch immer, sollte frisch sein; denn wenn es überkocht wird, verliert es nicht nur seine Schönheit; auch sein Aroma geht verloren.

Mme. Johnson,
The Best Instructions for Young Women, 1754

Niemals darf man Gemüse im Kochwasser stehen lassen, da es sonst auslaugt. Man sollte es unmittelbar nach dem Kochen abtropfen lassen und ein oder zwei Minuten über dem Feuer schwenken, oder man läßt es mit dem Deckel darauf bei schwacher Hitze auf dem Ofen stehen. Flüssigkeit nicht wegschütten; sie kann stets als Suppengrundlage verwendet werden. Da Vitamin C wasserlöslich ist, sollte man immer die gesamte Flüssigkeit verwenden, denn sie ist es, die die Energie enthält.

Jetzt kommen wir zum Dämpfen. Man nimmt an, daß dies die beste Kochmethode sei, um die lebendigen Kräfte zu erhalten. Allerdings braucht man dazu ein sehr heißes Feuer, und ich koche gewöhnlich bei einer niedrigeren Temperatur. Ich habe ein kleines siebähnliches faltbares Teil, das man in einen Topf mit kochendem Wasser stellen kann und auf das das Gemüse gelegt wird, so daß es über dem Wasser liegt. Fest zugedeckt, ist das Gemüse allein durch den Dampf bald weichgekocht und braucht nicht ins Wasser gelegt zu werden.

Ich backe viel Gemüse: hauptsächlich Kartoffeln, in der Schale natürlich. Ich habe auch versucht, Rote Bete zu backen, Karotten, Brokkoli, Mais, Zwiebeln, Pastinaken, weiße Rüben. Wenn sie alt und zäh sind, beginne ich mit einem Minimum an Kochen und gebe sie dann in den Backofen. Getreide wie Reis und Weizen schmeckt ausgezeichnet, wenn es im Ofen gebacken wird.

Das Backen ist eine der billigsten und praktischsten Methoden, eine Mahlzeit für kleine Familien zuzubereiten; und ich möchte sagen, daß der Ofen oft die einzige Kücheneinrichtung ist, die arme Leute haben.

Anonymous,
Temperance Cook Book, 1841

Sautieren oder Schmoren heißt, klein geschnittenes Gemüse in Öl oder ein bißchen Flüssigkeit auf dem Herd köcheln zu lassen. Ein altes Kochbuch hat den bezaubernden Vergleich gemacht, schmoren sei wie lächeln, während kochen wie lachen sei, und rät: »lächelnd zu kochen«. (Wäre Kochen im Drucktopf dann wie ein lautes Lachen und Braten wie Kichern?)

Braten mit Rühren ist eine schnelle und leichte Methode, um so ziemlich jedes Gemüse zu kochen. Die Gemüse werden halb gebraten oder halb gekocht. Anstatt daß sie sich mit Wasser vollsaugen, behalten sie Farbe und Geschmack. Ein Wok wird aufs Feuer gestellt. Ein oder zwei Eßlöffel Öl erwärmen, Zwiebeln dazugeben und sie sanft köcheln lassen, während man irgendein Gemüse der Jahreszeit reinigt und in happengroße Stükke schneidet. Die größeren Stücke oder härteren Gemüsesorten wie Möhren oder Sellerie kommen zuerst in die Pfanne, dann die weniger festen (Blumenkohl oder Brokkoli) und schließlich die, die am wenigsten zu kochen brauchen, wie Schalotten. Das Gemüse ein oder zwei Minuten lang durch und durch heiß werden lassen und dabei mit einem Holzlöffel mit Schlitzen oder einem Eßstäbchen vorsichtig umrühren. Wenn nötig, einige Eßlöffel Wasser und/ oder einen Spritzer Sojasauce dazugeben. Topf mit einem dichten Deckel zudecken und das Gemüse bei schwacher Hitze fünf oder zehn Minuten köcheln lassen, bis alles weich ist.

Es gibt viele Arten, Gemüse zu kochen. Wählen Sie die Methode, die Ihnen im Augenblick am besten gefällt. Aber achten Sie darauf, daß das Gemüse dabei frisch und lebenskräftig bleibt.

Man achte darauf, daß alles, was man am Herd braucht, zur Hand ist und man nicht in einem völligen Durcheinander, nach Zubehör jagend, in der Küche herumwirbelt, während das Essen darauf wartet, gekocht zu werden.

Dr. William Kitchiner, *The Cook's Oracle*, 1817

Erstes Frühjahrspotpourri

4 EL Öl oder Butter
3 Zwiebeln, in Scheiben geschnitten
6 Salatblätter, gehackt
2 Tassen Erbsen
2 Karotten, in Scheiben geschnitten
2 Tassen Spargel, in Stücken
1 Tasse winzige neue Kartoffeln

Öl in einem schweren Topf erhitzen und Gemüse dazugeben. Deckel aufsetzen und alles bei geringer Hitze kochen; dabei gelegentlich umrühren. Wenn die Karotten weich sind, Topf vom Herd nehmen und servieren.

Sommer-Gemüsemischung

6 ganze kleine Karotten
1 weiße Rübe, geschält und in Scheiben geschnitten
1 Kartoffel, geschält und in Scheiben geschnitten
10 ganze kleine weiße Zwiebeln
2 EL Butter oder Öl

Alle Zutaten in einen Topf geben und soviel kaltes Wasser zufügen, daß das Gemüse bedeckt ist. Zum Kochen bringen und 15 Minuten lang kochen. Gemüse abtropfen lassen (Wasser für eine Suppenbrühe aufheben). Butter oder Öl in einer Pfanne erhitzen und das Gemüse dazugeben. Alles 10 Minuten schmoren lassen, dabei oft umrühren. Um dem Gericht eine chinesische Geschmacksrichtung zu geben, wird vor dem Servieren ein Spritzer Sojasauce dazugegeben.

Karotten

Karotten koche ich selten. Sie sind eine gute Rohkost, können ganz gegessen, in Streifen geschnitten, gerieben oder durch die Saftmaschine gegeben werden. Wenn Sie sich für den köstlichen Geschmack und Vitamin A-Gehalt von Karottensaft so begeistern, wie wir es tun, werden Sie das ganze Fruchtfleisch aufheben, denn ohne Zweifel enthält dieses noch einen guten Teil der wertvollen Nährstoffe. Es kann für Salate, Nußbrote, Karottenbrote oder auch für Suppen verwendet werden. Falls es doch weggeworfen wird, gehört es wenigstens auf den Komposthaufen.

Karotten mit Zitrone

3 Tassen geriebene Karotten
2 TL Honig
2 EL Pflanzenöl
1 EL Rosinen
Saft einer halben Zitrone
1 Prise Muskatnuß

Die geriebenen Möhren mit Honig und Öl in eine Pfanne geben. Pfanne zudecken und bei mittlerer Hitze 10 Minuten lang kochen lassen. Rosinen hineinrühren; alles mit Zitronensaft und Muskatnuß bestreuen und sofort servieren.

Möhren auf Lyoner Art

2 EL Butter
2 Tassen Karotten, in dünne Scheiben geschnitten
1 Zwiebel, gehackt
¼ TL Thymian
1 EL Honig

Butter in einer Pfanne schmelzen. Die anderen Zutaten zugeben, Deckel auf die Pfanne setzen und alles 10 Minuten lang köcheln lassen; dabei gelegentlich umrühren.

Guatemala-Karotten

3 EL Öl
6 Karotten, in Scheiben geschnitten
2 EL Zitronensaft
2 EL Honig
¼ TL Ingwerpulver
2 reife Bananen, in Scheiben geschnitten
½ Tasse Rosinen

Öl in einer Pfanne erhitzen und die Karotten 10 Minuten lang darin garen. Zitronensaft, Honig und Ingwer dazugeben und das Ganze noch einmal 5 Minuten lang kochen. Bananen und Rosinen dazugeben und vor dem Servieren durch und durch heiß werden lassen.

Kleine Rote Bete mit Blättern

12 kleine Rote Bete mit Grün
2 EL Butter
1 Spritzer Apfelessig

Das obere Grün bis auf 1 ½ cm vor der Rübe abschneiden, waschen und beiseite legen. Die Rote Bete unter fließendem Wasser säubern, aber nicht schälen. Etwa 15 Minuten lang kochen, bis sie gabelweich sind. Haut unter fließendem Wasser abschälen. Das Grün mit der Butter in einen Topf geben, Rote Bete und einen Schuß Essig zufügen. Alles umrühren und servieren, wenn das Grün gabelweich ist.

Grüne Tomaten, gebraten

3 grüne Tomaten, in Scheiben geschnitten
3 EL Vollkornmehl oder Maismehl
½ TL Thymian
1 Prise Oregano
1 Prise Currypulver
2 EL Öl
eine Handvoll gehackte Petersilie

Tomatenscheiben in einer Mischung aus Mehl, Kräutern und Curry wenden. Die Scheiben in eine Pfanne mit Öl geben und bei niedriger Temperatur köcheln lassen, bis sie auf beiden Seiten leicht gebräunt, aber noch fest sind. Mit Petersilie garnieren.

Geschnitzelte Rote Bete

6 mittelgroße Rote Bete, geschnitzelt
1 EL Butter
2 Tassen kochendes Wasser

Rote Bete und Butter in das kochende Wasser geben und den Topf zudecken. Bei starker Hitze 10 Minuten lang kochen. Nach Belieben vor dem Servieren mehr Butter und etwas Meersalz zugeben.

Gedämpfte Tomaten

8 Tomaten, geviertelt
6 Stangensellerie, mit Blättern in kleine Stücke geschnitten
2 Zwiebeln, gehackt
½ TL getrocknetes Basilikum, zerkrümelt
2 EL Öl

Alle Zutaten in eine Pfanne mit Öl geben und bei niedriger Hitze 15 Minuten lang köcheln lassen.

Zwiebeln mit Kräutern

2 Zwiebeln, in Scheiben geschnitten
4 Stangensellerie, zerkleinert
3 EL Butter
eine Handvoll gehackte Petersilie
¼ TL Oregano

Zwiebeln und Sellerie in einer Pfanne mit Butter schmoren. Wenn sie glasig werden, Petersilie und Oregano dazugeben. Sehr heiß servieren.

Zwiebeln und Paprika

4 grüne Paprika,
in Scheiben geschnitte
4 Zwiebeln,
in dünne Ringe geschnitten
1 Knoblauchzehe, gehackt
2 EL Olivenöl

Paprika, Zwiebeln und Knoblauch in dem Öl schmoren. Deckel auf die Pfanne setzen und alles 15 Minuten lang köcheln lassen.

Würzige Zwiebeln

6 Zwiebeln, in Scheiben geschnitten
2 EL Öl
½ Tasse Honig
½ TL würziger Senf
½ TL Gewürzmischung
½ Tasse Rosinen

Zwiebeln in einer Pfanne mit viel Öl köcheln lassen. Alle anderen Zutaten dazugeben und mit Reis servieren.

Zwiebel-Apfel-Tanada

4 Zwiebeln, geviertelt
4 Äpfel, ungeschält, in Scheiben
eine Handvoll Rosinen
eine Handvoll Sonnenblumenkerne
Meersalz oder Sojasauce

Zwiebeln 5 Minuten in Öl schmoren. Äpfel, Rosinen und Sonnenblumenkerne dazugeben. Deckel auf den Topf setzen und alles 15 Minuten lang köcheln lassen. Mit Meersalz oder Sojasauce würzen. Das Gericht kann gut mit Gerste oder Reis serviert werden.

Schalotten und gekeimte Bohnen

8 Schalotten, gehackt
3 EL Butter oder Öl
2 Tassen gekeimte Bohnen
1 EL Sojasauce
eine Handvoll gehackte Petersilie

Schalotten 5 Minuten lang in Öl schmoren. Bohnenkeime dazurühren und gut erhitzen. Sojasauce dazugeben und umrühren. Mit Petersilie bestreut servieren.

Zarter Lauch

Lauch ist in Geschmack und in Konsistenz um so köstlicher, je weniger man damit macht. Von den grünen Spitzen sollte so viel wie möglich genutzt werden. Lauch wird gründlich gewaschen, um allen Sand und Schmutz herauszubekommen. Am besten schneidet man Wurzeln und Stengel ab, schneidet den Lauch dann in etwa 8 cm lange Stücke und entfernt die äußeren Blätter, um nach Sand zu suchen. Er wird sorgfältig in kaltem Wasser gespült. Nun gibt man ihn mit einem Spritzer heißem Wasser in eine Pfanne mit Öl. Er muß schwach 5 Minuten lang kochen. Lauch kann mit geriebenem Käse bestreut werden und im Backofen warm gehalten werden, bis er verbraucht wird.

Lauch und Reis

6 Stangen Lauch
1 Tasse Wasser
2 EL Öl
½ TL Salz
2 EL Reis

Lauch sorgfältig putzen und waschen, indem man ihn in der Mitte durchschneidet, um allen Schmutz zu entfernen, und in 3 cm dicke Stücke schneiden. Wasser, Öl, Salz und Reis in eine Pfanne geben und zum Kochen bringen. Lauch dazugeben, Hitze reduzieren und alles eine halbe Stunde oder bis alles Wasser aufgebraucht ist, köcheln lassen. Nach Wunsch mit einem Spritzer Sojasauce servieren.

Gebackener Butterkürbis

1 kleiner Kürbis für je 2 Personen
2 TL Honig
1 TL Butter für jede Kürbishälfte

Kürbis ganz auf Kuchenblechen im heißen Backofen backen. Wenn er gabelweich ist, nimmt man ihn aus dem Ofen und schneidet ihn in Hälften. Samen aus jeder Hälfte entfernen. Honig und Butter in jede Kürbishälfte löffeln. Heiß oder kalt servieren.

Geschmorte Zucchini

Zucchini bürsten und in 5 cm große Stücke schneiden. Einige Zwiebeln in Öl schmoren, Zucchini, einige klein geschnittene Tomaten und eine Handvoll gehackte Petersilie zugeben und alles unbedeckt eine halbe Stunde lang köcheln lassen.

Zucchini-Potpourri

2 Zwiebeln, in Scheiben geschnitten
4 EL Olivenöl
500 g Zucchini, gewürfelt (wenn sie jung sind, ungeschält)
250 g Tomaten, klein geschnitten
2 EL Petersilie, gehackt
1 TL Thymian, gehackte
1 Knoblauchzehe, gehackt

Zwiebeln in der Hälfte des Öls schmoren. Alles andere dazugeben und im Wok eine halbe Stunde lang kochen.

Glasige weiße Rüben

3 weiße Rüben, geschält und in Würfel geschnitten
3 EL Butter
½ Tasse Ahornsirup

Rüben mit kochendem Wasser bedecken, 15 Minuten lang kochen und dann abtropfen lassen. Butter und Sirup in eine Pfanne geben und schmoren, bis sie glasig sind. Dabei gelegentlich umrühren.

Weiße Rüben und Äpfel

5 kleine geschälte weiße Rüben, in Würfel geschnitten
1 Tasse kochendes Wasser
3 Äpfel
1 EL Zitronensaft
2 EL Honig

Rüben im kochenden Wasser köcheln lassen, während man die Äpfel schält und in Würfel schneidet. Beides zusammen köcheln lassen, bis alles weich ist. Zitronensaft und Honig dazugeben und servieren.

Einfache Pastinaken

6 Pastinaken reinigen, in 5 cm dicke Scheiben schneiden und mit 3 EL kochendem Wasser in eine Pfanne mit Öl geben. Pfanne zudecken und die Scheiben köcheln lassen, bis sie gabelweich sind. Sind die Pastinaken groß, zäh und alt, werden sie kreuzweise in 2 cm dicke Stücke geschnitten und mit einer kleinen Menge Wasser in einer zugedeckten Pfanne bei schwacher Hitze gekocht. Deckel abnehmen und Butter zugeben, um die Stücke zu bräunen.

Geschmorte gelbe Kohlrüben

1 Tasse Suppenbrühe
700 g gelbe Kohlrüben, geschält und klein geschnitten
2 EL Butter
2 EL Ahornsirup

Suppenbrühe zum Kochen bringen und Kohlrüben, Butter und Ahornsirup zugeben. Alles kochen, bis die Flüssigkeit aufgesaugt ist (ungefähr 20 Minuten). Kohlrüben in etwas Butter wenden und servieren.

Gelbe Kohlrüben im Wok

2 Zwiebeln, gehackt
2 EL Öl
1 Kohlrübe, geschält und klein geschnitten
1 EL Sojasauce
eventuell etwas Meersalz

Zwiebeln mit Öl im Wok sautieren und Kohlrüben dazugeben. Deckel auf den Wok setzen und alles 10 Minuten kochen. Sojasauce dazugeben. Deckel wieder aufsetzen und das Gemüse noch 10 Minuten lang köcheln lassen. Vor dem Servieren etwas Meersalz zugeben.

Frühlingsgrün im Wok

Alle nicht mehr als 15 cm hohen eßbaren Pflanzen, die man im Gewächshaus oder im Garten beim Ausdünnen entfernt, können unter Rühren gebraten werden. Sie werden gerade bis zum Weichwerden mit einer kleinen Menge Öl gekocht. Dann gibt man ein paar getrocknete Kräuter und einen Spritzer Essig dazu, rührt um und kocht das Ganze noch eine Minute.

Kürbisschnitzel

Einen jungen, ungeschälten Kürbis in 1 ½ cm dicke Scheiben schneiden und diese auf beiden Seiten in Butter braten, bis sie weich sind. Schnitzel mit gehackter Petersilie oder einer Prise Majoran bestreuen.

Einfacher Grünkohl

Kohlblätter vom harten Stengel schneiden, waschen und klein schneiden. Zugedeckt mit einer Tasse Wasser bei schwacher Hitze kochen lassen. Vor dem Servieren Butter und einen Spritzer Zitronensaft dazugeben.

Gebratener Grünkohl

Die Blätter von 3 Kohlpflanzen vom harten Strunk entfernen. Einige Knoblauchzehen in Öl schmoren, den klein geschnittenen Kohl dazugeben, Deckel aufsetzen und den Kohl köcheln lassen. Nach 10 Minuten 3 EL Wasser, 1 EL Butter und 2 EL Sojasauce zugeben. Deckel aufsetzen und alles noch weitere 10 Minuten köcheln lassen.

Stangensellerie und Paprika im Wok

1 Bund Stangensellerie
4 grüne Paprika
1 Zwiebel, fein gehackt
2 EL Öl oder Butter
2 Tomaten
eine Handvoll Petersilie, gehackt
1 Spritzer Sojasauce

Die äußeren Teile des Selleries in 1 ½ cm dicke Stücke schneiden und die inneren für Salat aufheben. Paprika in lange Streifen schneiden. Sellerie, Paprika und Zwiebel unter Rühren in Öl im Wok oder in einer gewöhnlichen Pfanne 10 Minuten lang anbraten. Tomatenstücke dazugeben und weitere 5 Minuten kochen lassen. Vor dem Servieren Petersilie und einen Spritzer Sojasauce dazugeben.

Wurzelsellerie

Selleriewurzeln sind knorrig und schwer zu reinigen. Sie werden fest gebürstet, die Spitzen und die schmutzigen Teile werden abgeschnitten. Die Knolle wird dünn geschält. Sellerie schmeckt gerieben und in rohen Salaten sehr gut (man gibt ein bißchen Zitronensaft und Öl dazu). Um sie zu kochen, wird die gereinigte Wurzel ganz in kochendes Wasser gelegt und gekocht, bis sie gabelweich ist. Dann wird sie geschält und in Scheiben oder Stücke geschnitten. Auf jede Portion, solange sie noch heiß ist, ein Stückchen Butter geben.

Weiße Erbsen

4 EL Butter oder Öl
250 g eßbare Erbsenschoten
½ Tasse Wasser

Butter in einer tiefen oder einer gewöhnlichen Pfanne schmelzen, Erbsen dazugeben und umrühren. Kochendes Wasser zufügen. Zum Schluß ohne Deckel etwas stärker kochen lassen, bis alles Wasser verschwunden ist.

Eine Art, Erbsen zu kochen

Die äußeren Blätter von einem Kopfsalat waschen. Einige feuchte Salatblätter in eine schwere Pfanne legen, 2 Liter entschotete Erbsen und 30 g Butter dazugeben (kein Wasser). Pfanne zudecken und die Erbsen 15 – 20 Minuten lang kochen, je nach der Hitze des Feuers. Salatblätter wegwerfen und Erbsen servieren.

Variante: Gewöhnliche Erbsen in der Schote waschen und sie in einen zugedeckten Topf mit einigen Eßlöffeln Wasser geben – gerade genug, damit die Erbsen nicht am Boden des Topfes anhängen. Einige Eßlöffel Butter dazugeben und das Ganze 15 Minuten schwach köcheln lassen. Die Erbsen in den Schoten servieren. Sie werden gegessen, indem man die Schoten in den Mund nimmt und sie zwischen den Zähnen auseinanderzieht, als ob man die Erbsen entschoten wollte; dabei streift man die nahrhaften Teile der Schoten mit den Erbsen ab. Hierzu gibt man den Gästen am besten eine Serviette!

Chop Suey

1 EL Erdnußöl
½ Pfund weiße Erbsen (mit eßbaren Schoten)
¼ Kohlkopf, fein geschnitten
1 grüne Paprika, in Scheiben geschnitten
1 junge Zucchini, ungeschält, klein geschnitten
2 Tassen Blumenkohlröschen
1 TL Kreuzkümmel

Öl im Wok erhitzen, Gemüse dazugeben und umrühren. Wok zudecken und alles 10 Minuten kochen. Kreuzkümmel dazugeben und wieder umrühren. Deckel wieder aufsetzen und das Gemüse weitere 10 Minuten kochen.

Gedämpfte Auberginen

2 Zwiebeln, gehackt
2 Tomaten, klein geschnitten
3 EL Pflanzenöl
1 Aubergine, geschält und in 3 cm dicke Scheiben geschnitten
eine Handvoll Petersilie, gehackt

Zwiebeln und Tomaten 10 Minuten lang in Öl schmoren. Auberginenscheiben zugeben, kochen lassen und umdrehen, wenn sie fast weich sind. Deckel aufsetzen und das Ganze köcheln lassen. Vor dem Servieren mit der gehackten Petersilie bestreuen.

Ungekochter Mais

Frischer Mais ist ein Gemüse, das man sofort essen kann. Er sollte gegessen werden, bevor der Honigfluß am Stengel gestoppt wurde; bevor der Schock des Gepflücktseins eine Chance gehabt hat, ihn mürrisch oder nervös oder rachsüchtig zu machen.

Robert Tristram Coffin,
Mainstays of Maine, 1944

Hülsen vom frischen Mais entfernen. Maiskornreihen mit einem scharfen Messer von dem Kolben trennen, Körner herausschälen und alles Fruchtfleisch aus dem Kolben kratzen. Mit einer Prise Meersalz und Öl oder auch mit einem Spritzer Ahornsirup servieren.

Mais am Kolben

So viel Wasser erhitzen, daß die Maiskolben gerade bedeckt sind. Wenn das Wasser kocht, Kolben hineingeben. Sobald das Wasser wieder kocht, den Topf hinten auf den Herd stellen (oder die Hitze verringern) und den Mais zugedeckt 5 – 10 Minuten im Wasser liegen lassen. Abtropfen lassen und servieren.

Varianten:
1) Maiskolben in kaltes Wasser geben, so daß sie bedeckt sind. Zum Kochen bringen und das Wasser sofort abgießen. Maiskolben bis zum Servieren hinten auf dem Herd zugedeckt stehen lassen.

2) Um den Mais zu backen, Quasten von den Maiskolben entfernen und die Hülsen locker machen, ohne sie zu entfernen. Etwas kaltes Wasser über die Kolben schütten und diese 20 – 30 Minuten in einen heißen Backofen stellen. Am Tisch schälen alle ihre eigenen Maiskolben und nehmen Butter dazu.

Gebratener Mais

Alle Maiskörner von einem frischen Maiskolben abtrennen. Einige Eßlöffel Butter in einer gewöhnlichen Pfanne oder einem Wok schmelzen lassen, den Mais hineingeben und die Pfanne zudecken. Gelegentlich umrühren und ein bißchen Wasser dazugeben, wenn die Hitze zu groß ist. Der Mais kann nach 10 – 15 Minuten gegessen werden.

Winter-Bohnengemüse

2 Tassen getrocknete Limabohnen
2 Tassen getrocknete Maiskörner
etwas Butter
1 Prise Meersalz

Bohnen und Mais in getrennte Schüsseln geben und reichlich kochendes Wasser darüberschütten, so daß sie genug Wasser aufnehmen können, um ihre Größe zu verdoppeln. Über Nacht stehen lassen. Am nächsten Morgen weiterkochen lassen, indem man mehr kochendes Wasser darüberschüttet. Bohnen und Mais getrennt in reichlich Wasser kochen, bis sie fast weich sind. Dann zusammen 10 Minuten köcheln lassen. Vor dem Servieren Butter und Meersalz dazugeben.

Sommer-Bohnengemüse

2 Tassen frische Maiskörner
3 Tassen entschotete grüne Bohnen
3 Tassen kochendes Wasser
etwas Butter
1 Prise Meersalz

Mais und die Bohnen zusammen in einen Topf mit kochendem Wasser geben und alles 20 Minuten kochen lassen. Abtropfen und Wasser für eine Suppe aufheben. Butter und 1 Prise Meersalz dazugeben und servieren.

Kreolisches Maispotpourri

3 Tassen frischer Mais,
von den Kolben getrennt
2 Zwiebeln, gehackt
2 grüne Paprika,
in Scheiben geschnitten
4 EL Butter
4 Tomaten, zerkleinert
1 TL Honig

Mais, Zwiebeln, Paprika und Butter in einer gewöhnlichen Pfanne oder einem Wok 10 Minuten lang dämpfen. Tomaten und Honig dazugeben. Alles weitere 10 Minuten lang köcheln lassen und servieren.

Brokkoli natur

Brokkoli waschen und putzen und die Blüten abtrennen. Die zarteren Teile vom Strunk trennen, in einen Topf geben und mit kochendem Wasser bedecken. 20 Minuten lang kräftig kochen lassen. Wenn sie gabelweich sind, abtropfen lassen und einige Tropfen Zitronensaft und einen Klacks Butter vorm Servieren dazugeben.

Variante: Brokkolikopf aufschneiden und die rauhen Teile des Strunks entfernen. Blüten abtrennen. Brokkoli in 2,5 cm kochendem Wasser 10 Minuten lang kochen und abtropfen lassen. 2 Knoblauchzehen in einer Pfanne mit Öl schmoren, Brokkoli dazugeben und alles bei niedriger Hitze 5 Minuten lang koche; dabei die Pfanne gelegentlich schütteln. Beim Servieren kann geriebener Käse dazugegeben werden.

Kohl in der Pfanne

2 EL Öl
4 Tassen Kohl, geschnitzelt
2 Tassen Stangensellerie, gewürfelt
2 Zwiebeln, in Scheiben geschnitten
2 Tomaten, zerkleinert
1 grüne Paprika, zerkleinert
2 TL Ahornsirup

Öl in eine große Pfanne gießen und alle Zutaten hineingeben. Pfanne zudecken und alles 15 Minuten lang kochen; dabei gelegentlich umrühren.

Wirsing auf Noras Art

Einen frischen Wirsingkohl klein schneiden, mit ca. ½ Tasse kaltem Wasser in einen zugedeckten Topf geben und 1 TL Essig zufügen (so wird man den Kohlgeruch los). Alles zum Kochen bringen und köcheln lassen, bis der Wirsing weich, aber nicht zu weich ist. Bei Tisch Butter dazugeben.

Kohl-Mischung

Gleiche Mengen fein zerkleinerten, jungen Weißkohl und reife, ebenfalls zerkleinerte Tomaten mischen. Eine gehackte Zwiebel und etwas Öl zufügen und alles in einen Wok oder eine normale Pfanne ohne Wasser geben. Umrühren, Wok zudecken und den Kohl 15 Minuten lang dämpfen.

Chinakohl

2 EL Öl
1 EL Sojasauce
1 Chinakohl, fein zerkleinert
3 Schalotten, gehackt
eine Handvoll Bohnensprossen

Den Wok mit wenig Öl erhitzen und Sojasauce dazugeben. Nach und nach den Kohl in die Pfanne geben und unter Rühren 5 Minuten mit den Schalotten braten. Dann die Sprossen hineingeben und unter Rühren weitere 5 Minuten braten. Sofort servieren.

Süß-saurer Wirsing

½ großer Wirsingkohl, geschnitzelt
2 EL Butter oder Öl
1 Apfel, geschält und klein geschnitten
1 EL Essig
1 EL Honig
1 Prise gemahlene Nelken

Kohl mit etwas Öl oder Butter in eine Schmorpfanne geben. Pfanne fest zudecken und einige Minuten lang kochen, bis der Kohl weich ist. Apfel, Essig, Honig und Nelken dazugeben. Alles gut umrühren und wieder zudecken. Auf dem Herd eine halbe Stunde lang kochen und das Gericht heiß oder kalt servieren.

Einfacher Blumenkohl

Einen Kopf Blumenkohl waschen, den Strunk sorgfältig entfernen und den Blumenkohl in Röschen zerteilen. In einer geölten Pfanne 5 Minuten lang schmoren lassen, dabei öfter umrühren. Wenn er zu trocken wird, etwas Wasser oder Gemüsebrühe dazugeben und weiterschmoren. Mit Butter und einer Prise Muskatnuß servieren oder geriebenen Käse daraufstreuen.

Amsterdamer Rotkraut

3 EL Butter
1 Kopf Rotkraut, fein geschnitten
1 Apfel, gewürfelt
3 EL Essig
1 EL Honig
eine Handvoll Rosinen
¼ TL Gewürzmischung
2 ganze Nelken
eventuell 1 Prise Muskatnuß

Butter in einer Pfanne erhitzen, Rotkraut zugeben und unter Rühren kochen, bis es weich ist. Alle anderen Zutaten zufügen und das Ganze 15 Minuten lang kochen; dabei öfters umrühren. Nach Wunsch mit geriebener Muskatnuß bestreuen.

Einfacher Rosenkohl

1 Pfund Rosenkohl putzen und reinigen. Kohl mit 3 EL Butter oder Öl in eine tiefe Pfanne geben und 10 Minuten lang bei niedriger Hitze kochen; dabei gelegentlich wenden. Unmittelbar vor dem Servieren einige Tropfen Zitronensaft hineinrühren.

Rosenkohlgericht

1 Pfund Rosenkohl
2 Tomaten, zerkleinert
1 Zwiebel, gehackt
2 EL Butter
1 TL frischer Thymian, gehackt
2 Schalotten, gehackt

Rosenkohl putzen und reinigen und in ½ Tasse heißem Wasser 10 Minuten lang kochen. Mit Tomaten, Zwiebeln und Butter in eine Pfanne geben und einige Minuten lang bei geringer Hitze umrühren. Thymian und Schalotten hinzufügen und ihn sofort servieren.

Spargel auf chinesische Art

Spargel waschen und die harten Enden abschneiden. Stengel schräg in etwa 1 ½ cm dicke Stükke schneiden. 1 EL Öl in einer großen Pfanne erhitzen, Spargel dazugeben und 2 – 3 Minuten umrühren. 2 EL Wasser dazugeben, Pfanne zudecken und ungefähr 5 Minuten lang kochen, bis die Spargel hellgrün werden.

Variante: Eine ungewöhnliche Kombination ist es, eine gleiche Menge rohe grüne Erbsen zu den Spargeln zu geben und sie miteinander zu kochen.

Spargel nach Gärtnerart

Spargel waschen und die harten Enden abschneiden. Spargelstangen aufrecht in einen hohen Topf stellen und 5 cm kochendes Wasser über sie gießen. Topf zudecken und, je nachdem, ob man sie fest oder weich haben will, 5 – 10 Minuten lang kräftig kochen lassen.

Junge grüne Bohnen

Grüne Bohnen pflücken, solange sie noch keine 8 cm lang sind, und sie ganz einige Minuten lang in etwas Butter schmoren.

Variante: Sie können auch ganz einige Minuten lang in Wasser gekocht und dann gebuttert werden. Wenn sie ausgereift und mehr als 8 cm lang sind, werden sie diagonal und sehr dünn geschnitten. In sehr wenig Wasser 8 – 10 Minuten lang kräftig kochen und dann mit Butter servieren.

Spinat

Spinat ist ein Kraut, das für Salate und für verschiedene andere Zwecke bei Tisch geeignet ist. Viele Engländer, die es von den Holländern gelernt haben, schmoren das Kraut in einem Topf oder einem Steinguttopf ohne jede Flüssigkeit, außer der eigenen. Nachdem der Saft etwas ausgedrückt wurde, geben sie Butter und ein bißchen Gewürz dazu und machen damit ein Gericht, von dem zu essen vielen Freude macht.

John Parkinson,
Paradisi in Sole, 1629

Den Spinat sorgfältig Blatt für Blatt waschen und mindestens einmal spülen. Spinatblätter ganz, aber ohne Stengel (diese für die nächste Suppe aufheben!) ohne Wasser in einen Topf geben. Topf zudecken und den Spinat 3 – 5 Minuten köcheln lassen, bis er gerade weich, aber noch grün ist. Wasser abtropfen lassen und alle Flüssigkeit für eine Suppe aufheben. Spinat in einer Pfanne hinten auf dem Herd stehen lassen, bis er mit etwas Butter serviert wird.

Variante: Spinat nach dem Waschen mit einer gehackten Knoblauchzehe, 1 EL Sojasauce und 2 EL Pflanzenöl in einen Wok geben und umrühren, bis er weich ist. Topf vom Herd nehmen und ½ Tasse grob gehackte Erdnüsse darüber streuen.

Tricks zum Zubereiten von Kartoffeln

- Wenn man Kartoffeln vor dem Backen 15 Minuten lang in heißes Wasser legt, lassen sie sich in der Hälfte der Zeit backen und werden mehliger.

- Alte Kartoffeln in kaltem Wasser aufsetzen, neue Kartoffeln in kochendem. Nach dem Kochen zum Abtropfen in ein Sieb schütten und das Wasser für eine Suppenbrühe aufbewahren. Kartoffeln mit einem Klacks Butter in den trockenen Topf geben. Den zugedeckten Topf hinten auf den Herd bis zum Servieren stehen lassen.

- Ganz kleine neue Kartoffeln werden – direkt vom Ofen oder kalt – in der Schale oder gepellt beim Essen in Sauerrahm getaucht.

- Ganz kleine neue oder kleine alte Kartoffeln so lange backen, daß sie noch fest sind. Nun kann man sie wie Nüsse aus der Hand essen oder in Butter wälzen.

Geröstete Kartoffeln

4 Kartoffeln
3 Zwiebeln, gehackt
4 EL Olivenöl
1 TL Meersalz

Kartoffeln bürsten und schälen. In Würfel schneiden und mit Zwiebeln, Öl und Salz in eine Backform geben. Ohne Deckel im warmen Ofen 2 Stunden lang backen; dabei gelegentlich umrühren, bis die Kartoffeln weich und braun sind.

Schweizer Apfelfetzen

3 Äpfel, ungeschält und in Würfel geschnitten
3 EL Honig
1 Zwiebel, gehackt
1 EL Butter
6 Kartoffeln, geschält und gewürfelt
5 EL Apfelsaft

Äpfel und Honig mit einer Tasse Wasser kochen, bis sie weich sind. Zwiebel in Butter schmoren, Kartoffeln und Apfelsaft zu den Zwiebeln geben und alles 30 Minuten kochen. Die gekochten Äpfel daruntermischen und siedend heiß servieren.

Falsche Pilze

4 übriggebliebene, kalte, gebackene Kartoffeln
4 Zwiebeln, gehackt
eine Handvoll gekeimte Mungbohnen
1 reichliche Prise Meersalz
ein wenig Bierhefepulver

Kartoffeln würfeln, ohne sie zu pellen. Öl in einer Pfanne erhitzen, Kartoffeln und Zwiebeln dazugeben und braten, bis sie braun sind. Mungbohnen, Salz und Hefe dazugeben, gut umrühren und heiß servieren.

Beim Essen die Augen schließen und sich vorstellen, man würde Pilze essen!

Tiroler Kartoffeln

Einen Topf voller kleiner, ungeschälter Kartoffeln in kochendem Wasser kochen, bis sie gabelweich sind. Wasser abschütten und bei geringer Hitze weiterköcheln lassen, bis man die Schalen leicht abziehen kann. Kartoffeln in eine Schüssel mit Butter und viel gehackter Petersilie oder Schnittlauch geben. Dieses Rezept ergibt eine vollständige Mahlzeit.

Kartoffeln in grüner Sauce

5 Kartoffeln
1 Zwiebel, gehackt
1 Knoblauchzehe, gehackt
3 EL Olivenöl
1 ½ Tassen Gemüsebrühe oder Wasser
1 Tasse Petersilie, gehackt

Kartoffeln bürsten und schälen und in dicke Scheiben schneiden. Zwiebeln und Knoblauch in Öl schmoren, Kartoffeln, Brühe und die Hälfte der Petersilie dazugeben und gut umrühren. Pfanne zudecken, alles zum Kochen bringen und köcheln lassen, bis die Kartoffeln weich sind. Den Rest der Petersilie dazugeben, umrühren und servieren.

Neue Kartoffeln mit Butter

3 Dutzend ganz kleine neue Kartoffeln
1 Zwiebel, gehackt
2 EL Wasser
½ Tasse Petersilie, gehackt

Kartoffeln bürsten, nicht schälen. Alle Zutaten außer der Petersilie in einen zugedeckten Topf oder eine tiefe Pfanne geben, eine halbe Stunde bei mäßiger Hitze kochen lassen und gelegentlich umrühren. Während der letzten 5 Minuten Petersilie dazugeben.

Kashapilze

2 Tassen Kasha (Buchweizengrütze)
1 Gurke, geschält und gewürfelt
1 rote Paprika, in kleine Stücke geschnitten
1 Bund grüne Zwiebeln, fein gehackt
2 Tassen Pilze, grob in Scheiben geschnitten

So viel kochendes Wasser über den Buchweizen geben, daß er gerade bedeckt ist. Gut umrühren und stehen lassen, während Gurken, Paprika, Zwiebeln und Pilze im Wok schmoren. Buchweizen dazugeben, sobald Gurke und Paprika weich sind. Alles gut umrühren, die Mischung bei niedriger Hitze 5 Minuten lang kochen und servieren.

Linseneintopf

2 Tassen Linsen
2 Zwiebeln, gehackt
1 Knoblauchzehe, gehackt

Linsen mit Wasser bedecken, zum Kochen bringen und köcheln lassen, bis sie weich sind. Zwiebeln und Knoblauch in Öl schmoren, Linsen nach dem Abschütten dazugeben, gut umrühren und servieren.

Variante: Um dem Gericht einen indischen Geschmack zu geben, kann zum Schluß 1 TL Currypulver und 1 EL Zitronensaft dazugegeben werden oder statt dem Curry 1 TL gehackter Liebstöckel, Salbei oder Bierhefe.

Getrocknete Bohnen

Getrocknete Bohnen, insbesondere Sojabohnen, brauchen lange, um auf dem Herd gar zu werden. Hier eine gute Anleitung für diese harten Bohnen: Über Nacht einweichen und sie den ganzen Tag kochen lassen.

Ein Pessimist hat auch einmal behauptet: Ein Stück Granit zu den Bohnen in den Kochtopf legen. Wenn es weich ist, sind die Sojabohnen gut.

Die Kochzeit für Soja-, Lima-, Saubohnen und braune und weiße Bohnen kann abgekürzt werden, wenn sie in soviel kaltem Wasser, daß sie gerade bedeckt sind, eingeweicht werden, bis sie etwas aufquellen. Über Nacht in den Kühlschrank stellen. Sie brauchen dann immer noch Stunden, bis sie weich gekocht sind. Getrocknete Bohnen und Erbsen sollten in ungesalzenem Wasser gekocht werden. Wenn sie zu früh gesalzen werden, werden sie nie weich. Gekochte getrocknete Bohnen können auch geschmort werden. Sie werden gesalzen und wie Erdnüsse gegessen.

Bohnen auf dem Herd gebacken

2 Tassen getrocknete Bohnen, über Nacht eingeweicht
2 Zwiebeln, gehackt
2 EL Melasse
1 TL Senfpulver
1 Tasse Tomatensaft
½ TL Meersalz

Einweichwasser von den Bohnen abgießen, mit kochendem Wasser bedecken und kochen lassen, bis sie weich sind. Auf meinem Holzherd dauert das ungefähr 2 Stunden. Zwiebeln schmoren, wenn die Bohnen gekocht sind. Dann alle anderen Zutaten dazugeben und alles auf dem Herd noch eine Stunde lang köcheln lassen.

Mais und Bohnen im Wok

3 Tassen entschotete grüne Limabohnen
2 Tassen rohe Maiskörner
1 grüne Paprika, in Würfel geschnitten
1 gehackte Zwiebel
4 EL Butter oder Öl

Das Gemüse in Öl bei niedriger Hitze schmoren, bis die Bohnen weich sind.

Saubohnen

1 Zwiebel, gehackt
1 Knoblauchzehe, gehackt
500 g grüne Saubohnen, entschotet
1 TL Koriandersamen oder 1 EL Bohnenkraut, gehackt

Zwiebeln und Knoblauch in Öl schmoren, Bohnen und Kräuter dazugeben und alles zugedeckt kochen lassen, bis es weich ist. Den Topf dabei gelegentlich schütteln und, wenn nötig, ein wenig Wasser dazugeben.

Schnelle Limabohnen

2 Liter Limabohnen
6 EL kochendes Wasser
3 EL Butter

Limabohnen entschoten und in eine Pfanne mit kochendem Wasser geben. Pfanne zudecken und alles 10 – 15 Minuten lang kochen. Butter zugeben und servieren.

Libanesisches Schmorgericht

2 Tassen getrocknete Saubohnen, über Nacht in reichlich Wasser eingeweicht
Saft einer halben Zitrone
2 Knoblauchzehen, gehackt
Meersalz

Bohnen mit reichlich Wasser kochen, bis sie weich sind. Wasser abschütten und für eine Suppenbrühe aufheben. Zitronensaft, Knoblauch und 1 Prise Meersalz dazugeben. Dieses Gericht kann heiß oder kalt gegessen werden.

Und wenn sie nach Hause kam, pflegte sie Wurzeln und Kräuter der Jahreszeit mitzubringen, die sie zerkleinerte und zum Essen zubereitete.

Geoffrey Chaucer,
The Clerkes Tale, 1387

Zu dieser Zeit lebten die Menschen viel länger, weil sie die verborgenen Kräfte der Kräuter kannten und in ihrer Nahrung und ihrem Verhalten große Mäßigkeit übten. Sie kannten unser verwöhntes Essen und unsere überflüssigen Saucen nicht.

William Vaughan,
Directions for Health, 1600

Eine gute Hausfrau wird Vorräte von Kräutern für den Kochtopf sammeln und sie trocknen und zerkleinern, und im Winter werden sie gute Dienste leisten – für Topf und Ofen.

Gervase Markham,
Farwel to Husbandry, 1676

Wenn Du krank bist oder Dich nicht wohl fühlst, wirst Du Verlangen nach Kräutern haben, und sie werden, wenn nicht Deine Mahlzeit, so doch Dein Heilmittel sein.

Abraham Cowley,
The Book of Plants, 1700

Jede Schöne und jeder Schönling, der berühmteste Ritter und der unbeugsamste Mönch, alle begrüßten sie gleicherweise den Zimt, die Muskatnuß, den Ingwer, den Pfeffer und die Nelke. Alle Schriften, die aus dieser Zeit erhalten blieben, fließen über vom Lob dieser Gewürze. Die Einfachheit des Kontaktes mit dem Osten hat nun dazu geführt, daß sie mit weniger Achtung behandelt werden, obwohl ihr Verlust lautes Wehklagen hervorrufen würde.

Anonymous,
The School for Good Living, 1814

Man sei sehr vorsichtig und würze nicht zuviel. Man überlasse es den Essenden, die pikanten Zutaten entsprechend ihrem Geschmack und ihrer Laune hinzuzugeben.

Dr. William Kitchiner,
The Cook's Oracle, 1817

Das Würzen ist beim Kochen, was Akkorde bei der Musik sind.

Louis Eustache Ude,
The French Cook Book, 1828

Zu den wichtigsten Zutaten der französischen Küche gehören die Kräuter. Ihr Aroma bringt dem Gaumen den Geschmack eines Frühlingsmorgens oder die Frische des Gartens.

Wilson Midgeley,
Cookery for Men Only, 1948

Kräuter und andere Gewürze

Unser Geschmackssinn unterscheidet vier Geschmacksrichtungen: süß, sauer, bitter und salzig. Wenn sie uns in der Natur, in unverfälschten Lebensmitteln begegnen, so ist das eine Sache. Wenn sie allerdings dazugemischt werden, und das reichlich, um den Appetit anzuregen, ist das eine andere, weniger gute Sache.

Auf Nahrungsmittel, bei denen viele und scharfe Gewürze notwendig sind, bevor sie als eßbar betrachtet werden, verzichtet man am besten ganz. Wenn gekochte Nahrung ohne Salzen und Pfeffern fade und langweilig schmeckt, dann ist da offensichtlich mit der Nahrung oder aber mit der Köchin oder dem Koch etwas nicht in Ordnung. Salz und Pfeffer werden zugegeben, um das, was beim Kochen getötet wurde, wieder lebendig zu machen. Natürliche, unverpfuschte Nahrungsmittel enthalten alle Stoffe, die nötig sind, damit der Körper richtig funktioniert. Durch das Hinzufügen von Salz, Pfeffer, Senf oder Gewürzen wird der Nahrung kaum Nährwert hinzugefügt, aber es kann viel verloren gehen. Ursprünglich wurden Gewürze als Konservierungsmittel gebraucht, aber inzwischen ist es soweit gekommen, daß sie als nötige Aromastoffe betrachtet werden.

Das Bedürfnis nach scharfen Gewürzen ist eine Schande für diejenigen, die kein wohlschmekkendes Mahl ohne derartige Zutaten auftischen können. Wer die Kunst des Kochens beherrscht, sollte in der Lage sein, den übertriebenen Gebrauch aller Gewürze und Zutaten, die oft nur zum Vertuschen von irgendwelchen Mängeln an der Nahrung benutzt werden, zu vermeiden. Wenn eine solche Maskierung nötig ist, handelt es sich ohnehin um eine minderwertige Nahrung, die man vermeiden sollte.

Ein Bauer aus Yorkshire, der eine stark geschminkte Dame aus der Stadt sah, bemerkte lakonisch: »Das muß ein armes Land sein, das so viel Dünger braucht.« Ich denke, es ist arme Nahrung, die den ganzen Gewürz-Dünger braucht, den die Leute ihr hinzufügen. Essen sollte so schmecken, wie es ist, nicht nach etwas anderem.

Salzen und Würzen sollten mit soviel Vorsicht vorgenommen werden, daß die Mahlzeiten niemals durch ein Übermaß Unannehmlichkeiten bereiten.

J.L.W. Thudicum,
The Spirit of Cookery, 1895

So viele Nahrungsmittel werden heute mit Salz und Pfeffer gewürzt, bevor sie auf den Tisch kommen. Trotzdem salzen viele Leute (z. B. Scotts Vater) die Nahrung stark, bevor sie sie probiert haben. Dies führt dazu, daß man »dieselbe Verachtung für ungesalzene Speisen entwickelt, die der Alkoholiker für schwachen Tee hat (...). Die Verwendung scharfer Gewürze, von denen Pfeffer das bekannteste ist, ist ungefähr so natürlich wie Alkohol oder Tabak.« (Bernarr MacFadden, *Physical Culture Cook Book*, 1924)

Wenn man von diesem Gewürz [Pfeffer] zu viel ißt, verwundet man die Natur bis in ihr Herz. Die Wahrheit ist, daß dieses scharfe Gewürz den Appetit mächtig anregt und den Magen erwärmt, was viele dazu bringt, es mit der täglichen Nahrung zu essen, aber sie denken nie daran, welchen Schaden es der Gesundheit bringt (...). Das Schlimmste von allem ist die Tatsache, daß wir unsere Mägen an solche Sachen gewöhnen und dann ohne sie nicht zufrieden sind, denn sie sind in gewisser Hinsicht wie Wein, von dem ein Mann, wenn er ihn häufig trinkt, nicht ohne Schwierigkeiten lassen kann.

Thomas Tryon,
Friendly Advice to Gentlemen Farmers, 1684

»Meinst Du nicht«, fragte Salinda, »daß Salz nötig ist?« »Nicht mehr«, sagte Mr. Savery, »als jedes andere Anregungsmittel. Wenn wir weniger Salz essen würden, würden wir weniger trinken, und die Welt würde vor der Trunksucht bewahrt bleiben. Wir sind an den Gebrauch von Salz so gewöhnt, daß wir niemals innehalten, um zu fragen, ob es wirklich gut oder nötig ist oder nützlich oder was sonst.«

Solon Robinson,
How to Live, 1860

Salz ist kein Lebensmittel, es ist »antibiotisch« (d. h. gegen das Leben). Es ist eine unorganische Chemikalie, ein fremdes Reizmittel, ein Wirkstoff zum Einlegen – es ist an sich hart und scharf und unangenehm für die, die sich seinen strengen Eigenschaften nicht ergeben haben. Die Indianer in Nordamerika und andere Naturvölker haben Salz nicht als

Gewürz gebraucht. Sie fanden es natürlich vorkommend in der Nahrung, die sie aßen. Der Körper braucht natürliches Salz, aber in organischer Gestalt, wie man es im Pflanzenreich findet.

Unassimiliert und vom Körper nicht absorbiert sammeln und lagern sich anorganische Salze in den Gelenken ein und können zusammen mit anderen Faktoren Arthritis verursachen. Sie berauben die Körperzellen ihrer Flüssigkeit und führen zu ernsthaften Beschwerden von hohem Blutdruck bis hin zu aufgeblähten Ödemen. Dicke Menschen sind gewöhnlich Salzesser. Sie tragen viele Liter Wasser mit sich herum, um das Salz, das sie essen, in Lösung zu halten – der Versuch des Körpers, eine Salzvergiftung zu vermeiden. Hören wir auf zu salzen und verlieren wir Übergewicht! Gehen wir mit dem Salzstreuer vorsichtig um!

In allen Kochbüchern, die ich kennengelernt habe, ist eine große oder größere Dosis Salz ein fester Bestandteil in jedem Rezept, und kaum ein Gericht oder eine Zubereitung ist angeführt, in denen eine »Prise« oder ein »Teelöffel« oder ein »Eßlöffel« Salz nicht als eine der Zutaten vorgeschrieben ist.

Dr. Russell Thacker Trall,
The New Hydropathic Cook Book, 1854

Je weniger Salz man ißt, desto weniger wird man es auch begehren. Denn die Mischung von gewöhnlichem Salz mit verschiedenen Sorten von pflanzlicher Nahrung verbirgt das Aroma und den angenehmen Geschmack der natürlichen lebenswichtigen Salze oder stellt ihn in den Schatten, so daß der Gaumen ihn nicht wahrnimmt.

Thomas Tryon,
The Good House- wife Made a Doctor, 1692

Salz wird den Nahrungsmitteln zugegeben, um den Geschmack wiederherstellen, der beim Kochen verlorengegangen ist. Ißt man rohe Nahrung mit den ursprünglichen, organischen, naturbelassenen Salzen, braucht man kein zusätzliches Salz. Indem man Nahrungsmittel salzt, gibt man ihnen allen den gleichen Geschmack und erlaubt dem natürlichen Aroma nicht, zum Vorschein zu kommen. Die Geschmacksknospen werden zerstört, wenn sie durch die am meisten gebräuchlichen Gewürze, Salz und Pfeffer, abgestumpft werden. Natürlich ist es zuerst schwierig, ohne sie auszukommen, wenn man sich erst einmal an das Würzen gewöhnt hat. Gulliver sagte bei seiner ersten Reise: »Zunächst litt ich unter dem großen Mangel an Salz, aber die Gewohnheit versöhnte mich bald mit dem Mangel, und ich bin sicher, daß der häufige Gebrauch von Salz bei uns eine Folge von Luxus ist.« (Jonathan Swift, *Gulliver's Travels*, 1727)

Ich bin in einer Zeit aufgewachsen, in der es üblich war, überall Salz hinzuzufügen, und auch ich werfe gelegentlich Salz in eine Suppe, die mir zu fade erscheint. Wenn ich Salz benutze, ist es Meersalz. Für einen unverdorbenen Gaumen ist das nicht nötig. Würzen Sie, wenn Sie wollen und wie Sie wollen, aber die Gerichte sind ohne Salz gesünder.

Es gibt ein pflanzliches Gewürz, das ebenso stark ist wie Salz: der Knoblauch. Wegen seines scharfen Geschmacks und des durchdringenden Geruchs ist er aus der feinen Gesellschaft ausgestoßen worden. Thomas Hyll bittet 1563 dringend, ihn »diskret zu essen«. John Evelyn warnt 1699: »Er ist nicht für den Gaumen von Damen und nicht für die, die ihnen ihre Aufwartung machen.«

Wegen seiner gesunden Wirkung würde viel mehr Knoblauch gegessen werden, wenn der für Außenstehende abstoßende Geruch nicht wäre.

John Woolridge,
The Art of Gardening, 1688

Ein bißchen Knoblauch, wohlüberlegt gebraucht, wird das soziale Leben nicht ernsthaft beeinträchtigen, und es wird fade Gerichte mehr kräftigen als jede Zutat, die bis jetzt entdeckt wurde.

Alexander Wright,
How to Live Without a Woman, 1937

Wird Knoblauch so verwendet, wie er verwendet werden soll, ist er die Seele, die göttliche Essenz der Kochkunst. Der Koch, der ihn erfolgreich verwenden kann, wird als derjenige erkannt werden, der die Feinheit der Vollkommenheit besitzt, die Sorgfalt des Urteils und die Geschicklichkeit der Hand, die einen großen Künstler auszeichnet.

Mrs. W.G. Waters,
The Cook's Decameron, 1920

Die Welt läßt sich einteilen in diejenigen, die Knoblauch lieben, und diejenigen, die ihn hassen. Ich verwende ihn in Salaten, zum Abschmecken von Suppen und in Gerichten, die für den durchschnittlichen Geschmack zu fade sind. Gekocht verliert Knoblauch viel von seiner Kraft, roh ist er für viele Leute zu stark. Zur Abmilderung des Geruchs kann man nach dem Knoblauchgenuß rohe Petersilie kauen, um nicht aus der feinen Gesellschaft ausgestoßen zu werden.

Werden Ingwer, Kardamom, Muskatnuß, Nelken und Zimt zu Gemüsegerichten gegeben, erzeugen sie ein besonders orientalisches Aroma. Auch geröstete Samen und gehackte Nüsse bringen eine erfreuliche Abwechslung, wenn man keine Angst vor zu reichhaltigen Speisen hat. Einige Spritzer Zitronensaft werden unmittelbar vor dem Servieren statt Butter oder auch mit Butter auf das Gemüse gegeben.

Mehr als die köstlichen und nicht anregenden Aromen unschädlicher Gartenkräuter sind nicht nötig, wenn gekochte Nahrung zusätzliches Würzen braucht. Die übertriebene Vorliebe für künstliches Aroma kann am besten mit milden Zusätzen befriedigt werden – mit Kräutern. Früher teilte man sie in drei Kategorien auf: *Küchenkräuter* für Gerichte wie Salat, Mangold, Spinat, Sauerampfer, deren Blätter für Salate und Suppen gebraucht werden; *Würzkräuter* wie Estragon, Fenchel, Thymian, Basilikum, Dill und Salbei; und *Kräuter zum Garnieren* wie Petersilie, Schalotten, Wasserkresse und Schnittlauch. Die Gewürzkräuter sind die, die den Platz von stärkeren Würzaromen und Salz einnehmen können. Ihre gereiften Saaten besitzen einen aromatischen Geschmack und können zu Suppen, Saucen, Salaten und Eintopfgerichten gegeben werden.

Wir haben einen ziemlich großen Kräutergarten und pflanzen darin Pfefferminze und grüne Minze, Borretsch, Thymian, Estragon, Rosmarin, Majoran, Dill, Ysop, Salbei, Schachtelhalm, Zitronenmelisse, Lavendel, Beinwell, Kamille, Basilikum, Bienenweide, Bohnenkraut, Winterbergminze, Gänsefingerkraut, Oregano, Liebstöckel, Koriander, Kümmel, Gartenraute, Brennessel, Schafgarbe, Katzenminze und andere Kräuter, die mir jetzt gerade nicht einfallen.

Ich benutze diese Kräuter das ganze Jahr über: im Sommer grüne und während des übrigen Jahres meinen Vorrat an getrockneten oder tiefgekühlten Kräutern.

Vor allem im Winter sollte die Köchin mit einem reichlichen Vorrat an getrockneten Kräutern versorgt sein.

French Domestic Cookery, 1825

Wenn trockene Kräuter frische ersetzen, braucht man zum Würzen viel weniger, z. B. nur eine Prise, während man von frischen ruhig eine Handvoll (vor dem Hacken) nehmen sollte (ein halber Teelöffel trockener Kräuter entspricht einem Eßlöffel frischer).

Getrocknete Kräuter, Samen, Körner und ähnliches geben, wenn sie zu einer geeigneten Flüssigkeit hin zugegeben werden, ihre guten Eigenschaften stärker ab als frische Kräuter.

Thomas Tryon, *The Way of Health, Long Life & Happiness*, 1683

Kräuter zum Trocknen werden immer gesammelt, wenn sie Knospen haben, noch bevor sie blühen oder Samen bilden. Man schneidet die zarten obersten Sprossen von niedrigen Kräutern wie Thymian und Zitronenmelisse und Majoran oder Bohnenkraut ab und trocknet sie rasch auf

Holzbrettern in einem warmen Raum oder am lauwarmen Ofen. Größere Kräuter wie Pfefferminze oder Basilikum oder Salbei können nahe dem Boden abgeschnitten und zum Trocknen aufgehängt werden. Wenn sie trocken sind, werden die Blätter von den Stengeln abgestreift und in luftdichten, lichtgeschützten Behältern aufbewahrt, die an einen kühlen Platz gestellt werden. Man zerkleinert sie erst mit den Händen, wenn man sie zur Nahrung gibt, nicht früher. Werden sie schon vorher zerkleinert, verlieren Kräuter an Aroma. Auch wenn Kräuter lange gekocht werden, geht ihr Aroma verloren. Daher gibt man sie Suppen oder anderen Gerichten erst gegen Ende des Kochens zu.

Sammelt man Kräuter zum Einfrieren, werden die Schößlinge vor dem Blühen abgeschnitten, gewaschen und getrocknet, dann luftdicht in Plastikdosen oder anderen Gefäßen verschlossen und in den Tiefkühlschrank gestellt. Dillsaat beispielsweise kann noch grün abgeschnitten werden, bevor sie reif ist, und für den Gebrauch während des ganzen Winters aufgehoben werden. Ich habe auch eingefrorene frische Petersilie für die Verwendung in Wintersuppen.

Man kann von verschiedenen Kräutern kleine Büschel oder Bunde machen, z. B. von Petersilie, Thymian, Estragon und Kerbel, und sie frisch in Suppen oder Saucen verwenden. Die amerikanischen Indianer sammelten die Zweige von wilden Kirschen, banden sie mit Rindenstreifen in kleine Büschel und tauchten sie in Kessel mit kochendem Wasser. In Feld und Wald wächst vieles, was man verwenden kann.

Unser Haustee wechselt täglich. Manchmal sind es einfache Pfefferminzblätter oder Kamillenblüten aus dem Kräutergarten oder Kleeblüten von der Wiese oder Himbeer-, Erdbeer- oder Brombeerblätter aus dem Beerengarten. Aber gewöhnlich beginne ich mit einer Grundlage aus getrockneten Hagebutten. Die Zutaten verändern sich mit den Jahreszeiten oder mit der Ernte oder hängen von dem ab, was zum Trocknen am Küchenregal hängt oder was mir in den Kräuterdosen in die Hände gerät.

Ich mache einen Tee aus zwölf oder mehr verschiedenen Kräutern, den ich »Zwölf-Kräuter-Tee« nenne. Die Zusammensetzung reicht von Schachtelhalm, Thymian, verschiedenen Minzen, Kamille, Beinwell, Basilikum, Lavendelblüten, Bohnenkraut, Zitronenmelisse, Majoran bis zu Hagebutten. Daneben habe ich andere Kombinationen ausprobiert, wie getrocknete Blätter von Erdbeeren, Heidelbeeren oder Himbeeren, Rosenblätter, Kleeblüten sowie gemahlene Apfelsinen- und Zitronenschalen und zur Geschmacksverstärkung Nelken, unseren »Süße-Wiesen-Tee«. Eine gute Freundin von mir, Juliette de Bairacli Levy, sammelte viele aromatische Kräuter von den Hügeln von Galiläa. Zu diesem außergewöhnlichen Tee gibt sie gemahlene Gewürze (was mir die Idee für die Nelken gab).

Aus getrockneten und gehackten Kräutern wie Knoblauch, Zwiebeln, Petersilie, Oregano, Dill und Selleriesaat können köstliche Dips gemacht werden, wenn man sie in saure Sahne rührt. Diese Mischung kann man auch dosiert zu einem Salat geben oder über dampfend heiße Kartoffeln gießen, die gerade aus dem Backofen kommen.

Im folgenden zeige ich einige Anwendungen von Kräutern in der Küche. Es sind nur Vorschläge, denn im allgemeinen verträgt sich jedes Kraut mit jedem Gemüse gut. Am besten probiert man selber aus, welche Kombination man am liebsten mag.

Bohnenkraut kann zu jeder Suppe oder zu grünen Bohnen gegeben werden. Bohnenkraut mit einer gehackten Knoblauchzehe und einer klein geschnittenen Zwiebel in Olivenöl köcheln lassen und die Bohnen darauf geben. Bohnenkraut paßt auch gut zu Kohl, Sauerkraut, Erbsen, Linsen, Kartoffeln und grünem Salat.

Petersilie enthält so viel Vitamin A wie Lebertranöl und dreimal so viel Vitamin C wie Apfelsinen, aber sie wird oft nur zum Garnieren verwendet, beim Essen auf die Seite gelegt und wandert in die Küche zurück, um mit dem Abfall weggeworfen zu werden. Wir verwenden sie trocken oder frisch in fast allen Suppen oder als gehacktes Grün in Salaten. Petersilie kann in Mayonnaise gerührt werden und schmeckt gut mit Butter zu gebackenen Kartoffeln. Wir schneiden die Stengel im Garten und hängen sie zum Trocknen an unsere Küchenregale. Die kleinen Stengel friere ich ebenfalls ein. Wenn ich viel Petersilie habe (Scott geht manchmal an die Pflanzen im Garten und bringt einen ganzen Eimer voll in die Küche), dämpfe ich sie eine Minute in einer kleinen Pfanne, nehme sie heraus, solange sie noch grün und nicht braun sind, und serviere sie sofort.

Petersilie ist von allen Gartenkräutern das am meisten in der Küche gebrauchte. Es ist eine ausgezeichnete Zutat zu allen Suppen, Saucen und Salaten.

John Woolridge,
The Art of Gardening, 1688

Basilikum wird üblicherweise zu Tomaten verwendet, sowohl zu gekochten als auch zu rohen in Salaten. Ich gebe Basilikum immer zu meinen Tomatensuppen und -saucen; ebenso verwende ich gelegentlich ein wenig Basilikum zu grünen Salaten.

Ysop ist ein winterfestes Kraut, das wir in unserem Kräutergarten reichlich anpflanzen. Ich verwende es nur in Tees.

Ysop ist ein Kraut zum Entschlacken und zum Reinigen von Hautausschlägen und schmerzhaften Ausschlägen auf der Brust. Der Lunge gibt es, mit Honig gekocht, eine große Erleichterung. Aber darüber hinaus gibt es eine gute Gesichtsfarbe und wird daher viel von Frauen verlangt.

Sir John Haryngton,
The Schoole of Salerne, 1607

Majoran ist sehr pikant. Er paßt gut zu Stangenbohnen und, wenn er vorsichtig benutzt wird, auch zu Pilzen, Linsen und Hüttenkäse. Zur Herstellung von Majoranessig wird ein Einmachglas mit Majoranblättern gefüllt und mit Essig aufgefüllt. Glas zudecken und zwei Wochen lang auf einem sonnigen Regal stehen lassen. Essig absieben und für Salate und anderes verwenden.

Lavendel kann auf die gleiche Art und Weise verwendet werden, um einen Essig herzustellen. Ich nehme Lavendel zu Tee oder auch, mit Zitronenmelisse und Salbei kombiniert, für eine besondere Teemischung.

Dill ist gewöhnlich als Aroma für Gewürzgurken bekannt, aber er paßt frisch oder getrocknet auch gut zu Salat oder über gebackene Kartoffeln. Sowohl die Samen als auch die Blätter haben ein starkes Aroma.

Schnittlauch gibt es schon früh im Jahr; er ist am besten, bevor die Knospen erscheinen. Er wird fein gehackt und ist ein köstliches Gewürz zu Salaten, Suppen und Hüttenkäse sowie Kartoffeln.

Rosmarin ist ein strenges Kraut. Man benutzt es sparsam in Suppen und Obstsalaten. Hagebuttentee (der fast geschmacklos ist) gibt es ein ingwerartiges Aroma.

Salbei ist ein weiteres streng schmeckendes Gewürz. Er eignet sich gut für Füllungen und Suppen, besonders für Tomatensuppe. Probieren Sie eine kleine Menge in gebackenen Bohnen oder einige fein zerkleinerte Blätter in Hüttenkäse.

Kümmel kann gut zu Apfelkompott gegeben werden. Auch Rote Bete schmeckt gut mit Kümmel und Joghurt oder saurer Sahne.

Estragon wird in Frankreich oft verwendet, besonders zum Würzen von Essig. Ich verwende Estragon vorsichtig in saurer Sahne zu Salaten und Saucen.

Sellerieblätter, frisch oder getrocknet, geben Suppen das Aroma der Pflanze. Die Samen können auch zu Eintopfgerichten gegeben werden.

Liebstöckel verleiht ein Aroma ähnlich der Selleriewurzel und sollte – außer in Suppen – sparsam verwendet werden. Reiben Sie eine Salatschüssel mit den zerkleinerten frischen Blättern aus. Frischer Liebstöckel kann auch als Gemüse gekocht werden.

Minze ist eine vielseitig verwendbare Pflanze. Sie wird meist zu Tee benutzt, kann aber auch in gemischten Salaten oder gemischt mit Hüttenkäse oder mit Essig und Honig zu einer leichten Sauce gerührt verwendet werden. Minze gibt gekochten Erbsen oder Karotten ein wenig Geschmack.

Beinwellblätter können gekocht oder in Salaten gegessen werden. Wir trocknen die Blätter und geben sie zu unseren Kräutertees.

Thymian ist eines meiner Lieblingskräuter. Ich nehme es hauptsächlich zu Suppen und zu gebratenen Gerichten.

Bockshornklee wird wegen seiner Samen angebaut. Mit Zitronensaft und Honig ergibt er einen guten Tee.

Bockshornkraut mit Gewürzgurken, Öl und Wein war ein römischer Leckerbissen. Offenbar fördert es den Stuhlgang – mit Hafer vermischt ist es das beste Abführmittel für Pferde. Ein ausgezeichnetes Beispiel der Genügsamkeit: Es geht nichts verloren, denn was der Herr nicht aß, konnte er in seinen Stall schicken.

William King,
The Art of Cookery, 1709

Einen letzten Rat für eine wohlüberlegte und ausgewählte Verwendung der Gewürze enthält eine Geschichte, die Scott mir über eine Frau, die er in den 90er Jahren des letzten Jahrhunderts kannte, einmal erzählte: Es war die Frau eines Richters in Blossberg, Pennsylvania. Mrs. O.F. Taylor war eine außergewöhnlich gute Köchin und wurde oft nach Rezepten gefragt, nachdem die Leute ihre ausgezeichneten Mahlzeiten probiert hatten. Sie schrieb sie entgegenkommend in schöner Handschrift auf und fügte am Ende ihrer genauen Beschreibung jedes Mal hinzu, wie sie ihre Gerichte machte: »Mit etwas Verstand würzen.«

Jetzt gebe man die besten Kräuter, die man bekommen kann, in den Topf. Um das Feinste zu bekommen, kann man alle Sorten nehmen.

Thomas Tusser, *Five Hundreth Pointes of Good Husbandrie*, 1557

Die wahre Wirtschaftlichkeit der Haushaltung liegt in der Kunst, alle Reste zu sammeln, so daß nichts verloren gehen kann (...). Nichts sollte weggeworfen werden, solange man damit irgend etwas anfangen kann, so unbedeutend es auch ist.

Lydia Maria Child,
The American Frugal Housewife, 1829

In diesem Buch wird alles verwendet. Es wird nicht geduldet, daß etwas verloren geht.

Sir Theodore Mayerne,
Excellent & Approved Receipts & Experiments in Cooking, 1658

Eine wichtige Kunst der Haushaltsführung ist es, daß das, was an einem Tag übrig bleibt, zum feineren Geschmack oder zur Reichhaltigkeit des Essens am nächsten Tag beiträgt.

John Timbs,
One Thousand Domestic Hints, 1871

In Form des sogenannten Abfalls, der täglich in die Mülleimer und auf die Straßen New Yorks geworfen wird, ist genug Nahrung da, um ein Kriegsschiff für eine dreijährige Fahrt auszurichten.

R. Tomés,
The Bazar Book of the Household, 1875

Die Hausfrau, die erfinderisch ist, der es Freude macht, beim Kochen zu experimentieren und die Intelligenz und Begeisterung vereint, kann viele Wege herausfinden, um Reste zu verwenden, die besser sind als alles, was sie aus Kochbüchern lernen kann.

Sallie Joy White,
Housekeepers und Home-Makers, 1888

Durch kleine Gemüsereste, die oft im Abfalleimer landen, kann ein großartiger Geschmack entstehen.

Sarah Tyson Rorer,
Left Overs, 1898

Einige der besten Speisen in der Welt haben Reste zur Grundlage.

Marie A. Essipoff,
Making the Most of Your Food Freezer, 1951

Ein Mann sagte einmal, seine Frau hätte eine sehr gute Art und Weise, mit Resten umzugehen – sie warf sie weg. Armer Mann, arme Frau! Einige der besten Gerichte, die ich gegessen habe, waren aus Resten entstanden, ganz zu schweigen von dem Geld, das man spart, indem man sie verwendet.

Beatrice Vaughan,
The Old Cooks Almanac, 1966

Reste und Aufläufe

Selbst wenn ich Rockefeller wäre und viel Geld hätte, wäre ich mit Sicherheit auch dann sparsam – ich würde weiterhin Lichter ausdrehen, Schnüre, Papiertüten und Packpapier aufheben und gute Nahrung nicht wegwerfen, nur weil noch genug in der Speisekammer vorhanden ist. Es gibt nur wenige Reste, die, wenn man sie umgehend verwendet und richtig kombiniert, nicht mit anderen Gerichten benutzt werden könnten.

Wir haben Bekannte, die ein geringeres Einkommen haben als wir und die in bezug auf Nahrung viel aufwendiger und extravaganter leben als wir. Sie werfen weg, was ich für eine ganze Mahlzeit verwenden würde. Sie heben keine Suppenbrühe auf, sie kaufen Unnötiges in den Läden, sie essen abwechslungsreicher; sie essen, was ich Wohlstandskost nennen würde. Ich kenne nur wenige Menschen in Amerika, die sich einfacher oder billiger ernähren als wir.

Man hebe alles auf, auch wenn es nur ein Löffel Tomatenmark oder ein paar Erbsen sind. Sie können zum morgigen Omelette gegeben werden und machen aus einem einfachen Omelette einen Leckerbissen. Wenn für eine Sauce ein Eigelb verwendet wurde, wird das Weiße aufgehoben, und man wählt bei der Planung für den nächsten Tag eine Nachspeise, in die es gegeben werden kann. Wenn eine gekochte Kartoffel übrig bleibt, wird sie aufgehoben, dann kann man Kartoffelcremesuppe essen, ohne eine zusätzliche Kartoffel zu kochen.

Sarah Tyson Rorer,
My best 250 Recipes, 1907

Diese Dame macht aus Resten gewiß das Bestmögliche. Sie erwähnt aber nicht den Nährwert, der sonst verloren ginge. Es ist wohlbekannt, daß Wasser, in dem Gemüse gekocht wurde, reichlich

Nährwerte enthält und immer als Suppengrundlage verwendet werden kann. Das Wasser, in dem getrocknete Bohnen oder Erbsen oder Weizenkörner über Nacht eingeweicht wurden, kann ebenfalls benutzt werden, zumindest als Gießwasser für Blumen.

»Sammelt die Reste, damit nichts verloren geht«, heißt es im Vers 6 des Johannes-Evangeliums in der Bibel. Zu Aufläufen können Reste verwendet werden. Solche Mahlzeiten mit nur einem Gang können Material und Zeit sparen, denn man bereitet sie in Minuten zu. Es braucht kein Mischmasch von Abfällen zu sein, von nicht zueinander passenden Mischungen von Nahrungsmitteln, wo man »alles hineintut«.

Ein spöttischer und extravaganter Küchenchef, der einmal gefragt wurde, was man mit den Resten tun solle, erwiderte: »Kaufen Sie eine Dänische Dogge.« Natürlich muß in Großküchen vieles weggeworfen werden, weil die Zubereitung der nächsten Mahlzeit eilt und man sich nicht die Zeit nehmen kann, um Kleinigkeiten von diesem und jenem zu verarbeiten. Aber zuhause kann man mit ein wenig Überlegung und Zeit vieles verwerten, das sonst vergeudet oder auf den Komposthaufen geworfen würde.

Zum Beispiel kann man sich für einfache Schmorgerichte begeistern, für die man Karotten, weiße Rüben, Kartoffeln, Lauch, Sellerie, Erbsen oder irgendeine Gemüseart, die gerade da ist, nehmen kann, zusammen mit ein bißchen Flüssigkeit (Öl oder Wasser oder Milch) und einigen Kräutern. Es gibt viele sparsame (nicht unbedingt knauserige) Köchinnen, die ich kenne, die niemals Erbsenschoten wegwerfen oder die rauhen Teile oder grünen Spitzen von Sellerie oder Roter Bete oder Rübengrün. Solange das Gemüse nicht welk und alt ist, wird es verwertet.

Die Materialien sollten frisch und schmackhaft sein, gerade wenn nicht viel davon vorhanden ist. Sie sollten nicht welk oder wertlos sein. Es gibt Leute, die so knauserig sind, daß sie keine hochwertigen Nahrungsmittel essen, sondern nach Gelegenheitskäufen Ausschau halten und Nahrung verwenden, die nicht mehr gut ist. Um zu sparen, heben sie die guten Früchte auf und essen immer die verfaulten Äpfel. Es ist gut, bescheiden zu leben, aber es ist nicht gut, schlecht zu leben.

Nichts kann den Schreiber der folgenden Abhandlung ferner sein, als der Wunsch, so etwas wie Knauserigkeit oder Geiz zu bestärken.

William A. Alcott,
Ways of Living on Small Means, 1837

Bescheidenheit bedeutet nicht immer Knauserigkeit, genauso wenig wie

Extravaganz mit Großzügigkeit gleichzusetzen ist. Sparsamkeit bedeutet keineswegs Knauserigkeit, Mangel an Abwechslung und nicht ausreichende Mengen. Es bedeutet, überlegt zu kaufen, gut zu kochen und Reste so zu berücksichtigen, so daß sie in verlokkender Form auf den Tisch kommen.

Christine Terhune Herrick,
Housekeeping Made Easy, 1888

Jemand hat gesagt, daß eine normale französische Familie von dem leben könnte, was ein amerikanischer Haushalt wegwirft. Das dürfte keine große Übertreibung sein. Meine holländische Mutter war eine sehr sparsame Frau. Ich lernte von ihr Sparsamkeit, während meine extravagante Schwester sagt, sie hätte von der Art, wie meine Mutter den Käse schnitt, gelernt zu verschwenden und wegzuwerfen.

Apropos schneiden: Ich kann das Verhalten einer Person in der Küche (und ihre Eigenschaften im allgemeinen) durch die Art und Weise, wie sie eine Kartoffel oder einen Apfel schält, erkennen. Wer einen Apfel aufschneidet, einen großen Teil des Kerngehäuses herausschneidet und Äpfel oder Kartoffeln dick schält, ist sicher verschwenderisch und extravagant. Solche Leute sind für mich Verschwender, und ich rate ihnen ab, mir in der Küche zu helfen. Wenn sie, wie ich, sparsam schneiden und schälen, halte ich sie für sorgfältig und bescheiden in allem, was sie tun.

Das hat wenig mit Klasse und sozialem Hintergrund zu tun, sondern scheint eine angeborene Eigenschaft zu sein. Eine meiner (und Scotts) Lieblingsgeschichten ist die von der alten Dame, die stets alle möglichen Bindfäden aufbewahrte. Nachdem sie starb, fand man Unmengen von Schachteln von sorgfältig aufgewickelten Bindfäden – eine Ansammlung von Jahrzehnten. Eine Schachtel, die zum Überlaufen voll, war beschriftet mit: »Kurze Bindfäden – Aufheben lohnt nicht«. Ich frage mich, womit sie ihre Zeit im Jenseits verbringt: Ob sie die himmlischen Gefilde absucht, um Bindfadenstücke zu finden?

In einem alten schottischen Kochbuch fand ich ein Rezept, in dem »½ Ei« angegeben wurde. Da ist die Sparsamkeit zu weit getrieben, und in jedem Fall ist es eine unangenehme Arbeit, dieses Ei zu teilen. Und wie, wo und wann sollte man die andere Hälfte verwenden? Diese Köchin muß entweder geizig gewesen sein oder ein Genie.

Mary Kettilby schrieb 1714 in ihrem Buch *Collection of Above 300 Recipes* von »einer großzügigen Sparsamkeit«. Knauserigkeit oder Geiz gehören nicht zu genauer Haushaltsführung. Zeiten des Wohlstands und Überflusses könnten eine Entschuldigung für

Unwirtschaftlichkeit sein (aber niemals für Verschwendung). In unseren Tagen, wo die Preise und Kosten himmelhoch steigen, sollten wir lernen, wie wir unseren Gürtel enger schnallen und mit so wenig wie möglich leben und das, was wir heute haben, sparen, um uns oder jemand anderem morgen helfen zu können.

Anstatt daß wir hilflos unsere Hände ringen und wegen der hohen Preise für Brennstoff und Nahrungsmittel ein Geschrei machen, können wir den gegenwärtigen Zustand der Dinge akzeptieren und unsere Kräfte hilfsbereit und tapfer anspannen, um den vermehrten Kosten des Lebensnotwendigen zu begegnen. Wenn Brennstoff und Nahrung fast doppelt soviel kosten wie vor zehn Jahren, ist es gewiß unsere kategorische Pflicht, dafür zu sorgen – jeder von uns nach seinen Möglichkeiten –, daß das Heiz- und Kochmaterial doppelt so weit reicht wie bisher.

Lady Barker, *First Lessons in the Principles of Cooking,* 1874

Ich mache nicht oft Aufläufe: Für meinen Geschmack ist das zuviel Mischmasch verschiedener Zutaten. Aber Aufläufe bieten den Vorteil, daß im voraus gekocht werden kann. Man kann das Gericht unbewacht im Ofen lassen, und es schmeckt auch noch gut, wenn es ein wenig überkocht ist. Ich kann einen warmen Ofen benutzen, der schon an ist, und es kann in der Auflaufform serviert werden.

Hier einige meiner einfacheren Beispiele – Aufläufe ohne teure Zutaten, die aber lecker und nahrhaft sind:

Kartoffelauflauf

6 kleine Kartoffeln, gebürstet und in Scheiben geschnitten (ungeschält)
6 Stangen Sellerie, in Scheiben geschnitten
6 Zwiebeln, in Scheiben geschnitten
4 EL Butter oder Margarine
½ Tasse geriebenen oder klein geschnittenen Käse

Kartoffeln in eine Backform geben und den Sellerie hinzufügen. Die Form mit den Zwiebeln füllen, so viel kaltes Wasser dazugeben, daß der Inhalt bedeckt ist und Buttertupfen daraufsetzen. Zugedeckt bei niedriger Hitze 3 Stunden lang backen; wenn nötig, mehr Wasser zufügen. In der letzten Stunde den Deckel abnehmen und den geriebenen oder in Stücke geschnittenen Käse dazugeben.

Schottischer Auflauf

2 Zwiebeln oder Lauch, in Scheiben geschnitten
6 Kartoffeln, in Scheiben
½ Tasse Butter oder Margarine
1 Tasse Brühe oder Wasser
eine Handvoll gehackte Petersilie

Zwiebeln und Kartoffeln in Schichten in den Schmortopf legen, Buttertupfen daraufgeben und Brühe zufügen. Topf zudekken und alles im Ofen 1 Stunde – oder bis die Kartoffeln weich sind – backen. Das Gericht mit Petersilie bestreuen.

Holländisches Allerlei

6 Kartoffeln, in Scheiben geschnitten
3 Karotten, in Scheiben geschnitten
½ Tasse frische oder 1 EL getrocknete Kräuter (Petersilie, Dill, Basilikum)
3 Zwiebeln, in Scheiben geschnitten
1 EL Öl

Gemüse mischen und mit Kräutern, Zwiebeln und Öl in einen Schmortopf geben. Alles ungefähr eine Stunde lang im heißen Ofen kochen lassen.

Kandierte Yamwurzeln oder Süße Kartoffeln

4 Yamwurzeln oder süße Kartoffeln, gebürstet aber ungeschält
½ Tasse Butter oder Margarine
1 Tasse Wasser
4 EL Ahornsirup
1 TL gemahlene Orangenschale
½ TL Zimt
½ TL Muskatnuß

Yamwurzeln bzw. Kartoffeln in heißem Wasser kochen oder dämpfen, bis sie weich sind, schälen und in Scheiben schneiden. Währenddessen Butter, Wasser, Ahornsirup, Orangenschale und Gewürze in einer Pfanne mischen und alles erhitzen, bis die Butter schmilzt. Eine Schicht Yamwurzeln bzw. Kartoffeln in eine Backform geben. Ein Drittel der Buttermischung darübergießen. Diesen Vorgang wiederholen, bis alle Zutaten aufgebraucht sind. Bei niedriger Hitze eine halbe Stunde lang backen.

Gebackene Pilze

1 Liter Pilze
1 Tasse gehackte Schalotten
1 Tasse saure Sahne
1 Spritzer Sojasauce

Pilze reinigen, ganz lassen und mit Schalotten, saurer Sahne und Sojassauce in eine Auflaufform geben. Form zudecken und alles bei mäßiger Hitze eine Stunde lang im Ofen backen.

Kräutertomaten

½ TL frisches Basilikum
½ TL frischer Majoran
½ TL frische Petersilie
2 Knoblauchzehen
1 EL Öl
4 Tomaten, in Hälften geschnitten

Kräuter und Knoblauch fein hakken und mit Öl mischen. Tomatenhälften in eine Kuchen- oder feuerfeste Auflaufform legen und die Kräutermischung löffelweise über die Tomatenhälften geben. Bei niedriger Hitze 15 Minuten lang backen. Die Tomaten sollten ihre Form behalten und nicht zu Brei werden.

Wirsingauflauf

1 großer Wirsingkohl, klein geschnitten
3 EL Butter
1 Tasse getrocknete Brotkrumen

Kochendes Wasser über den Kohl gießen, so daß er bedeckt ist, und ihn 10 Minuten lang stehen lassen. Den gut abgetropften Kohl (Flüssigkeit aufheben) in den gebutterten Schmortopf geben und mit den in Butter gebräunten Brotkrumen bedecken. Im warmen Ofen noch einmal 10 Minuten lang erhitzen.

Gebackene Auberginen

1 Aubergine, geschält und gewürfelt
2 Zwiebeln, in Scheiben geschnitten
2 Tomaten, klein geschnitten
1 EL Basilikumblätter oder Oregano
½ Tasse geriebener Käse

Auberginen, Zwiebeln und Tomaten schichtweise in die Backform geben. Basilikumblätter oder Oregano und den geriebenen Käse darüber streuen. Alles eine halbe Stunde lang im Ofen bei mäßiger Hitze backen.

Auberginenauflauf

1 Aubergine
Mozzarellakäse
1 kleine Dose Tomatensauce

Aubergine schälen und in 1½ cm dicke Stücke schneiden. Eine Schicht auf den Boden einer geölten Auflaufform legen und diese mit einer Schicht von in Scheiben geschnittenem Mozarellakäse bedecken. Diesen Vorgang wiederholen, bis die ganze Aubergine verwendet ist. Als letzte Schicht kommt noch einmal Käse. Dann eine kleine Dose Tomatensauce über das Ganze gießen und alles ungefähr eine Stunde im heißen Ofen backen.

Ländlicher Auflauf

1 Knoblauchzehe
1 EL Öl
1 Tasse grüne Bohnen,
in Scheiben geschnitten
1 Tasse geschälte Erbsen
¼ Kohlkopf,
in feine Scheiben geschnitten
3 Blätter Mangold, zerkleinert
4 Blätter Spinat, zerkleinert
Röschen von ½ Blumenkohl
¼ Tasse kochendes Wasser

Knoblauch hacken und in Öl schmoren. Gemüse in die Pfanne geben und umrühren. Ein wenig kochendes Wasser dazugeben und die Pfanne zudecken. Köcheln lassen, bis die Bohnen weich sind.

Zucchini

2 Zwiebeln, in Scheiben geschnitten
3 Tassen gewürfelte Zucchini
2 Tomaten,
in kleine Stücke geschnitten
½ Tasse geriebener Käse

Zwiebeln mit Öl in der Pfanne schmoren und Zucchini und Tomaten hineinrühren. Alles 5 Minuten lang kochen lassen, dann in einen Schmortopf geben und mit dem geriebenen Käse bedecken. Das Ganze ohne Deckel im mäßig warmen Ofen ½ bis ¾ Stunde lang backen.

Karotten im Schmortopf

1 Pfund Karotten, gerieben
3 EL Butter oder Öl
3 EL Wasser
3 EL Ahornsirup
1 Prise Meersalz

Alle Zutaten im Topf mischen, Deckel aufsetzen alles im warmen Ofen eine Stunde lang kochen lassen.

Schmorgericht mit Lauch

5 Lauchstangen,
sorgfältig gewaschen und in 2,5 cm dicke Stücke geschnitten
4 Karotten, in Scheiben geschnitten
4 Stangen Sellerie,
in Scheiben geschnitten
2 Kartoffeln, in Scheiben geschnitten
3 EL Butter

Lauch in einen schweren Schmortopf geben und Karotten darauf schichten. Sellerie und obenauf die Kartoffeln zufügen. 1 ½ Tassen Wasser darüber gießen und einige Klackse Butter daraufgeben. Topf bedecken und alles langsam bei geringer Hitze auf dem Herd oder im schwachen Ofen ungefähr eine Stunde lang kochen.

Gemüseschmortopf à la Grande

1 Aubergine, in Würfel geschnitten, ungeschält
2 Tomaten, in Scheiben geschnitten
1 grüne Paprika,
in Scheiben geschnitten
1 junge Zucchini, gehackt, ungeschält
1 Zwiebel, in Scheiben geschnitten
1 Tasse Stangensellerie, gehackt
1 Tasse Kohl, gerieben
4 Knoblauchzehen, gehackt
2 Tassen Petersilie, gehackt
1 TL Oregano oder Basilikum
½ Tasse Olivenöl

Gemüse, nach Sorten getrennt, nacheinander in eine Auflaufform schichten. Knoblauch, Petersilie und Oregano mischen und davon über jede Schicht streuen. Auf jeder Schicht etwas Öl verteilen. Das Ganze zugedeckt 1 – 2 Stunden lang im Ofen bei mäßiger Hitze backen.

Auflauf in der Kürbisschale

1 großer Kürbis oder Winterkürbis
4 Äpfel, ungeschält und gewürfelt
1 Tasse Rosinen
1 Tasse Nüsse, gehackt
2 Orangen, geschält und zerkleinert
½ Tasse Ahornsirup oder Honig
¼ TL Zimt
¼ TL Muskatnuß
wahlweise: 2 reife Bananen,
in Scheiben geschnitten

Kürbis oder Winterkürbis bürsten und den Stengel als Griff stehen lassen. Von der Spitze ein Stück mit einem Durchmesser von etwa 15 cm abschneiden und es als Deckel aufheben. Samen und das weiche Innere entfernen. Alle anderen Zutaten mischen und in die Schale geben. Deckel aufsetzen und die geöffnete Schale auf ein Kuchenblech in den heißen Ofen legen. So lange backen, bis man die Schale mit einer Gabel leicht durchstoßen kann. Zum Servieren den Deckel entfernen und bei Tisch aus der Schale bedienen.

Limabohnenauflauf

2 Tassen getrocknete Limabohnen
2 Tassen Zwiebeln, gehackt
1 EL Öl
¼ Pfund geriebener Käse
½ TL Meersalz
1 Tasse gehackte Nüsse

Limabohnen über Nacht in reichlich Wasser einweichen. Am Morgen abgießen und in frischem Wasser (ganz bedeckt) kochen, bis sie weich sind. Zwiebeln in Öl schmoren, Bohnen dazugeben und mit dem Käse umrühren. Das Ganze mit den restlichen Zutaten in eine Backform geben und eine Stunde lang backen.

Gebackene Sojabohnen

2 Tassen getrocknete Sojabohnen
¼ Tasse Erdnußmus
1 Zwiebel, gehackt
1 Tasse Tomatensaft
1 Spritzer Sojasauce
1 Prise gemahlener Kümmel oder Kardamom

Sojabohnen über Nacht in so viel Wasser einweichen, daß sie bedeckt sind. Wasser abgießen (für eine Suppenbrühe aufheben). Bohnen mit frischem Wasser bedeckt zum Kochen bringen, Hitze reduzieren und die Bohnen 2 Stunden köcheln lassen. Kochwasser abgießen, wenn die Bohnen weich sind. Bohnen mit allen anderen Zutaten in eine Auflaufform geben und sie 2 Stunden lang im Ofen backen. Wenn nötig, etwas von dem abgegossenen Einweichwasser darüber gießen.

Gebackener Tomaten-Mais

3 Tassen Mais, frisch vom Kolben geschält
3 Tomaten, in Scheiben geschnitten
1 grüne Paprika, klein geschnitten
1 frische Zwiebel, gehackt
3 EL Öl
1 Prise Currypulver
½ Tasse geriebener Käse

Alle Zutaten (außer dem Käse) mischen, in eine Backform geben, den Käse darauf streuen und bei mäßiger Hitze eine halbe Stunde im Ofen backen.

Gebackene Bohnen

2 Tassen getrocknete Bohnen, über Nacht eingeweicht
1 Zwiebel, gehackt
½ Tasse Ahornsirup oder Melasse
1 TL Senfpulver
½ TL Essig
1 TL Currypulver
4 EL Öl
1 Tomate, gewürfelt

Bohnen in frischem Wasser kochen, bis die Häute aufbrechen. Wenn zuviel Flüssigkeit da ist, etwas abgießen. Alle Zutaten, außer den Tomaten, in eine Backform geben und das Ganze zugedeckt 3 – 4 Stunden bei mäßiger Hitze (oder im Holzofen den ganzen Tag über) backen. Wenn es zu trocken wird, etwas Bohnenwasser zugeben. Topf in der letzten Stunde offen lassen und die gewürfelte Tomate dazugeben.

Gebackene Bohnen mit Früchten

2 Tassen getrocknete Bohnen, über Nacht eingeweicht
1 Zwiebel, gehackt
2 Äpfel, gewürfelt
½ Tasse Rosinen
1 große Dose Ananasstücke, ohne Saft
1 Tasse Melasse oder Ahornsirup

Bohnen in frischem Wasser kochen, bis sie aufplatzen, und das Wasser abgießen. Alle Zutaten mischen und in eine Backform geben. Zugedeckt 3 – 4 Stunden lang bei mäßiger Hitze im Backofen backen. Den Topf in der letzten Stunde offen lassen und etwas Ananassaft und Bohnensaft dazugeben, wenn die Mischung mehr Flüssigkeit braucht.

Reis

Es gibt viele Methoden, Reis zu kochen, und ebenso viele, die man nicht anwenden sollte. Einige Köchinnen beginnen mit kaltem Wasser, einige mit heißem und einige mit Öl in einem Wok. Einige waschen den Reis vor dem Kochen, andere tun es nicht. Einige weichen den Reis über Nacht ein, um die Kochzeit zu verkürzen. Einige kochen zugedeckt, andere ohne Deckel. Einige lassen ihn nach dem Kochen stehen, andere servieren sofort. Einige servieren weiche, graue Reisklumpen, bei anderen ist jedes Korn flockig und weiß.

Hier sind Ratschläge von zwei Köchinnen aus alter Zeit, dann folgen einige der Methoden, die ich anwende.

Ein indischer Offizier lehrte mich, Curryreis so zu kochen, daß nach dem Kochen jedes Korn vom anderen getrennt war. »Also«, sagte er, »hier ist eine Teetasse voll Reis. Er wird gut gewaschen. Man nehme eine andere Tasse der gleichen Größe, mißt damit zweimal heißes Wasser ab und gibt eine Prise Salz dazu. Nun läßt man das Wasser heftig kochen und gibt den Reis hinein. Nachdem er bei geringer Hitze gekocht hat (etwa zwanzig Minuten), wird noch etwas Wasser zum Abgießen da sein. Den Reis mit der Gabel umrühren, in eine Schüssel schütten. Zwei oder drei Minuten an einer warmen Stelle trocknen, und er ist fertig.«

Elisabeth Warren,
My Lady and What She Taught Me, 1877

Ich wage zu behaupten, daß nicht einer von zehn Lesern des Cultivator *schon von einem Rezept gehört hat, das so einfach und doch ein Beispiel für eine großartige Kochkunst ist. Es gibt kein besseres. Versuchen Sie selbst. Wenn es eine Verbesserung ist, empfehlen Sie es weiter: drei Tassen Reis in zwei Tassen kaltes Wasser geben. Den Topf auf ein starkes Feuer setzen und wenn es zu kochen beginnt, ihn nur acht Minuten stehen lassen – der Reis ist dann fertig für den Eßtisch. Jetzt ist er kein ungesunder Brei, sondern hat das Wasser vollkommen aufgesaugt, die Körner sind voneinander getrennt, er ist weich und wohlschmeckend.*

Solon Robinson,
Albany Cultivator, 1837

Reis-Rezept (1)

1 Tasse ungeschälter Reis
2 ½ Tassen kaltes Wasser

Wasser mit dem Reis zum Kochen bringen und ihn kräftig 5 Minuten lang kochen lassen. Topf zudecken und ihn 1 Stunde köcheln lassen, ohne den Deckel anzuheben. Danach den Topf noch 10 Minuten lang bei schwacher Hitze auf dem Ofen stehen lassen und den Reis dann servieren.

Reis-Rezept (2)

Reis in reichlich kaltem Wasser waschen, bis das Wasser klar ist, und in einen Topf mit so viel Wasser geben, daß er etwa 1 ½ cm bedeckt ist. Deckel aufsetzen und den Reis zum Kochen bringen. Wenn das Wasser zu kochen beginnt, einmal umrühren, so daß kein Korn am Boden hängen bleibt. Bei mäßiger Hitze – mit Deckel – 25 Minuten lang, oder bis das Wasser ganz aufgesaugt ist, kochen lassen. Vor dem Servieren zugedeckt noch etwa 10 Minuten lang an einem warmen Ort stehen lassen.

Gebackener Reis

1 Zwiebel, gehackt
1 EL Pflanzenöl
2 Tassen brauner Reis
1 Tasse Petersilie, gehackt
1 Knoblauchzehe, gehackt
1 TL Sesamsamen

Zwiebel mit Öl in der Pfanne schmoren. Den trockenen Reis, Petersilie, Knoblauch und Sesam zufügen und das Ganze weiterschmoren lassen. Alles mit 3 Tassen kochendem Wasser in einen zugedeckten Schmortopf geben und im heißen Ofen 2 Stunden lang backen.

Mexikanischer Reis

2 Tassen Reis
1 Zwiebel, gehackt
2 Knoblauchzehen, gehackt
¼ Tasse Öl
3 Tomaten, zerkleinert
4 Tassen Suppenbrühe
¼ Tasse Petersilie, gehackt

Reis mit heißem Wasser bedecken und eine halbe Stunde lang stehen lassen. Wasser abschütten. Zwiebeln und Knoblauch 10 Minuten in Öl schmoren. Tomaten zugeben und alles noch einmal 10 Minuten schmoren. Reis und Suppenbrühe dazugeben. Das Ganze 15 Minuten kochen, Topf zudecken und köcheln lassen, bis die Flüssigkeit aufgebraucht ist. Mit Petersilie garnieren.

Rosinenreis

1 Tasse Reis
1 Tasse Rosinen
2 EL Butter
½ Tasse Honig

Reis waschen und in 3 Tassen kaltes Wasser geben. Alles zum Kochen bringen und zugedeckt eine halbe Stunde lang kochen. Rosinen, Butter und Honig dazugeben und sofort servieren.

Hirseauflauf

2 Tassen Hirse
1 Zwiebel, gehackt
3 Stangen Sellerie, klein geschnitten
1 grüne Paprika, in Scheiben
2 Tomaten, klein geschnitten
1 EL Öl
½ Tasse geriebener Käse

Hirse 15 Minuten lang in so viel Wasser kochen, daß sie bedeckt ist. Wenn die Hirse gar ist, alle Zutaten außer dem Käse in eine Auflaufform füllen. Das Ganze mit dem geriebenen Käse bestreuen und eine halbe Stunde lang im heißen Backofen backen.

Linsen und Reis mit Curry

½ Tasse brauner Reis
1 Zwiebel, gehackt
2 Knoblauchzehen, gehackt
2 EL Öl
½ TL Currypulver
1 EL Zitronensaft
½ Tasse Linsen
4 Blätter Spinat, gehackt
12 kleine Tomaten

Reis, Zwiebeln und Knoblauch in Öl schmoren, bis das Gemüse brutzelt. Curry, 2 Tassen Wasser, Zitronensaft und Linsen zugeben. Topf zudecken und (ungefähr eine halbe Stunde) köcheln lassen, bis die Linsen weich sind. Den gehackten rohen Spinat darunterrühren und alles zum Kochen bringen. Vom Ofen nehmen und das Gericht jeweils mit einer kleinen roten Tomate geschmückt in einzelnen Schalen servieren.

Currylinsen

2 Tassen Linsen
1 TL Currypulver
4 Tassen Wasser
3 Zwiebeln, in Scheiben geschnitten
3 Tomaten, in Scheiben geschnitten
1 EL Öl
¼ Tasse Erdnußmus
¼ Tasse Kümmel oder Gelbwurz
1 Handvoll gehackte Petersilie

Linsen und Curry in 4 Tassen Wasser kochen, bis die Linsen gerade weich sind. Inzwischen Zwiebeln und Tomaten in Öl schmoren. Beide Mischungen zusammenrühren. Erdnußmus und Kümmel zufügen. Alles noch einmal erhitzen und mit der darüber gestreuten Petersilie servieren.

Schneller Buchweizenbrei

2 Tassen Buchweizengrütze
5 Tassen kochendes Wasser
1 EL Butter
½ TL Salz

Buchweizen langsam in das kochende Wasser einrühren und unter Rühren einige Minuten lang kochen lassen. Butter dazugeben und die Pfanne zugedeckt 10 Minuten lang (oder bis das Wasser aufgesaugt ist) köcheln lassen. Wenn der Brei im Wasserbad gekocht wird, muß man nicht aufpassen, aber es dauert länger.

Man esse das Brot nicht zu alt, aber auch nicht zu warm. Es sollte gut durchgebacken sein oder man verzichte ganz.

Sir John Haryngton,
The School of Salerne, 1607

Kuchen ist eine Art Brot, von geringem Nährwert und meiner Meinung nach der Menschheit nicht zuträglich.

Dr. Venner,
Via Recta ad Vitam Longam, 1622

Die großen Mengen von Torten, Gebäck, Kuchen, Ingwerbrot usw. aus der Konditorei, alle machen sie den Magen wunderschön unpäßlich und bereiten den Boden für eine Unzahl von Krankheiten.

Thomas Tryon,
The Good House-Wife Made a Doctor, 1692

Die ganzen Konditorwaren sind ein Greuel. Sie sind die unverdaulichsten Gerichte der Welt. Wenn wir den Inhalt des Magens eine Stunde, nachdem die Masse verschlungen wurde, sehen könnten, wir würden nur noch Pampe vorfinden (...). Das beste, was man mit einem Kirschkuchen machen kann, ist, ihn wegzuwerfen.

William A. Alcott,
The Young Mother, 1836

Krapfen sind sehr fett.
Für Kinder ungeeignet.

Dr. Oldcook,
Receipt Book, 1847

Beim einfachen Haushaltsbrot verweilte sein Auge nicht, aber er begutachtete einige Teekuchen mit Korinthen und geruhte, einen davon zu wählen.

Charlotte Brontë,
Shirley, 1849

Es gibt mehr Frauen, die einen guten Kuchen backen, als solche, die ein gutes Brot backen können.

Harriet Beecher Stowe,
House & Home Papers, 1865

Es ist nicht so, daß das Vergnügen, zu essen, verachtet werden sollte. Nein, es liegt mir fern, die Freuden des Gaumens zu verachten. Ich würde es niemals verurteilen, gelegentlich ein bißchen Kuchen zu essen, und es mag Zeiten im Jahr geben, zu denen auch Torte angebracht ist.

A.M. Diaz, *Papers Found in the Scholl Master's Trunk*, 1875

Konditorwaren sollten niemals täglich gegessen werden. Wenn sie teuer sind, sind sie gut und unverdaulich; wenn sie billig sind, sind sie schlecht und noch unverdaulicher.

Christine Terhune Herrick,
Housekeeping Made Easy, 1888

Gebackenes – zuviele Kohlenhydrate

Elbert Hubbard sagte einmal: »Wenn ich zwei Laibe Brot hätte, würde ich einen verkaufen und von dem Geld eine Hyazinthe erwerben, um meine Seele zu nähren.« Wenn ich zwei Laibe Brot hätte, würde ich sie beide verkaufen, um zwei Hyazinthen zu erwerben.
Scott und ich essen wenig Brot oder andere kohlenhydratreiche Nahrung. Getreideprodukte essen wir höchstens einmal am Tag. Sie bilden nur einen kleinen Teil unserer Nahrung. Den größten Wert legen wir auf frische grüne Pflanzenkost. Wer würde einen Krapfen einem Apfel vorziehen oder einen Kracker einem knackigen Kohlblatt? Wir nicht, obwohl ich weiß, daß Millionen es tun würden.

Der Konsum von Kohlenhydraten beruht fast überall in der Welt auf Samen, Mark oder Knollen von Pflanzen – mit Ausnahme von Pilzen. Reis enthält 76 % Kohlenhydrate, Mais 56 %, Weizen 55 %, Hirse 55 %, Gerste 46 %, Roggen 45 %, Erbsen 40 %, Linsen 40 %, Bohnen 38 %, Hafer 36 %, süße Kartoffeln 35 % und Kartoffeln (die so viele Leute meiden, »weil sie zuviel Kohlenhydrate hat«, und statt dessen zu Brot greifen) enthalten nur 18 bis 20 % Kohlenhydrate.

Keines dieser Nahrungsmittel ist in unserer Kost vorherrschend, obwohl wir gelegentlich von jedem etwas essen. Uns scheinen weniger teigige Substanzen besser zu bekommen. Einmal im Monat essen wir vielleicht Reis, einmal in der Woche Kartoffeln und einmal am Tag eine der Getreidearten oder Hülsenfrüchte in irgendeiner Form. Getreideprodukte indessen stellen in den meisten Teilen der Welt einen großen Teil der regelmäßigen Ernährung dar, denn Getreide ist eine relativ billige Quelle von Energie und Kalorien.

Warum oder wann die Menschen die Samen der Gräser zuerst gegessen haben, wann sie gelernt haben, sie zu Mehl zu vermahlen, das Mehl mit Wasser zu mischen und Brot daraus zu backen, ist unbekannt. Überreste der Schweizer Seebewohner (Pfahlbauern), die vor ungefähr 10.000 Jahren lebten, zeigen, daß die Menschen schon damals eine Kunst des Backens entwickelt hatten. Grabgemälde im alten Ägypten stellen nicht nur das Pflanzen und Ernten des Weizens, sondern auch das Mahlen, Brotteigkneten und Backen dar. Ungefähr hundert Jahre vor Christus gab es in Rom 258 Bäckerläden und ungefähr hundert Jahre nach Christus richtete Kaiser Trajan eine Schule für Bäcker ein.

Encyclopedia Britannica, 1964

Das beste Brot, das wir je gegessen haben, ist das schwarze *Chorni Hleb* der Russen, das *Roggebrot* der Holländer und das grobe Sauerteigbrot, das unser Schwiegerenkel Peter Schumann, Direktor eines Marionettentheaters, bäckt und bei seinen Vorstellungen kostenlos verteilt. Alle diese Brote sind aus unbehandeltem Vollkorn hergestellt. Das Brot von Peter ist extrem grob gemahlen, hart wie Stein und muß praktisch fast mit Säge und Hammer in Scheiben zerteilt werden, aber es ist »ein ausgezeichneter Gegenstand, um unbeschäftigte Zähne zu trainieren« (Dr. R.T. Trall, *The New Hydropathic Cook Book*, 1854) und schmeckt sehr gut. Alle drei Brotsorten sind wirkliche Nahrung, nicht vergleichbar mit diesen weißen, watteweichen Brote, die in amerikanischen Läden angeboten (und leider auch verkauft) werden. Ich würde diese aufgedunsenen Produkte nicht essen, auch wenn sie sie verschenken würden.

Die modernen Herstellungsmethoden – Reinigen (Entfernen der Kleie), feines Mahlen, feines Sieben, Bleichen und »Anreichern« – berauben gutes Getreide seiner Lebenskraft. Brot ist nicht mehr die Basis der Nahrung, sondern die Ursache für Verstopfung, Krankheit und Tod. Das Herz des Korns ist sein lebendiger Keim, sein Lebensfunken. Dieser jedoch wird entfernt, um schönes weißes Mehl zu erhalten, das als Hauptbestandteil der meisten verkauften Brote dient.

Für Massenvorräte braucht man totes Mehl. Ein Korn, das für diesen Zweck behandelt wurde, ergibt eine unvollständige Nahrung. Weißmehlprodukte sind vom Nährwert her gesehen weitaus minderwertiger als Lebensmittel aus dem ganzen, ungemahlenen Korn. Ganze Körner wie Weizen, Buchweizen, Hafer, Hirse, Gerste, ungeschälter Reis und Mais versorgen uns mit lebenswichtigen Mineralstoffen, Eiweiß, etwas Fett und Vitaminen (besonders aus dem B-Komplex). Sie haben einen hohen Nährwert – wenn sie ganz verwendet werden.

Wer gerade erst mit dem Fleischkonsum aufgehört hat und beginnt, sich vegetarisch zu ernähren, neigt oftmals dazu, zuviele Kohlenhydrate zu essen. Das macht diese Menschen nicht gesünder; sie leiden – wie bei einer Ernährung mit Fleisch – ebenfalls unter Verstopfung, Magenverstimmung, Erkältung, Katarrhen, Husten und Lungenbeschwerden. Wenn man wenig kohlenhydratreiche Nahrungsmittel wie Brot, Kuchen, Cracker, Kekse, Makkaroni und Spaghetti – zu sich nimmt, ist das ein großer Schritt auf dem Weg zur Gesundheit.

Statt Brot essen Scott und ich die ganzen, nicht zerkleinerten, ungemahlenen Körner. Buchweizen und Hirse müssen nur einige Minuten auf dem Herd in kochendem Wasser kochen, damit sie eßbar werden. Weizen, ein außerordentlich hartes Korn, muß über Nacht eingeweicht und in reichlich Wasser mehrere Stunden lang gekocht werden.

Einer der Einwände, die ich gegen das Brotbacken habe, ist die Mühe und die Zeit, die dazu nötig sind. Die umständlichen Anleitungen langweilen mich. Begeisterte Freunde sagen, daß Brotbacken weniger kompliziert sei als Kuchen backen. Aber warum sollte ich Kuchen backen? Die Leute sagen immer: »aber Brot ist so einfach zu machen«, und dann zeigen sie mir ein Rezept, daß fast zwei Seiten lang ist und eine Stunde oder mehr ihrer Zeit in Anspruch nimmt. Meine Einwände gegen Torten, Keks und Teekuchen sind die gleichen.

Nun, alle diese Dinge mögen dem Gaumen schmeicheln. Aber die Frage ist, sind sie den Preis wert, den man dafür zahlt? Die Reihen von Torten auf den Speisekammerregalen, die Berge von Kuchen, die Stapel von Krapfen kommen ja nicht durch magische Tricks dorthin, sondern wurden mit den Lebenskräften unserer armen Köchin geschaffen.

A.M. Dias, *Papers Found in the School Master's Trunk*, 1875

Schwestern, denkt über die Vorgänge an Eurem Backtag nach und achtet darauf, daß Ihr nicht mehr backt, als mit der guten Verdauung Eurer Familie oder mit Eurer eigenen Gesundheit vereinbar ist. Und wenn Ihr überlegt habt, wie Ihr die Arbeit dieses Tages reduzieren könnt, sprecht darüber mit Euren Ehemännern und seht, ob sie nicht vernünftig und freundlich zustimmen werden, mit weniger Brot und weniger Torten und Kuchen auszukommen, wenn es für Euch eine Befreiung von zusätzlicher Arbeit bedeutet.

Emma C. Hewitt, *Queen of Home*, 1888

Backwaren sind gewöhnlich Mischungen aus leblosen Zutaten.

Gemahlene und behandelte Körner, Salz, Zucker, Hefe und Backpulver werden zu einem zähen Teig gemischt und im Ofen erhitzt, bis sie zu Tode gebacken sind. Auch Brot ist ungesund, weil es gewöhnlich mit Butter, Käse, Marmelade, Honig, Mayonnaise oder anderen Extras beladen wird und somit nur als Unterlage dient. Würde man ohne diese übertriebenen Zugaben davon so reichlich essen? Wenn man hungrig ist, warum ißt man dann nicht statt Brot knackige Selleriestengel oder Radieschen oder Äpfel?

Es ist so bequem, weiches Brot in den Schlund zu stopfen. Weißbrot muß man wenig kauen, und es rutscht mit einem Minimum an Anstrengung hinunter. Wenn es frisch und warm ist, bildet es in Mund und Magen einen schwer verdaulichen Teigball.

Es kann sein, daß die schlimmste Krankheit im Mittelalter weder Lepra noch Pocken waren, sondern ein träger Zustand des Körperstoffwechsels, dessen Ursache eine Ernährung mit zuviel Brot war.

E. Parmalee Prentice,
Hunger and History, 1939

Alles in allem ist Brot keine sehr befriedigende Nahrung, weil es sauer ist und daher zum Gären neigt und Blähungen hervorruft, besonders, wenn es mit Obst gegessen wird. Daher sollten diejenigen, die zu Blähungen neigen, die tägliche Brotaufnahme auf eine kleine Menge begrenzen. Ich habe oft erlebt, daß die Blähungen verschwinden, sobald Brot und Flüssigkeit reduziert wurden.

K.G. Haig,
Health Through Diet, 1913

Henry Miller machte zu jenem amerikanischen Brot sarkastische Kommentare: »Das Brot unseres widerwärtigen und langweiligen Lebens schmeckt so schlecht, daß man damit sogar unter keinen Umständen Vögel füttern sollte. Die Vögel Nordamerikas sind schon auf dem absteigenden Ast, und das würde ihnen den Rest geben.«

Freunde in Queensland, Australien, haben mir ein Rezept geschickt, das außerordentlich gut zu sein scheint und ganz einfach ist: Weizenkörner über Nacht (oder einen Tag und eine Nacht) einweichen und keimen lassen. Keime in einen Mixer oder durch einen Fleischwolf geben und Melasse dazuschütten, bis es »suppig« ist. Frische Körner zu Mehl mahlen und zu der Keimemischung geben. Den Teig in geölte Formen füllen und langsam bei ganz geringer Hitze backen. Das Brot bleibt drei oder vier Stunden im Ofen; die Laibe sollten gedreht werden. Dann ist das Brot fertig. Ich denke, das Rezept könnte nicht weiter vereinfacht werden, denn wenn man den Weizen oder die Melasse wegläßt, hat man nur noch Wasser.

Ich habe noch nie eine Torte gebacken und auch keinen Kuchen, und ich will es auch niemals tun. Doch, halt, *einmal*, vor einem halben Menschenleben, habe ich einen Kuchen gebacken. Er war so reichhaltig und köstlich, daß ich nie mehr einen anderen gemacht habe. Ich nannte ihn *Helens Teufelskuchen*:

Helens Teufelskuchen

In einem großen Kochtopf 1 Tasse Melasse und ½ Tasse Wasser mischen. Diese Mischung bei geringer Hitze erhitzen und dabei ständig rühren, bis die Mischung kocht. 1 Pfund Rosinen dazugeben und wieder zum Kochen bringen. Die Hitze reduzieren und alles 5 Minuten köcheln lassen. Topf vom Feuer nehmen, ½ Pfund feingeschnittene Datteln sowie 1 Pfund gemischte kandierte Früchte hineinrühren und den Topf beiseite stellen. 1 Tasse Butter und 1 ¼ Tassen Zucker schaumig rühren und 6 Eier nacheinander hineingeben. 2 ¼ Tassen Mehl, ½ TL Backpulver und Gewürze (1 TL Zimt, 1 TL Muskatnuß, ½ TL Piment und ½ TL gemahlene Nelken) sowie ½ Tasse Orangensaft zufügen. Melasse-Frucht-Mischung unterrühren und 3 Tassen gemahlene Nüsse hinzufügen. Die Masse in gefettete kleine Brotformen geben und 3 Stunden backen.

Jetzt ist mein Ansehen als nichtkochende Köchin verschwunden. Aber es war ein guter Fruchtkuchen, der als Weihnachtsgeschenk für die gesamte Nachbarschaft diente. Eine kleine Scheibe war so gut wie eine ganze Mahlzeit.

Kulinarische Greuel wie weiche, süße Schichttorten mit klebrigem Zuckerguß, die man in manchen Bäckereien sieht, sind für ein gesundes Leben nicht nötig. In bezug auf Qualität, guten Geschmack und gute Gesundheit stehen sie auf der Leiter der Nahrungsmittel ganz unten. Ich ziehe einen Laib von Peter Schumanns Roggenbrot jedem Kuchen vor. Das gilt auch für mein einmaliges Werk.

Im wesentlichen sind Kuchen Formen eines verfeinerten, intensivierten, gesüßten, gewürzten und verzierten Brotes. Sie werden für das freudige Ereignis, das gesellige Zusammensein, das Fest gebacken.

J.L.W. Thudicum,
The Spirit of Cookery, 1895

Schichttorten interessieren mich nicht besonders. Sie sind nur ein Vorwand, um einen Zuckerguß anbringen zu können.

Harold Lloyd,
The Stag Cook Book, 1922

Wanderbrot

1 Tasse Weizenkörner
Wasser
Sesam oder Sonnenblumenkerne

Weizenkörner über Nacht in reichlich Wasser einweichen. Wasser am Morgen abgießen und die Körner in eine zugedeckte Schale ohne Wasser geben. Körner stehen lassen und zweimal am Tag mit Wasser begießen. Innerhalb von 2 Tagen sollten die Körner zu ihrer doppelten Größe gekeimt sein. Die gekeimten Körner durch einen Fleischwolf geben. (Am besten reinigt man den Fleischwolf unmittelbar nach dem Gebrauch, sonst muß man später eine furchtbar klebrige Masse entfernen.) Aus dem Weizenteig mit nassen Händen kleine, flache, ungefähr 3 cm hohe Laibe formen. Einige Sesam- oder Sonnenblumenkerne auf das Backblech streuen, so daß das Brot nicht auf dem Brett hängen bleibt, und die Laibe im Ofen backen, bis sie braun sind.

Variante: Dieses Brot kann auch aus Roggenkörnern gebacken werden. Außerdem können Rosinen, zerriebene, getrocknete Kräuter, klein geschnittene Datteln oder Nüsse zum Teig gegeben werden.

Peter Schumanns Roggenbrot

Eine beliebige Menge Roggenkörner ziemlich grob mahlen. Das Mehl mit warmem Wasser zu einer breiigen Konsistenz mischen und diesen Brei 2 – 3 Tage lang an einem warmen Platz stehen lassen. In dieser Zeit kann es fermentieren und einen Sauerteig bilden. Noch einmal die gleiche Menge Roggenkörner mahlen und sie mit dem Sauerteig mischen. Etwas Salz und genug warmes Wasser dazugeben, damit sich der Teig 20 – 30 Minuten sehr kräftig kneten läßt. Teig zudecken und ihn eine Stunde stehen lassen. Den Teig wieder kneten und dann Laibe formen, die auf einem mit Mehl bestreuten Brett leicht gerollt werden können. Die Brote 1 ½ Stunden lang im Ofen backen. Die Kruste wird *hart* sein. Das Brot mit einem scharfen Messer sehr dünn schneiden. Es schmeckt nach 2 Tagen besser und hält sich sehr lange.

Ungebackener Fruchtkuchen

1 Liter Weizenkörner, fein gemahlen
1 Kokosnuß, gerieben (mit Milch)
230 g Rosinen
100 g Zitronenschale, gerieben oder gehackt

Alle Zutaten zusammenrühren und den Teig mit der Hand in eine Kuchenform drücken. Kuchen entweder an einem kühlen Ort aufbewahren oder sofort essen.

Indianerkuchen

1 Tasse Maismehl
2 Tassen Vollkornweizenmehl
1 Tasse Ahornsirup
½ Tasse Rosinen, über Nacht eingeweicht
½ Tasse Nüsse, gehackt
1 Tasse Butter
3 EL Melasse

Die trockenen Zutaten mischen. Butter auf dem Herd schmelzen, über die Mehlmischung gießen, umrühren und etwas Melasse dazugeben. Den Buttertopf mit wenig heißem Wasser ausspülen und dazugeben, bis man die ganze Mischung in eine gut gefettete Kuchenform gießen kann. Den Kuchen im Ofen backen, bis er braun ist.

Holländisches Roggenbrot

4 Tassen Roggenmehl
1 Tasse geschroteter Weizen
¼ Tasse Weizenkeime
1 EL Kümmel
1 ½ TL Meersalz
2 EL Öl
2 EL Honig oder Melasse
3 Tassen heißes Wasser

Die trockenen Zutaten mischen und die feuchten hineinrühren. Teig zudecken und ihn über Nacht beiseite stellen. Je nach Konsistenz am Morgen etwas Mehl dazugeben und einen festen Laib formen. Den Laib im heißen Ofen 4 Stunden in einer zugedeckten Form, die in einem Topf mit heißem Wasser steht, backen. Der Wassertopf muß stets voll sein.

Philipp Lovells »Einfaches Brot«

2 EL Honig, in einer Tasse warmem Wasser aufgelöst
1 Päckchen Hefe, in einer Tasse warmem Wasser aufgelöst
¾ Pfund Vollweizenmehl

Honig und Hefe zum Mehl geben und 3 Minuten lang gut umrühren. Einen glatten, festen Teig formen; dabei, wenn nötig, noch eine Handvoll Mehl zugeben. Der Teig muß nicht geknetet werden. Er wird in lange Brotformen gefüllt und 45 Minuten lang an einen warmen Platz (nicht an den Ofen) gestellt. Im heißen Ofen 1 Stunde lang backen.

Fladenbrot

2 Tassen Vollkornweizenmehl
1 Prise Meersalz

Zutaten mischen und genügend kaltes Wasser zufügen, um einen dicken Teig zu formen. Diesen etwa ½ cm dick auf eine ölbedeckte Bratpfanne geben und von beiden Seiten backen, bis das Brot knusprig braun ist.

Variante: Dieselben Zutaten nehmen, aber heißes Wasser verwenden und einen sehr trockenen Teig mischen. ½ cm dicke Fladen auf einem mehlbestäubten Brett ausrollen, sie in Quadrate schneiden und im heißen Ofen backen. Zum Bräunen auf beiden Seiten backen.

Brot aus frischem Mais

Wenn der Mais noch frisch ist, aber zu hart zum Kochen und noch zu weich, um ihn zu mahlen, kann man ihn auf einer groben Reibe reiben, ein bißchen Meersalz dazugeben und mit den Händen schmale Laibe formen. Diese auf einem Kuchenblech im heißen Ofen eine halbe Stunde lang (oder bis sie braun sind) backen.

Indische Chappatis

Eine beliebige Menge Mehl in einer großen Schüssel mit genug kaltem Wasser mischen, um einen steifen Teig zu machen. Diesen kneten, eigroße Stücke davon abnehmen und auf einem eingemehlten Brett sehr dünn ausrollen. Chappatis auf dem Herd auf einem ungefetteten Kuchenblech oder in einer schwach geölten, schweren Pfanne backen. Chappatis umdrehen, so daß beide Seiten braun werden.

Maisbrot

2 Tassen Maismehl
1 TL Meersalz
¼ Tasse Öl

Mehl und Salz mischen, Öl hineinrühren und genug kaltes Wasser dazugeben, um mit den Händen zunächst feste Bälle und aus diesen flachen Pastetchen formen. In kleinen Kuchenformen oder auf einem geölten Backblech im heißen Ofen backen, bis sie braun sind.

Das beste Maisbrot, das wir je aßen, war aus gut geknetetem Mehl hergestellt, mit keinen anderen Zutaten als Wasser und ein wenig Salz. Es wurden Stücke geteilt, ungefähr von der Größe und Form des Fußes eines Menschen und dann in die Asche gelegt, zum Rösten wie Kartoffeln. Da ließ man es die ganze Nacht.
Es gibt drei große Geheimnisse, wie man ein gutes Maisbrot macht: das Mehl niemals sehr fein mahlen, immer frisch mahlen und keine Angst davor haben, es zu lange zu backen. Jedes Maisbrot sollte lange gebacken werden.

Solon Robinson,
Facts for Farmers, 1866

Ungebackener Nußlaib

1 Tasse gemahlene Mandeln
½ Tasse gehackte Walnüsse
4 EL Haferflocken
½ TL Meersalz
1 Prise Thymian
2 – 4 EL kaltes Wasser

Nüsse mischen und Haferflocken, Meersalz und Thymian zufügen. Masse allmählich mit Wasser anfeuchten und einen Laib daraus formen. Diesen an einem kalten Platz mindestens 1 Stunde lang stehen lassen, bevor man ihn serviert. Das Brot mit scharfem Messer schneiden.

Weizengebäck

1 Tasse Margarine
3 Tassen Vollkornweizenmehl
1 Tasse Hüttenkäse

Die weiche Margarine mit dem Mehl mischen. Alles gut mit den Händen vermengen und den Hüttenkäse hineinrühren. Es sollte ein trockener, aber zäher Teig werden. Teig auf einem bemehlten Brett ausrollen, in kleine, dünne Vierecke oder Kreise schneiden oder mit den Händen dünne Bällchen formen. Das Gebäck auf einem geölten Kuchenblech im heißen Ofen backen, bis es auf beiden Seiten braun wird.

Unsere Vermonter Reisekekse

2 Tassen Maismehl
2 Tassen Vollkornweizenmehl
1 Tasse Haferflocken
1 Tasse Weizenflocken
½ Tasse Weizenkeime
1 ½ TL Meersalz
1 Tasse gehackte Nüsse (wahlweise)
½ Tasse Rosinen (wahlweise)
2 Tassen dunkle Melasse oder Ahornsirup
1 Liter Buttermilch oder saure Milch

Alle trockenen Zutaten in einer großen Schüssel mischen und dann die flüssigen dazugeben. Etwas Wasser zufügen, um die Mischung feucht genug zu machen, so daß sie vom Löffel tropft. Sie sollte aber auch nicht zu flüssig werden. Die Masse in einzelne eingefettete Kuchenformen löffeln und im heißen Ofen ½ Stunde lang backen. Kuchen wenden, damit auch die Unterseite braun wird.

Variante: Statt der Milch kann man auch Sojasauce (3 EL) oder Öl (3 EL) dazugeben.

Erdnuß-Mais-Cracker

1 Tasse Erdnußmus
1 Tasse kaltes Wasser
1 Tasse Maismehl

Erdnußmus mit Wasser cremig rühren. Diese Mischung in einer Pfanne auf dem Herd erwärmen, Maismehl hineinrühren und alles gründlich durchschlagen. Wenn die Masse zu fest ist, etwas mehr Wasser zufügen. Den Teig vom Holzlöffel auf ein geöltes Backblech tropfen lassen und bei mäßiger Hitze eine halbe Stunde (oder bis er braun ist) backen.

Knuspriges Möhrengebäck

6 Tassen geriebene Karotten (ich benutze die Reste vom Möhrensaft-Herstellen)
1 Tasse Maismehl
1 Tasse Weizenkeime
½ Tasse gemahlene Sonnenblumenkerne
1 Tasse Haferflocken
1 Tasse Vollkornweizenmehl
1 EL Meersalz
1 Handvoll getrocknete Kräuter
3 EL Melasse
4 EL Öl
Suppenbrühe oder Wasser

Alle Zutaten mischen und so viel Suppenbrühe oder Wasser dazugeben, daß man mit der Hand Brötchen daraus formen kann. Diese in kleinen Kuchenformen 1 Stunde im heißen Ofen backen. Kuchen umdrehen, so daß auch die Unterseite braun wird.

Annies Muffins

1 ½ TL Hefe
1 Tasse Kleie
½ Tasse Sojamilch oder Wasser
1 EL Öl
2 Tassen Vollkornweizenmehl

Hefe in ½ Tasse warmem Wasser auflösen. Kleie in ½ Tasse warmer Sojamilch oder Wasser 5 Minuten lang aufweichen lassen, Öl zugeben und die Hefe einrühren. Mehl und Kleie zufügen, bis der Teig etwas elastisch wird. Den Teig 15 Minuten lang an einem warmen Platz gehen lassen. Den Teig eßlöffelweise in Brötchenformen oder auf ein gefettetes Kuchenblech geben und die Brötchen im sehr heißen Ofen 20 Minuten lang backen.

Karottenküchlein

2 Tassen Vollkornmehl
2 Tassen geriebene Karotten
½ Tasse gehackte Nüsse
½ Tasse geriebene Kokosnuß
1 Prise Meersalz
½ Tasse Öl
½ Tasse Ahornsirup oder Honig
1 Spritzer Zitronensaft

Zunächst die trockenen Zutaten mischen, dann die feuchten zugeben und alles umrühren. Den Teig eßlöffelweise auf ein geöltes Kuchenblech geben und im heißen Ofen backen, bis die Küchlein braun sind.

Bananenküchlein

3 EL Honig
8 EL Sojaöl
1 reife Banane, zerdrückt
2 Tassen Vollkornweizenmehl
½ Tasse Wasser oder Fruchtsaft
½ Tasse Rosinen,
über Nacht eingeweicht

Honig und Öl mischen und die Banane zugeben. Mehl mit einem Holzlöffel oder von Hand hineinarbeiten, dann Flüssigkeit und Rosinen zugeben. Den Teig löffelweise auf geölte Kuchenbleche geben und bei mäßiger Hitze, bis die Küchlein braun sind, backen.

Knuspriges Buchweizengebäck

1 Tasse Buchweizengrütze
2 Tassen Vollkornweizenmehl
2 EL Honig
1 EL Melasse
2 EL Öl

Zunächst die trockenen Zutaten mischen und dann die feuchten dazugeben. Den Teig gut durchkneten oder rühren, damit er fest wird. Den Teig auf einem bemehlten Brett ausrollen und in Vierekke schneiden. Diese auf einem geölten Kuchenblech backen, bis das Gebäck braun ist.

Hafermehlgebäck

2 Tassen Haferflocken
2 Tassen Vollkornweizenmehl
1 reife Banane, zerdrückt
½ Tasse Rosinen, über Nacht eingeweicht
1 Tasse Honig
1 ½ Tassen kaltes Wasser oder Apfelsaft
2 TL Zitronensaft
2 EL Melasse

Die trockenen und die feuchten Zutaten jeweils getrennt mischen und alles zusammenrühren. Den Teig löffelweise auf geölte Bleche geben und bei mäßiger Hitze backen, bis das Gebäck braun ist.

Erdnußbutter-Waffeln

2 EL Erdnußmus
½ Tasse Honig
2 EL Erdnußöl
1 Tasse Haferflocken
1 Tasse Vollkornweizenmehl
½ TL Vanille

Erdnußmus, Honig und Öl mischen und dieses Gemisch mit ½ Tasse Wasser verrühren. Haferflocken, Mehl und Vanillegewürz dazugeben. Alles gut mischen, den Teig mit dem Löffel auf ein geöltes Kuchenblech geben und im heißen Ofen backen, bis die Waffeln braun sind.

Aber ich habe süßere Sachen, von denen ich Dir erzählen will. Nach dem Essen kommt erst das richtige Festessen – es kommt der Konditor. Er wird Dir solche Kostbarkeiten zeigen, in denen die Kunst sich immer noch zu übertreffen scheint.

Sir Theodore Mayerne,
Excellent & Approved Receipts & Experiments in Cookery, 1658

Laßt Euren Gaumen nicht durch gezukkerte Lockungen der zynischen Sünde verführen.

William Vaughan,
Directions for Health, 1600

Es ist fast ein Menschenleben wert, in diesen aufregenden Tagen und bei den heutzutage aufregenden Dingen, einen jungen Menschen von Konditorwaren wegzuhalten. Zucker und Melasse sind genug Versuchung und schlecht genug, aber, wenn wir darüber hinaus gehen und dem begierigen jugendlichen Appetit die verfeinerten Produkte des modernen Konditors anbieten, ist es außerordentlich schwierig, die Jugend im Rahmen von Verstand und Erfahrung zu halten.

William A. Alcott,
The Mother in Her Family, 1838

Während die Herstellung von Suppen und Fleischwaren gröberen und kräftigeren Händen überlassen werden, sind die zarten Finger der Dame des Hauses am besten geeignet, die Zutaten für exquisite Desserts zu mischen. Es ist für die Sparsamkeit des Haushaltes absolut notwendig, daß diese Kunst einen Teil der Erziehung jeder Dame bilden sollte.

A Boston Lady,
The Dessert Book, 1872

Eine bezaubernde Sache in bezug auf den Nachtisch ist, daß Damen ihn machen können. Sie brauchen nicht zu schwitzen oder ihre weißen Schürzen schmutzig zu machen. Milch, Eier, Gewürze und Zucker sind angenehme Dinge, mit denen sie ihre Zeit verschwenden können. Bei heißem Wetter eine ganze Mahlzeit zu kochen, das Geschirr hinterher aufzuwaschen, das ist nüchterne Prosa von einem langweiligen Autor. Aber den Nachtisch zu machen, das ist Poesie.

M.E.W. Sherwood,
The Art of Entertaining, 1892

»Ich muß sagen, ich genieße ein Eis zum Essen«, sagte Lady Considine. »Ich weiß, die Ärzte tadeln das, aber ich beobachte, daß sie es selbst immer tun, wenn sie die Gelegenheit dazu haben.«

Mrs. W.G. Waters,
The Cook's Decameron, 1920

Desserts und andere Köstlichkeiten

Als wir 1953 nach Maine zogen, war unser nächster Nachbar ein unvoreingenommener, etwas ungepflegter und schlampiger alter Mann, der in einem baufälligen, unordentlichen Haus lebte. Seine Intelligenz, sein Wissen und seine beständigen, intelligenten Beobachtungen machten ihn jedoch zu einem angenehmen Gesellschafter. Er kam oft zu einer Mahlzeit vorbei. Wenn er satt war, gab er keinem Drängen nach, sondern erwiderte stets höflich: »Vielen Dank, aber ich bin reichlich gesättigt.« Der allgemeinen Sitte entsprechend wird das Dessert gewöhnlich nach dem Essen serviert, wenn alle schon mehr als »reichlich gesättigt« sind.

Ein Nachtisch wird nicht gegessen, weil ein Bedürfnis danach besteht, sondern weil er gut schmeckt. Die Versuchung ist zu groß, um ihr zu widerstehen. Einer Portion Kuchen, Pudding, Torte oder Eiscreme folgt oft eine zweite oder gar dritte Portion. Ich habe solche Desserts auch schon gegessen, aber nicht, wenn gleichzeitig eine Schale reife rohe Kirschen oder Weintrauben oder eine saftige Ananas zur Auswahl stand. Früchte sind eine vollkommene Nahrung, die wenig oder keine Vorbereitung, kein Kochen und kein Würzen benötigt. Sie enthalten viele lebenswichtige Mineralstoffe, Vitamine und Nährstoffe. Wenn überhaupt ein Nachtisch serviert wird, sollten es Früchte und Nüsse sein. »Mit Nüssen und Feigen kröne ich das fröhliche Mahl«, sagte Horaz 30 Jahre vor Christi Geburt.

Was die Desserts betrifft, so bin ich kein großer Freund davon. Ich denke, sie sind ungesund, weil sie unnötig sind. Jedenfalls möchte ich sie nur in Maßen haben und auf einige Sorten von reifem Obst beschränken. Eingemachte Früchte nach dem Essen sind übersättigend. Ich halte sie nach einer kräftigen Mahlzeit für schädlich für die Verdauung, und Konditorwaren sind noch schlimmer, denke ich. Desserts werden zu Schaustücken gemacht und sind eine ständige Quelle der Versuchung zu Exzessen.

A Bon Vivant,
The Art of Dining, 1874

Als ein nörgelnder Marquis ausrief: »Was! Ihr Philosophen eßt Süßigkeiten?« erwiderte der Philosoph Descartes: »Meint Ihr, das Schicksal macht die guten Sachen nur für Dummköpfe?« Jetzt komme ich zur Eiscreme, die bei jung und alt allgemein beliebt ist – ein Leckerbissen, mit dem ich manchmal sündige. In meiner Kindheit bestand Eis zu Hause nur aus Sahne, Früchten und Zucker und wurde mühsam in einem hölzernen Eiskübel gedreht, der kleingehacktes Eis und Salz enthielt. Da es ein ganz besonderes Dessert war und nicht wie heute ein allgemein übliches, war es besonderen Gelegenheiten vorbehalten. Als Scott mir den Hof machte (wenn ein solcher Ausdruck unsere »Anfänge« beschreiben kann) bereitete er ein köstliches Bananeneis zu: Ein Teil Sahne, ein Teil Milch, ein Teil zerdrückte Früchte und das Ganze leicht gesüßt. Danach haben wir dieses Eis nur noch selten zubereitet.

Nahrungsmittel, die konserviert und gesüßt sind, um den Geschmack zu reizen, können nicht als gleichwertig gegenüber frischen Nahrungsmitteln betrachtet werden. Der vielleicht größte Schaden, der durch das Essen von Süßigkeiten entsteht, ist der, daß sie die einfacheren, weniger geschönten, aber kräftigeren und wichtigeren Lebensmittel verdrängen. Früchte sind so reich und so gut, daß wir keine konzentrierten Süßigkeiten brauchen, die zwar verlockend, aber für das Wohlbefinden des Körpers von zweifelhaftem Wert sind.

Ich kenne einen Zahnarzt, der Süßigkeiten »das Entzücken des Zahnarztes« nennt und ein Schild an der Decke hat, über das die Patienten nachdenken können, während er sie untersucht: »Unterstütze Deinen Zahnarzt. Iß mehr Süßigkeiten.«

Ein Verbot des Verkaufs von Süßigkeiten würde innerhalb von drei Jahren 50 % aller Zahnärzte arbeitslos machen.

Dr. A.F. Reinhold,
Nature Versus Drugs, 1898

Nach all diesen bitteren Worten über Zucker und Süßigkeiten möchte ich nun vorstellen, wie ich Marmeladen und Süßigkeiten bereite, indem ich natürliche Süßungsmittel verwende und keinen raffinierten Zucker. Die meisten Marmeladen, die ich heute mache (und es sind sehr wenige), sind ungekocht – ich quetsche Himbeeren, Erdbeeren, Heidelbeeren und Brombeeren aus dem Garten in einer Schüssel zu Brei und süße mit Honig. Das Ergebnis fülle ich kalt in Gläser, die ich in die Gefriertruhe stelle.

Da ich früher auch gekochte Marmeladen gemacht habe, kann ich dazu einige Tips geben: Immer auch einige unreife Früchte nehmen, da sie mehr Pektin enthalten und die Marmelade somit schneller steif wird. Um das Steifwerden zu unterstützen, reibt man auch kleine rohe Kartoffeln in den kochenden Kessel, wenn das Kochen sich dem Ende nähert. Diejenigen, die diese Methode erschreckt oder abstößt, können auch einen kleinen unreifen Apfel in den Kessel reiben. Dies hat die gleiche Wirkung.

Bevor man Marmelade macht, reibt man die ganze innere Oberfläche des Topfes, einschließlich des oberen Randes, mit Butter ein. Dadurch wird Anbrennen und Überkochen verhindert.

Am besten werden die Früchte zerdrückt, bevor man sie auf den Herd stellt. Sie werden langsam zum Kochen gebracht, bevor man allmählich Zucker oder ein anderes Süßungsmittel dazugibt.

In einem alten Rezeptbuch fand ich nach einem Rezept für Gewürzgurken die Empfehlung:

»Nachdem Sie sie auf diese feine Art zubereitet haben – werfen Sie sie weg!« Ich werfe diese Dinge nicht weg – ich mache sie einfach nicht mehr.

Nahrungsmittet die man leidenschaftlich begehrt, die bitter, sauer, salzig, scharf, trocken und brennend sind und Schmerzen, Übel und Krankheiten hervorrufen. Uns tun jene Lebensmittel gut, die Vitalität, Energie, Kraft, Gesundheit, Freude und Heiterkeit vermehren, die köstlich, milde, kräftig und angenehm sind.

The Bhagavad-Gita, 5. Jh. v.Chr.

Gewürze schaffen einen falschen Hunger, eine Begierde nach Nahrungsmitteln. Echter Hunger, ein Bedürfnis nach Nahrungsmitteln, ist das beste Gewürz.

Als Denyse, König von Sizilien, seine Suppe gegessen hatte, die ein Koch aus Lacedemonia zubereitet hatte, sagte er, daß das Gericht ihm nicht geschmeckt habe. Der Koch antwortete, dies sei kein Wunder, denn es hätten die Gewürze gefehlt. Als der König fragte, welche Gewürze, antwortete er: »Arbeit, Schweiß, Hunger und Durst, womit die Speisen der Lacedemonier immer zubereitet werden.

Sir Thomas Elyot,
The Bankette of Sapience, 1545

Trotz alledem will ich hier einige Desserts aus meiner vergeudeten Jugendzeit vorstellen, an denen ich festgehalten habe, weil sie nicht allzu ungesund sind.

Gebackene Äpfel

6 Äpfel, geviertelt und entkernt
½ Tasse Ahornsirup
2 EL Butter

Die Äpfel nicht schälen, es sei denn, die Schalen sind hart. Die Äpfel in eine Backform geben und soviel Wasser dazu gießen, daß der Boden bedeckt ist. Den Ahornsirup dazugeben und Butterstückchen über die Äpfel verteilen. Eine halbe Stunde lang im heißen Ofen backen und warm servieren.

Süßer Apfeltraum

1 Liter Apfelkompott
3 reife Bananen, zerdrückt
1 Tasse saure Sahne
3 EL Ahornsirup
1 Spritzer Zitronensaft
½ Tasse Walnüsse oder andere Nüsse, gehackt

Apfelkompott in einer großen Schüssel mit Bananen, saurer Sahne, Ahornsirup und Zitronensaft mischen und die Mischung in einzelne Schälchen löffeln. Wenn nicht sofort serviert wird, das Dessert im Kühlschrank aufheben. Nüsse kurz vor dem Servieren über jede Portion streuen.

Apfelkompott

1 Tasse Ahornsirup
½ Tasse Wasser
8 Äpfel (Kerngehäuse entfernen)

Sirup und Wasser zu heftigem Kochen bringen. Äpfel in Sechstel schneiden und zu dem kochenden Sirup geben. Umrühren und köcheln lassen, bis die Apfelscheiben fast weich, aber noch nicht breiig sind.

Preiselbeer-Apfel-Kompott

2 Tassen frische Preiselbeeren
3 Tassen Äpfel, geschält und in Scheiben geschnitten
2 Tassen Orangenscheiben
½ Tasse Ahornsirup

Preiselbeeren waschen und gut abtropfen lassen. Alle beschädigten Beeren aussortieren. Die Hälfte der Beeren in einen 2-Liter-Topf geben und die Hälfte der Apfelscheiben sowie die Hälfte der Orangenscheiben darauflegen. Die restlichen Früchte darüber schichten, bis sie aufgebraucht sind. Sirup über die Früchte gießen. Das Kompott zugedeckt bei mäßiger Hitze 30 – 45 Minuten lang backen. Warm oder kalt servieren.

Himbeer-Apfel-Kompott

2 Tassen frische Himbeeren
4 Tassen Äpfel, geschält und geviertelt
½ TL Zimt
1 – 2 EL Honig, nach Belieben

Himbeeren in einen Mixer oder einen Fleischwolf geben. Äpfel und Zimt zufügen und einige Sekunden mixen bzw. mahlen. Die Mischung sollte nicht zu glatt sein. Genug Honig dazugeben, um die gewünschte Süße zu erhalten. Sofort servieren.

Schneller Apfelpudding

1 Tasse gekochte Weizenkörner, Buchweizen oder Hirse, abgekühlt
3 Tassen Apfelkompott
1 Tasse Joghurt
Ahornsirup oder Honig

Getreide, Apfelkompott und Joghurt in einer großen Schüssel mischen, bis die Mischung glatt ist. Ahornsirup oder Honig zum Abschmecken dazugeben und sofort servieren.

Würziger Rhabarber

3 Tassen Rhabarber, in 5 cm lange Stücke geschnitten
1 Tasse Honig
1 Stange Zimt, 5 cm lang

Alle Zutaten in einen schweren Topf geben und zugedeckt bei mäßiger Hitze kochen, bis der Rhabarber weich, aber nicht musig ist – weniger als 10 Minuten müßten reichen. Zimtstück vor dem Servieren herausnehmen und heiß oder kalt servieren.

Variante: Um ein ansprechend aussehendes, rot gefärbtes Kompott zu erhalten, gibt man unmittelbar vor dem Servieren 1 Tasse Himbeeren oder in Hälften geschnittene Erdbeeren dazu.

Bananen-Tofu-Pudding

3 sehr reife Bananen
2 Stück Tofu
3 EL Ahornsirup
1 Prise Zimt oder Muskatnuß

Bananen in Scheiben schneiden und in einen Mixer füllen. Tofu in kleine Würfel schneiden und zusammen mit dem Ahornsirup zu den Bananen geben. Mixen, bis eine glatte Mischung entsteht. In Schalen servieren und Zimt oder Muskatnuß obenauf streuen.

Bananeneiscreme

12 sehr reife Bananen,
in Scheiben geschnitten
2 Tassen Ahornsirup oder Honig
2 Tassen Orangensaft
½ Tasse gehackte Cashewnüsse

Ein Drittel der Bananen, des Sirups bzw. Honigs und des Orangensaftes in einen Mixer geben und zu einer glatten Mischung mixen. Die Mischung in eine Schüssel geben und den Vorgang in 2 weiteren Portionen wiederholen. Cashewnüsse dazurühren, die Mischung in 2 oder mehr flache Kühlschalen geben und mehrere Stunden oder über Nacht gefrieren lassen. Die Konsistenz wird durch gelegentliches Umrühren besser.

Gebackene Bananen

6 geschälte Bananen
½ Tasse Ahornsirup

Bananen in eine große Pfanne legen, Sirup darübergießen und bei mittlerer Hitze kochen lassen. Dabei gelegentlich umdrehen, bis der Ahornsirup anfängt zu kandieren. Heiß servieren.

Tropische Bananen

6 Bananen
½ Tasse Zitronen- oder Orangensaft
2 EL Butter
½ Tasse geriebene Kokosnuß
3 EL Honig oder Ahornsirup

Bananen schälen, längs schneiden und in eine große Pfanne legen. Fruchtsaft darüber gießen und Butterstücke dazugeben. Kokosnuß darüber streuen und obenauf Honig geben. Bananen bei niedriger Hitze 10 Minuten lang kochen und mehrmals mit dem Saft in der Pfanne begießen. Heiß servieren.

Scotts Philadelphia-Eiscreme

2 Tassen Sahne
2 Tassen Milch
2 Tassen Früchte (Bananen,
Erdbeeren, Pfirsiche)
1 Tasse (oder nach Geschmack) Honig
oder Zucker

Die Früchte zerdrücken, alle Zutaten in einer großen Schüssel zusammenrühren und die Mischung in 2 oder mehr Tiefkühlschalen geben. Die Mischung 3 – 4 Stunden lang gefrieren lassen und dabei gelegentlich umrühren.

Ingwer-Pfirsiche

6 Pfirsiche, geschält
3 EL Zitronensaft
2 TL Ingwerpulver
2 TL Honig oder Ahornsirup
½ Tasse Wasser
½ Tasse Sahne oder einfachen Joghurt

Pfirsiche in Scheiben schneiden und Zitronensaft daraufschütten, so daß er gut einziehen kann. Ingwer, Honig und Wasser in einen kleinen Topf geben, alles zum Kochen bringen und 5 Minuten köcheln lassen. Mischung abkühlen lassen und sie über die Pfirsiche gießen. Pfirsiche in einzelnen Schälchen servieren und Sahne oder Joghurt darübergeben.

Feigen-Rosinen-Dessert

20 getrocknete schwarze Feigen
1 Tasse Rosinen
Wasser
2 Tassen Sahne

Feigen und Rosinen in eine kleine Schüssel geben und so viel Wasser darüber gießen, daß sie bedeckt sind. Über Nacht einweichen lassen. Wenn Flüssigkeit übrigbleibt, diese am nächsten Tag abschütten und die Früchte mit Sahne servieren.

Ganz einfache Blaubeeren

1 Liter frische Blaubeeren
2 EL Ahornsirup
¼ Tasse Sahne

Blaubeeren waschen, abtropfen und trocknen lassen und die Beeren in einzelne Schalen geben. Sirup gleichmäßig über die Beeren schütten und mit Sahne servieren.

Beeren-Sorbet

1 Liter Blaubeeren, Himbeeren oder Erdbeeren
½ Tasse Ahornsirup
1 Tasse Sahne

Beeren waschen, zerdrücken und mit Ahornsirup mischen. Die Masse in 1 oder 2 flache Tiefkühlschalen füllen und diese mindestens 2 Stunden in die Gefriertruhe stellen; dabei ein- bis zweimal mit einer Gabel umrühren. Nach 2 Stunden müßte die Mischung dick genug sein, um sie zu servieren. Ansonsten kann sie über Nacht in der Gefriertruhe bleiben. Die Früchte in Schalen mit einem Klacks Sahne servieren.

Grünes Trauben-Dessert

4 Tassen kernlose Trauben
1 Tasse Sahne oder einfachen Joghurt
½ Tasse Honig oder Ahornsirup

Trauben waschen, abtropfen und trocknen lassen und in eine Schüssel geben. Sahne oder Joghurt mit Honig bzw. Ahornsirup mischen. Trauben hineingeben und gut durchziehen lassen. Einige Stunden oder über Nacht im Kühlschrank stehen lassen.

Süße Karotten

1 Tasse Rosinen
½ Tasse Zitronen- oder Orangensaft
4 Karotten, gerieben
2 sehr reife Bananen, in dünne Scheiben geschnitten
1 Tasse Sahne
1 Schuß Ahornsirup oder Honig, Menge nach Belieben

Rosinen in dem Zitronen- bzw. Orangensaft 30 Minuten lang in einer mittelgroßen Schüssel einweichen lassen. Karotten, Bananen, Sahne und Sirup bzw. Honig dazugeben. Alles kräftig zusammenrühren und die Mischung in einzelne Schalen geben. Wenn nicht sofort serviert wird, die Mischung kühlen.

Früchtemischung

2 Tassen frische Ananasstücke
3 Orangen, in Stücke geteilt
½ Tasse geriebene Kokosnuß
4 EL Ahornsirup

Die Hälfte der Ananasstücke und die Hälfte der Orangenscheiben in eine tiefe Schüssel geben und die Hälfte der Kokosnuß darüber streuen. Die Schichten wiederholen, indem man den Rest Ananas, Orangen und Kokosnuß verwendet. Ahornsirup darübergießen. Wenn nicht sofort serviert wird, im Kühlschrank aufheben.

Süße Hirse

1 Tasse Hirse
1 EL Zimt
1 EL Muskatnuß
½ Tasse Nüsse, gehackt
½ Tasse Rosinen
2 EL Honig oder Ahornsirup
2 Tassen heißes Wasser

Hirse und Gewürze in einen Topf geben. Kochendes Wasser daraufschütten, gut umrühren und 10 Minuten köcheln lassen. Nüsse dazugeben und alles noch 5 Minuten kochen. Warm mit Honig bzw. Ahornsirup servieren.

Köstliche Datteln

½ Pfund Haselnüsse, gemahlen
½ Pfund Datteln, fein gehackt
½ Pfund Rosinen

Alle Zutaten mischen, die Masse auf ein gut gebuttertes Kuchenblech geben und über Nacht in den Kühlschrank stellen. Die Masse am nächsten Tag in dünne Scheiben schneiden und anstelle von Keks oder Kuchen servieren.

Erdnußbutter-Kugeln

3 Tassen Haferflocken
1 Tasse Erdnußcreme
½ Tasse Wasser
1 ½ Tassen Honig
1 TL Vanille
1 Tasse Nüsse, gehackt

Haferflocken und Erdnußmus mit ½ Tasse Wasser zum Kochen bringen, Honig, Vanille und gehackte Nüsse dazugeben, alles gut umrühren und nochmals ungefähr 1 Minute zum Kochen bringen. Topf vom Feuer nehmen und abkühlen lassen. Die Masse auf eine gebutterte Platte oder Pfanne löffeln und daraus Kugeln formen.

Süßigkeiten, schnell gemacht

1 Tasse gemahlene Nüsse
¼ Tasse Bierhefe
½ Tasse rohe Weizenkeime
½ Tasse Honig
2 EL Erdnußöl
½ Tasse Rosinen
Sesamsamen

Alle Zutaten, außer dem Sesamsamen, mischen. Kugeln daraus rollen und mit Sesamsamen bestreuen.

Honigtoffee

2 Tassen Honig
3 EL Butter

Honig und Butter zusammen ungefähr 20 Minuten lang kochen – bis sich ein harter Klumpen bildet, wenn man die Masse von einem Löffel in kaltes Wasser tropfen läßt. Die Masse auf eine Marmorplatte oder auf eine eingefettete Kuchenplatte schütten. Die Hände mit Butter einfetten und die Masse, wenn sie abkühlt, auseinanderziehen, bis sie hart wird. Dann in Stücke schneiden.

Variante: Statt des Honigs 2 Tassen Melasse und die geriebene Schale von 1 Zitrone nehmen.

Preiselbeerkompott

4 Tassen Preiselbeeren
1 ½ Tassen Wasser
2 Tassen Honig
1 Orange, geschält, entkernt und gewürfelt

Preiselbeeren in 1 ½ Tassen Wasser zum Kochen bringen und 5 Minuten lang kochen lassen. Honig dazugeben und weitere 5 Minuten kochen. Topf vom Feuer nehmen und ihn zum Abkühlen zugedeckt lassen. Orangenwürfel unmittelbar vor dem Servieren hineinrühren.

Pfirsichmarmelade

3 Tassen geschälte und gewürfelte Pfirsiche
2 Tassen Blaubeeren
1 Tasse Hagebutten, halbiert und ohne Kerne
1 Tasse geriebene grüne Äpfel
3 Tassen Honig oder Rohzucker

Alle Zutaten zusammen kochen, bis die Mischung dick wird und am Löffel hängenbleibt. Das dauert bis zu einer Stunde. Die Mischung in heiße, sterilisierte Marmeladengläser gießen und diese luftdicht verschließen.

Hagebuttenmarmelade

6 Tassen Hagebutten, halbiert und von den Kernen befreit
1 Tasse wilde oder saure Äpfel, ungeschält und gewürfelt
1 kleine Kartoffel, gebürstet und gerieben
3 Tassen Honig

Alle Zutaten zusammenrühren und bei kräftiger Hitze kochen, bis die Mischung am Löffel hängenbleibt. Die Mischung in heiße, sterilisierte Gläser schütten und diese luftdicht verschließen.

Orangen-Karotten-Marmelade

Saft und Schale von 2 Orangen
Saft und Schale von 1 Zitrone
2 Tassen geriebene Karotten
2 Tassen Honig oder Rohzucker

Die Schalen in Scheiben schneiden, mit kaltem Wasser bedecken und köcheln lassen, bis sie weich sind. Geriebene Karotten und Honig dazugeben und umrühren. Fruchtsaft zugeben und alles bei starker Hitze kochen, bis die Mischung dick genug ist. Dies dauert ungefähr eine Stunde. Mischung in heiße, sterilisierte Gläser gießen und diese luftdicht verschließen.

Blaubeeren-Hagebutten-Marmelade

1 Liter Blaubeeren, mit einem Kartoffelstampfer zerdrückt
2 Tassen Hagebutten, in Hälften geschnitten und von den Kernen befreit
2 grüne Äpfel, gerieben
1 kleine Kartoffel, gerieben
3 Tassen Honig

Alles zusammen bei starker Hitze kochen, bis die Mischung so dick ist, wie man sie wünscht und am Löffel hängenbleibt. Das kann ungefähr 1 Stunde dauern. Die Mischung in heiße, sterilisierte Gläser gießen, die dann luftdicht verschlossen werden.

Rohe Erdbeermarmelade

2 Liter Erdbeeren, zerdrückt
1 Tasse (oder nach Belieben) Honig

Erdbeeren mit Honig mischen und bis 1 cm unter den Rand in Gläser füllen. Gläser im Kühlschrank oder in der Gefriertruhe aufheben.

Variante: Dieses Rezept kann man auch für Himbeeren, Blaubeeren und Brombeeren verwenden.

Heiße Blaubeersauce

2 Tassen Blaubeeren
½ Tasse Honig
½ TL Zimt
¼ TL Muskatnuß

Alle Zutaten vermischen und 10 Minuten lang kochen; dabei gut umrühren. Die heiße Mischung über ein Dessert löffeln. Sie kann auch kalt verwendet werden.

Grüner Tomaten-Chutney

1 Pfund Tomaten, klein geschnitten
½ Pfund Zwiebeln, gehackt
½ Pfund Honig
½ Pfund Rosinen
½ Liter Apfelessig
1 EL Meersalz

Alles zusammen köcheln lassen, bis die Masse dick wird. Chutney heiß in sterilisierte Marmeladengläser füllen.

Zucchini-Pickle

¼ Tasse Honig
2 TL Selleriesamen
1 TL Senf
1 TL Meersalz
1 Liter Essig
1 Pfund Zucchini, in Scheiben geschnitten
1 Pfund Zwiebeln, in Scheiben geschnitten

Honig, Selleriesamen, Senf und Meersalz im Essig zum Kochen bringen. Die kochende Mischung über die Zucchini und Zwiebeln schütten und 1 Stunde lang stehen lassen. Die Mischung dann noch einmal zum Kochen bringen und 5 Minuten lang köcheln lassen. Alles in sterilisierte Marmeladengläser füllen und für den Winter aufheben.

Gurken-Pickle ohne Salz

Eine beliebige Menge kleiner Gurken verlesen und waschen und in sterile, aber kalte Marmeladengläser geben. Die Gläser mit kaltem Apfelessig auffüllen und luftdicht verschließen. An einem kühlen Platz aufheben. Gurken-Pickles sind besonders im Winter beliebt. Der Essig kann wiederverwendet werden.

Preiselbeer-Relish

2 Äpfel, ungeschält und fein zerkleinert
4 Tassen Preiselbeeren
1 Zitrone, Saft und Schale
2 Orangen, Saft und Schale
Honig, Ahornsirup oder Rohzucker

Alles in einer feinen Mühle mahlen und Ahornsirup, Honig bzw. Rohzucker zum Abschmecken dazugeben. Die Würze im Kühlschrank aufheben und innerhalb von 1 – 2 Tagen verbrauchen.

Rote Bete-Pickle

Die ungeschälten Rote Bete kochen, bis sie weich sind, in kaltes Wasser geben und die Schalen abbürsten. Rote Bete in dünne Scheiben oder Würfel schneiden und in Gläser füllen. Währenddessen etwas Essig kochen und eine in Scheiben geschnittene Ingwerwurzel und Muskatblüte dazugeben. Die Flüssigkeit über die Rote Bete schütten und die Deckel auf die Gläser schrauben. Im Kühlschrank aufbewahren und nach Belieben verwenden.

Italienische Sauce

2 Zwiebeln, gehackt
4 Knoblauchzehen, gehackt
4 EL Olivenöl
2 Tomaten, klein geschnitten
1 Handvoll frisches Basilikum, gehackt

Zwiebeln und Knoblauch in Öl schmoren, bis sie weich sind. Tomaten, Basilikum und Salz dazugeben. Alles in sterilen Marmeladengläsern abfüllen und im Kühlschrank aufbewahren, bis man die Sauce braucht.

Pflanzliche Currysauce

8 Tomaten, gewürfelt
6 Zwiebeln, gehackt
1 Tasse Rosinen
¼ TL Currypulver

Alles zusammenmischen, bei mäßiger Hitze 10 – 15 Minuten lang kochen und dabei gelegentlich umrühren. Currysauce zu gekochtem Reis servieren.

Süße Joghurtsauce

2 Tassen Naturjoghurt
Saft von ½ Zitrone
2 EL Honig

Alle Zutaten mischen und gut verrühren.

Scharfe Joghurtsauce

2 Tassen Naturjoghurt
2 Knoblauchzehen, fein gehackt
½ TL Meersalz

Alle Zutaten gut vermischen. Die Sauce paßt als Dip oder als Beilage zu einem Gemüsegericht.

Schnelle Tomatensauce

1 Zwiebel, gehackt
½ Tasse Olivenöl
3 Tomaten, zerkleinert
1 TL Oregano
¼ TL Kreuzkümmel
¼ TL Paprika
½ TL Meersalz

Die Zwiebeln in Öl schmoren, alles andere dazugeben und zu kräftigem Kochen bringen. Topf zudecken und alles etwa ½ Stunde köcheln lassen. Die Sauce kann zu Linsen, Reis oder einem Nußlaib verwendet werden.

Ist sein Durst gelöscht, ist die Natur zufrieden. Es spielt keine Rolle, wann, oder ob er aus goldenem oder silbernem Pokal oder aus seiner hohlen Hand trinkt.

Seneca,
Poverty a Blessing, 60 A.D.

Wir haben Männer und Frauen von hohem Alter gesehen und mit einem starkem Körper, die niemals oder nur ganz selten ein anderes Getränk getrunken haben als reines Wasser (...). Wasser hat unzweifelhaft den Vorrang vor allen anderen Flüssigkeiten.

Sir Thomas Elyot,
The Castle of Helthe, 1534

Wir haben Getränke, die mit verschiedenen Kräutern zubereitet sind. Einige der Getränke sind wirklich beides, Speise und Trank, so daß manche Menschen, besonders im Alter, gern von ihnen leben möchten, mit nur wenig Fleisch oder Brot.

Francis Bacon,
New Atlantis, 1635

Ich trank von jedem Wein. Der letzte war wie der erste. Ich fand keinen Wein, der so wundervoll ist wie der Durst.

Edna St. Vincent Millay,
The Harp Weaver, 1923

Wasser bekommt immer, in jedem Alter und bei jeder Konstitution. Es ist eine Flüssigkeit, die wir wenig schätzen, weil sie alltäglich ist. Aber wenn wir die große Wohltat bedenken, die es schafft, sollten wir es für wertvoller halten als eine unendliche Zahl von Dingen, die zwar sehr selten und wertvoll, aber in bezug auf ihre Nützlichkeit nicht damit zu vergleichen sind.

Dr. M.L. Lemery,
A Treatise of All Sorts of Food, 1745

Trinken, nur um das Essen noch mehr zu genießen, ist degradierend und demoralisierend, da es den Intellekt verwirrt, die Leidenschaft entflammt und die Beine, die man als die Fundamente des Menschen bezeichnen kann, unfähig macht, die übernommene Last des Menschen zu tragen oder mit einem aufrechten und nach vorwärts strebenden Leben fortzuschreiten.

Prudence Smith,
Modern American Cookery, 1831

Es gibt keinen Bereich, in dem eine Frau nötiger beides braucht, Wissen und Moral, als dabei, ihren Einfluß zu benutzen, um ihre Familie in bezug auf anregende Getränke zu kontrollieren.

Catherine E. Beecher,
The New Housekeeper's Manual, 1874

Wasser und andere Getränke

Der größte Teil der Flüssigkeit, die der Körper braucht, sollte in unserem Essen enthalten sein. Wenn man saftige Früchte und Gemüse ohne Zusätze und Gewürze ißt, nimmt das Bedürfnis nach Wasser oder anderen Flüssigkeiten sehr stark ab. Weder Scott noch ich trinken viel Wasser, obwohl uns reichlich Wasser aus einer Quelle zur Verfügung steht. Wir trinken, da wir unsere Nahrung nicht salzen und nicht viel kochen und jeden Tag rohe Früchte essen, nicht mal ein Glas Wasser in der Woche. Im Hochsommer trinken wir vielleicht ein Glas am Tag.

Es mag als eine Regel gelten, von der niemals abgewichen werden sollte, daß jeder Ersatz für reines kaltes Wasser eine Beleidigung der Gesundheit ist. Wenn die Kost so ist, wie sie sein sollte, und die Gesundheit gut ist, dann hat man wenig oder keinen Durst.

Journal of Health, March 1853

Wasser ist ein sicheres Getränk für alle Konstitutionen, vorausgesetzt, daß man davon nur bei natürlichem Durst Gebrauch macht und nicht aus Gewohnheit trinkt. Wenn man kein Verlangen danach fühlt, sollte man es nicht während einer Mahlzeit einnehmen.

Dr. Andrew Combe,
The Principles of Physiology, 1834

Unsere Nahrung sollte uns mit einem großen Teil der Flüssigkeit versorgen, die unser Organismus braucht, und wenn sie von geeigneter Qualität ist und in geeigneten Mengen gegessen wird, wird sie das auch tun. Fast alles, was wir essen – besonders Früchte und Wurzeln – enthält reichlich Wasser.

William A. Alcott,
The Young Housekeeper, 1842

Kein Mensch, der gute Nahrung ißt und sie gut kaut, leidet, wenn er nichts zu trinken hat. Die Natur hat es so eingerichtet, daß unsere Nahrung reichlich mit Flüssigkeit versehen ist, wenn wir dies mit Geduld zu nutzen wissen.

Diese Versorgung zeigt sich als strömende Kraft aus immerwährenden Quellen in der Farbe der Wangen und anderswo.

William A. Alcott,
Ways of Living on Small Means, 1837

Der Mensch ist das einzige Lebewesen, das trinkt, ohne Durst zu haben. Man trinkt beim Essen, damit man noch mehr essen kann. Man nimmt scharf gewürzte Speisen zu sich, entweder Suppe oder Steak oder gesalzene Cracker, trinkt dazu einen Schluck Wasser oder ein stärkeres Getränk, um das Ganze hinunterzuspülen, und greift dann zu noch mehr Nahrung und noch mehr Wasser. Man trinkt aus Langeweile, um die Zeit totzuschlagen. Man trinkt, um Kummer zu ertränken. Man trinkt aus Geselligkeit: »Wenn es fünf Uhr schlägt, ist mein soziales Getränk fällig. Etwas Kuchen? Ein bißchen Sahne? Ein Stückchen oder zwei?«

Es gibt wenige Stunden im Leben, die angenehmer sind als die Zeit, die der als Nachmittagstee bekannten Zeremonie gewidmet ist.

Henry James,
The Portrait of a Lady, 1881

Wir sollten nur essen, wenn wir hungrig sind, und nur trinken, wenn wir durstig sind. Unser Getränk sollte Wasser sein, Kräutertee oder frischer Frucht- oder Gemüsesaft, nicht Cola, das wie schmutziges Flußwasser schmeckt und mit Likörmelasse gesüßt wird, oder die faden alkoholfreien Getränke, die nichts als Zuckerwasser mit Geschmack sind, und wir müssen gewiß keine die Kehle verätzenden, brennenden alkoholischen Flüssigkeiten trinken, die nur betrunken machen.

Kaffee ist ein anderes mächtiges Stimulans – und für ein gesundes Leben nicht nötig. Der vorübergehenden Stimmungserhöhung, die er bringt, folgt eine entsprechende Depression. Die gleiche schlechte Wirkung haben Kakao und Schokolade, die ähnlich wie Kaffee Gerbsäure und Coffein enthalten. Ähnlich überflüssig sind Kaffee-Ersatzstoffe.

Einige nehmen trockene braune Brotkrusten und rösten sie, andere weichen Roggenkörner in Rum ein und rösten sie, andere rösten Erbsen wie Kaffee. Nichts davon ist wirklich gut.

The Frugal Housewife, 1830

Die Chippewa-Indianer lösten Ahornzucker in kaltem Wasser auf, was als Getränk bei heißem Wetter diente.

Francis Densmore,
Uses of Plants by the Chippewa Indians, 1928

Früher machten unsere Vorfahren eine Art Glühwein, »um dem Magen wohl zu tun, gut für einen alten Mann« (A Lady, *Temperance Cook Book*, 1841). Es war ein warmes Getränk für Kranke: eine Mischung aus Wein oder Bier mit Eiern, Brot oder Haferschleim, Zucker und Gewürzen. Ein »Erfrischungsgetränk« war ein Getränk aus Sahne und Cidre, das zu Schaum geschlagen wurde:

Zwei Liter Rahm mit Hutzucker süßen. Gemahlene Muskatnuß zufügen. Nun die Kuh sehr schnell in die Flüssigkeit melken, damit diese sehr schaumig wird. Es ist eine sehr gute abendliche Unterhaltung.

Thomas Dawson,
The Good Huswife's Jewell, 1587

Andere alte Rezepte erwähnen einen »Molketrank« als gesüßten, heißen Milchtrank und »Met«, einen alkoholischen Honig-Trank.

Meine eigenen, zu Hause ausprobierten Rezepte, schließen Alkohol aus. Aber hier sind zwei außergewöhnliche Rezepte von Getränken aus alter Zeit und einige wohlmeinende Worte, wie man sich an ihnen erfreut:

Früchte in klarem Wasser kochen, ganz gleich, ob es Äpfel, Kirschen, Pfirsiche, Birnen oder Kochäpfel sind. Wenn sie genug gekocht haben, schüttet man sie in eine Schüssel und zerdrückt sie mit einer Suppenkelle. Sobald sie kalt sind, seiht man sie durch, schüttet sie in Rotwein oder Bordeaux und würzt sie mit Zucker, Zimt und Ingwer.

Thomas Dawson,
The Good Huswife's Jewell, 1587

Vollreife Früchte nehmen, sie zerdrükken und durchsieben. Auf je vier Liter Saft kommen zwei Pfund Zucker. Das Ganze in ein Faß oder einen Topf geben und diesen gut verschließen. Den Saft einen Monat oder fünf Wochen stehen lassen, dann in Flaschen füllen; dabei in jede Flasche einen Klumpen Zucker geben. Sherry kann auf die gleiche Art und Weise hergestellt werden.

The Receipt Book of a Lady of the Reign of Queen Anne, 1711

Cidre ist eine gute und gesunde Flüssigkeit, vorausgesetzt, daß man ihn mit Maß verwendet. Und man kann im allgemeinen sagen, daß er für die Gesundheit besser ist als Wein, denn sein Alkohol ist nicht so heftig und auch nicht so aufregend wie der des Weines.

Dr. M.L. Lemery,
A Treatise of All Sorts of Food, 1745

Frischer, süßer Cidre, sprudelnd vor Schönheit, funkelnd von Sonnenstrahlen, braucht weder Dichtkunst noch zusätzlichen Alkohol, um empfohlen werden zu können. So offensichtlich ist seine einfache Gesundheit, sogar für den Wanderer, es sei denn, er ist ein Verrückter.

Riley Fletcher Berry,
Fruit Recipes, 1919

Nun folgen einige meiner einfachen und aus wenigen Zutaten bestehenden Getränke. Am einfachsten ist es, das Ganze in einem elektrischen Mixer zu mixen. Wenn man keinen hat, tut es auch ein gewöhnlicher Schneebesen. Oder man füllt eine Flasche mit Schraubverschluß halbvoll und schüttelt kräftig. Neben unserem Mixer haben wir noch einen elektrischen Apparat, der sich für uns als unschätzbar erwiesen hat, seit wir Elektrizität haben: einen Entsafter, den wir meist für unser Karotten-Rote Bete-Apfel-Göttergetränk benutzen, das wir mindestens einmal in der Woche trinken.

Hierzu werden einige Pfund Karotten, ein Pfund Äpfel und einige geschälte Rote Bete gebürstet und in Streifen geschnitten. Dann werden sie durch den Entsafter gegeben, in einen Tonkrug gegosssen, und wir kommen in den Genuß einer der nahrhaftesten und köstlichsten Säfte überhaupt. Wir schätzen uns glücklich, ihn trinken zu können. Das ist unser regelmäßiges Sonntagsabend-Essen, das wir zusammen mit einer riesigen Schüssel Popcorn nach unserem wöchentlichen 24-Stunden-Fasten einnehmen.

Flüssigkeiten sollten stets schlückchenweise getrunken und nicht hinuntergeschüttet werden:

Nur Wasser ist in der Lage, den Durst zu stillen. Andere Getränke befriedigen diesen Zweck nur im Verhältnis der Menge zu der Flüssigkeit, die sie enthalten.

Lyman C. Draper,
A Helping Hand for Town and Country, 1870

Frischer Karottensaft

1 Pfund Karotten
½ Pfund Äpfel
2 Rote Bete

Karotten bürsten und waschen. Äpfel waschen (nicht schälen), Kerngehäuse entfernen und in Viertel schneiden. Rote Bete reinigen und schälen und in Scheiben schneiden. Karotten, Äpfel und Rote Bete durch den Entsafter geben.

Cashewnuß-Milch

4 EL gemahlene Cashewnüsse
2 Gläser kaltes Wasser
2 reife Bananen
Wasser zum Abschmecken

Die gemahlenen Cashewnüsse mit dem kalten Wasser in einen Mixer geben. Bananen dazugeben, eventuell noch etwas mehr Wasser zufügen und erneut mixen.

Heißer gewürzter Preiselbeer-Punsch

2 Liter Preiselbeeren
2 Liter Wasser
1 Tasse Ahornsirup oder Honig
4 Zimtstangen
1 TL ganze Nelken
1 Zitrone, in dünne Scheiben geschnitten
1 Tasse Orangensaft
1 Prise Muskatnuß

Preiselbeeren im Wasser so lange kochen, bis die Häute aufspringen. Durch ein Sieb rühren oder im Mixer mixen, Honig bzw. Ahornsirup, Zimt und Nelken dazugeben und alles 2 Minuten lang kochen. Topf vom Feuer nehmen und Zitronenscheiben sowie Orangensaft zufügen. Noch einmal erhitzen, Muskatnuß obenauf streuen und den Punsch heiß servieren.

Frischer Tomatensaft

Vor einigen Jahren wurde ich in Mexico City in eine sehr feudale Bar mitgenommen, um »etwas trinken zu gehen«. Zum Kummer meines Gastgebers bestellte ich Tomatensaft. Als ein hellrosa Getränk in einem riesigen und wunderschönen Glas vor mich gestellt wurde, dachte ich, es wäre eine Verwechslung, und sagte: »Ich habe Tomatensaft bestellt.« »Das ist es«, sagte der Kellner. Ich nippte, und in der Tat, es war wirklich Tomatensaft, und zwar der köstlichste, den ich jemals probiert hatte. Ich war an gekochten Tomatensaft aus Dosen gewöhnt. Dieser Saft jedoch war aus rohen Früchten gerade erst in einem Mixer hergestellt worden.

Nun mixe ich reichlich reife Tomaten in meinem Mixer (geviertelt, aber ungeschält), und damit ist der Saft fertig. Das einzige Wasser, das dazukommt, ist das Wasser, mit dem der Mixer ausgespült wurde. Es ist reiner Tomatensaft, so einfach, wie er nur sein kann.

Gemüsesaft

8 reife Tomaten, geviertelt
3 Stangen Sellerie, fein zerkleinert
1 grüne Zwiebel, fein gehackt
Saft einer halben Zitrone
1 – 2 Basilikumblätter

Alles im Mixer mixen und in einen Tonkrug geben. Mixer mit wenig Wasser ausspülen und dieses zufügen.

Grünes Wunder

1 junge Gurke, in Scheiben geschnitten, ungeschält
1 grüne Paprika, klein geschnitten
1 Knoblauchzehe, gehackt
Saft einer Zitrone
1 Liter Apfelsaft oder Ananassaft
3 Stangensellerie mit den grünen Blättern
1 Handvoll Pfefferminzblätter
1 Handvoll gehackte Petersilie

Gurke, grüne Paprika, Knoblauch und Zitronensaft mit genug Apfel- oder Ananassaft im Mixer vermixen. Sellerie, Pfefferminze und Petersilie dazugeben.

Variante: Auch Spinatblätter, Blattspitzen von Roter Bete und Beinwell können dazugegeben werden. So bekommt der Körper möglichst viel Chlorophyll.

Fruchtsaft

Beliebige Früchte oder Beeren (Pfirsiche, Birnen, Erdbeeren, Himbeeren oder Blaubeeren) im Mixer zusammen mischen.
Nach Geschmack mit Honig oder Ahornsirup süßen und mit kaltem Wasser verdünnen.

Bananendrink

4 reife Bananen mit einem Schuß Ahornsirup oder Honig in einen Mixer geben. Genug Wasser zufügen, damit es für 2 Gläser reicht.

Variante: Statt Wasser 1 Tasse Orangensaft dazugeben und mit ½ Tasse Grapefruitsaft sowie Honig abschmecken. Mixer mit wenig Wasser ausspülen und dieses zum Getränk geben.

Mandelmilch

2 Handvoll Mandeln blanchieren, indem man sie einige Minuten in kochendem Wasser einweicht und die Häute abzieht. Mandeln zusammen mit 4 Tassen Wasser und 2 EL Honig bzw. Ahornsirup in einen Mixer geben. Das Getränk mixen und durchsieben. Die schaumige Flüssigkeit trinken und dazu die Mandelreste essen.

Melassegetränk

8 EL Sojamehl bzw. Milchpulver, 6 EL Melasse und 2 Tassen Wasser mischen. Alles zum Kochen bringen, gut umrühren und heiß oder kalt servieren.

Hagebuttentee

Werden einfach nur getrocknete Hagebutten (siehe Seite 223) für den Tee genommen, ist er ziemlich fade und mild und hat wenig Geschmack. Ich gebe gewöhnlich Kamille oder Pfefferminze in gleichen Mengen dazu (1 Prise von jedem für jede Person) und gieße dann das kochende Wasser darauf.

Kokosnuß-Getränk

Im Mixer 2 reife Bananen mit 2 Tassen Ananassaft verflüssigen und die Milch einer ganzen Kokosnuß zugeben.

Grüne Wonne

Den Saft von 2 Grapefruits und 1 Orange in den Mixer geben. Eine Handvoll gehackter Petersilie zufügen und mixen, bis die Petersilie das Getränk färbt.
Den Saft in einen Tonkrug füllen. Mixer mit ungefähr 1 Tasse Wasser ausspülen und dieses in das Getränk gießen.

Wenn man sie sofort nach dem Pflükken ißt, sind alle Äpfel schwer zu verdauen; gut gelagert bis zum Winter, sind sie jedoch sehr gesund.

Sir Thomas Elyot,
The Castle of Helthe, 1534

Ohne Hilfe einer Mühle, um Hafergrütze zu bereiten, gehen einige gute Hausfrauen, denen es Freude macht, nur von der Hand in den Mund zu essen, in die Scheune (während ihr Topf kocht) und zerstoßen mit den Händen genügend für den momentanen Bedarf, nicht willens, für morgen vorzusorgen, sondern es dem nächsten Tag zu überlassen, es herbeizuschaffen.

Gerard's *Herball*, 1596

Der Bauer hat weder eine Familie, deren Bedarf immer im Laden gedeckt wird, noch einen Tisch, der vom Markt versorgt wird, sondern eine vorsorgende und bedachte Familie. Seine Vorräte stammen immer aus seinem eigenen Lager und entsprechen der Jahreszeit.

Don Antonio De Guevara, *The Praise & Happiness of the Countrie-Life*, 1631

Es gibt nichts, was die Sinne angenehmer berührt, als im tiefsten Winter Früchte zu haben, die so tadellos, ja sogar besser sind als damals, als man sie gepflückt hat (...). Man wird die eigenen Früchte dann mit sehr viel mehr Begeisterung und Zufriedenheit kosten, als im Sommer selbst, da ihre große Menge und Vielfalt eher übersättigt, als daß sie angenehm ist. Daher versuchen wir, die sinnvollsten und sichersten Mittel aufzuzeigen, wie man sie den ganzen Winter lang aufhebt, sogar so lange, bis die neue Ernte Anlaß gibt, auf die alte zu verzichten.

John Evelyn,
The French Gardiner, 1675

Es kann kein Zweifel sein, daß es bei weitem am ökonomischsten ist, einen Haushalt mit den notwendigen Konsumgütern zu versorgen, indem man für die Woche einen Vorrat anlegt, anstatt, wie viele es tun, von Tag zu Tag einkauft.

One Who Makes Ends Meet,
Economy for the Single and Married, 1845

Innerhalb der erforderlichen Grenzen hat einer, der seinen eigenen Garten und seinen eigenen Keller hat, seinem Nachbarn gegenüber, der sich immer auf den Markt verlassen muß, einen entscheidenden Vorteil.

Angelo M. Pellegrini,
The Unprejudiced Palate, 1948

Lagerung und Konservierung

Wir Alterfahrenen (denn das sind Scott und ich, da wir in Vermont neunzehn Jahre lang und in Maine siebenundzwanzig Jahre lang das Land bestellt haben) sind gewöhnt, unsere eigene Nahrung anzubauen und sie im Sommer und im Winter zu essen. Unsere Speisekammer wird aus dem Garten gefüllt, nicht aus den Läden. Wir leben abgelegen am Ende von Cape Rosier an einem felsigen, vom Wind umtosten Punkt, der in die Penobscot-Bucht hervorragt; wir sind zwanzig Meilen oder mehr vom nächsten Dorf mit einem Laden und einer Bank (Blue Hill) und fünfzig Meilen oder mehr von einer größeren Stadt (Bangor) entfernt. Unsere Ausflüge zur Stadt sind selten, und dazwischen vergeht viel Zeit.

Diejenigen, die in großen Städten leben, können für die Lebensmittel, die sie brauchen, jeden zweiten Tag ins Lebensmittelgeschäft und zum Supermarkt laufen. Wir bauen unser Grünzeug und unsere Wurzeln an, essen im Sommer aus dem Garten und im Winter aus unserem großen Keller und unserem sonnengeheizten Gewächshaus.

Im allgemeinen besitzen gelagerte oder haltbar gemachte Nahrungsmittel nicht den gleichen Wert wie frische Lebensmittel. Frische Nahrung aus dem Garten hat natürlich den höchsten Nährwert und ist der haltbar gemachten, getrockneten, fermentierten, konservierten oder tiefgefrorenen vorzuziehen. Aber in unserem Klima mußten wir irgendeine Methode der Lagerung für die kalte Jahreszeit ausarbeiten.

Eine unserer frühen Lagermethoden war eine Grube, die mit Heu oder Stroh eingefaßt und bedeckt, mit Planken und loser Erde befestigt und gut belüftet war. Sie war auf einem kleinen Hügel gelegen, so daß sich keine Feuchtigkeit ansammelte und sie sich somit als Vorratsgrube als ziemlich frostsicher erwies. An sonnigen Tagen, sogar mitten im Winter, konnte man die Grube öffnen und einen Teil des Inhalts zum sofortigen Gebrauch entnehmen.

Eine Alternative hierzu kann ein Platz an der Seite eines Hügels sein: Man gräbt eine Höhle in den Hügel und baut eine Fronttür sowie einen Luftschacht hinein. Ist der Platz an der Seite des Hügels richtig gewählt, sammelt sich dort auch kein Wasser an. Da unser Keller etwas tiefer in den Hügel hineinging, war er durch die Erdwärme (bei dem Klima in Neuengland) frostfrei. Der Teil des Kellers, der aus dem Hügel herausragt, sollte eine doppelte Wand haben oder auf eine andere Art und Weise gegen Sommerhitze und Winterkälte geschützt sein.

Wir mußten niemals einen Erdkeller im Freien graben, weil wir glücklicherweise Keller hatten, die kühl genug und warm genug waren. Alle Vorratskammern müssen jedoch vor eindringenden Nagetieren wie Ratten, Mäusen und Eichhörnchen sicher sein.

Wir werden niemals einen Winter in Maine vergessen, als wir zwölf Kisten Äpfel im Keller gelagert hatten, in der Annahme, er sei ratten- und mäusesicher. Die Äpfel waren mit reichlich halbtrockenen Herbstblättern, die wir um die Früchte herum gelegt hatten, gelagert. Wir schlossen die Tür des Kellers und gingen auf eine Vortragsreise. Bei unserer Rückkehr vier Monate später, gingen wir hinunter in den Keller, um nach unseren sorgfältig gelagerten Äpfel zu sehen. Der Boden war mit Blättern bedeckt, viele Zentimeter hoch. Wir griffen in die Kisten – von den Hunderten von gelagerten Äpfeln war nur ein einziger übriggeblieben, der sehr gut schmeckte. Die Plünderer haben wir niemals gesehen (wahrscheinlich Ratten oder Eichhörnchen), und wir konnten auch nicht herausfinden, wo die Tiere ein- und ausgegangen waren. Sie waren von Kiste zu Kiste gegangen, hatten die Äpfel aufgegessen und ließen nur etwas gekautes Fruchtfleisch, die Blätter und einen einzigen Apfel als Geschenk für uns Zuspätkommende übrig. Was für einen großartigen Winter diese Tiere gehabt haben müssen!

Rote Bete, Karotten, Zwiebeln, Knoblauch und Kohlrüben nehmen wir im Herbst, wenn sie reif sind, aus der Erde. Wir graben sie aus und schneiden das Grüne einige Zentimeter über der Wurzeln ab, damit sie nicht verletzt werden. Dann lagern wir sie in unserem Erdkeller in offenen Kisten oder Körben mit trockenen Blättern dazwischen. Wir wechseln mit Schichten von Gemüse und Blättern ab, so daß keine

Wurzel die andere berührt, so daß, wenn eine fault, die Nachbarfrüchte nicht angesteckt werden. Das Gleiche machen wir mit Kartoffeln und Äpfeln. Alles bleibt bis zur nächsten Erntezeit frisch und knackig. Regelmäßig während des Winters schauen wir nach den Kisten (vielleicht einmal im Monat) und brauchen zuerst jene Rüben oder Knollen auf, die erste Zeichen von Verfall zeigen.

Die beste Temperatur, um etwas in diesen offenen Kisten zu lagern, ist 4 bis 7° C. Ein Keller, in dem ein Heizkessel für die Zentralheizung steht, ist zu warm. In unserem Keller sind niemals Gemüse, Früchte oder eingemachte Produkte erfroren. Gefrieren und Auftauen bricht die Zellen in Pflanzen und Früchten. Eine gleichmäßige Temperatur dagegen erlaubt den Pflanzen und Wurzeln, im Garten oder Hauskeller oder Erdkeller zu überleben. Das Problem ist, sie so lange wie möglich so »lebendig« wie möglich zu halten.

Kürbisse halten sich nicht so lange wie Wurzelgemüse, aber auch sie lassen sich bis ins neue Jahr aufheben (auf hölzernen Regalen oder in Körben oder Kisten). Tomaten und grüne Paprika heben wir in offenen Kisten oder Körben bis Weihnachten auf. Wir legen sie nicht in Blätter. Bisher haben wir keine gute Methode gefunden, um Kohl und Stangensellerie länger als bis zum Jahresende zu lagern.

Wir haben auch versucht, unser Wurzelgemüse in Sägemehl oder Sand aufzubewahren, aber wir ziehen unsere Blätter vor. Wir sammeln die Blätter im frühen Herbst, wenn sie von den Bäumen fallen, füllen sie in alte Ahornsafteimer, die wir aus unserer Vermonter Ahornsirupzeit aufgehoben haben, und stellen zwei oder drei Dutzend Eimer in den Keller, bis wir es an der Zeit finden, das Wurzelgemüse für den Winter zu Bett zu bringen.

Wir sind der Ansicht, daß Lagern, Behandeln oder Konservieren der Nahrungsmittel bestenfalls eine Notlösung gegenüber der rohen frischen Nahrung darstellt. Aber nachdem wir uns dafür entschieden hatten, in Neuengland mit seiner wunderschönen Jahreszeitenfolge zu leben, akzeptieren wir das Bittere mit dem Süßen – die Kälte mit der Milde. So mußten wir eine Methode ausarbeiten, um »Kaltwettergemüse« für den langen Winter aufzubewahren.

Es gibt vier Methoden, Gartenprodukte aufzubewahren: Man kann sie, wie oben beschrieben, in Blätter lagern, man kann die Produkte trocknen, man kann sie in Marmeladengläser einkochen, und man kann sie einfrieren. Trocknen macht am wenigsten Arbeit und hat andere echte Vorteile.

Obwohl Blattgemüse nur ungefähr 2 % Eiweiß enthält, muß betont werden (und das wird oft übersehen), daß solche Gemüse getrocknet mehr als 20 % Eiweiß enthalten.

Pyke Magnus,
Man and Food, 1970

Für getrocknete Produkte sind keine kostspieligen Behälter notwendig, sie können unter geeigneten Bedingungen auf ziemlich kleinem Raum fast unbegrenzt gelagert werden. Einhundert Pfund frisches Gemüse kann durch Trocknen im Durchschnitt auf zehn Pfund reduziert werden. Trocknen scheint den Nährwert der Lebensmittel nicht zu beeinträchtigen.

Henry Gary,
A Manual of Home-Making, 1922

Erbsen und Bohnen lassen wir zum Trocknen in ihren Schalen an den Pflanzen im Garten; später lagern wir sie entschotet in Flaschen oder Dosen auf den Speisekammerregalen ein. Sie werden für Wintersuppen oder als Grundlage für Suppen über das ganze Jahr verwendet.

Frische Blaubeeren legen wir auf mit Tüchern belegten Brettern zwei Tage lang in die Sonne und dann auf einen ganz schwach geheizten Ofen, bis sie trocken sind. Wir bewahren die Beeren in einem Stoffsack auf und verwenden sie eingeweicht wie Rosinen.

Preiselbeeren können ein wenig in der Sonne getrocknet und dann in sterile, trockene Flaschen mit dichtem Verschluß gefüllt werden. Sie halten sich so jahrelang. Ein altes Rezept, das ich las, besagt: »Preiselbeeren halten sich den ganzen Winter in einem Butterfaß voll Wasser im Keller.« Das haben wir allerdings nie ausprobiert.

Kürbisse können getrocknet werden, indem man sie schält und in Stücke oder Streifen schneidet. Auf einem Drahtgitter ausgebreitet, können sie in der Sonne oder auf dem Ofen bei mäßiger Hitze trocknen. Sie werden in Stoffsäckchen in einem mäusesicheren Behälter aufgehoben. Wenn man sie verwenden will, weicht man sie über Nacht in kaltem Wasser ein und kocht sie am nächsten Tag im Einweichwasser, bis sie weich sind.

Äpfel können entkernt, in Scheiben geschnitten und an Schnüren in einer warmen Küche aufgehängt werden. Wir trocknen unsere Kräuter, indem wir sie an den Stielen an Küchenbrettern aufhängen und für Tee oder zum Kochen abstreifen, wenn wir sie brauchen. Die Kräuter, die wir so trocknen, sind folgende: Petersilie, Sellerieblätter, Dill, Estragon, Basilikum, Thymian, Oregano, Salbei, Bohnenkraut, Rosmarin, Ysop und viele Minzarten.

Unsere Hagebutten sind die Früchte der *Rosa Ruga*, die an der Küste von Maine wild wachsen. Wir haben die Büsche kultiviert, so daß sie jetzt fast zwei Meter hoch wachsen und im Herbst, nachdem die Rosen geblüht haben, dicke Beeren bilden. Diese werden zum Trocknen eingesammelt, wenn die Hagebutten leuchtend orange-rot und noch fest sind: Hagebutten in Hälften schneiden und die Samen mit einem Messer oder einem scharfen Löffel entfernen. (Das ist eine langweilige Arbeit. Man sollte jemanden haben, der währenddessen etwas vorliest oder Musik macht.) Hagebutten auf einem Blech im lauwarmen Ofen oder oben auf einem warmen Ofen ausbreiten und, wenn sie ganz trocken sind, in Steinguttöpfe oder einen Stoffsack füllen; an einem kühlen Platz aufbewahren. Sie können zu Pulver zerstoßen werden. Das Pulver kann man für Tees oder Suppen verwenden. (Ich schneide auch Schalen von Zitrusfrüchten in Streifen, trockne sie im Ofen bei niedriger Hitze und pulverisiere sie für Tees und Früchtesuppen.)

Sogar Rhabarber kann getrocknet werden:

Rhabarber kann man, gut zubereitet, eine unbestimmte Zeit lang aufbewahren. Die Stengel schneidet man in kleine Stücke. Diese werden dann auf eine dünne Schnur gefädelt und zum Trocknen aufgehängt. Rhabarber schrumpft beim Trocknen mehr als jede andere Pflanze und gleicht, wenn er trocken ist, eher weichen Holzstücken. Wenn man ihn verwenden will, weicht man ihn über Nacht ein; am nächsten Tag kann er bei schwacher Hitze gedämpft werden.

Solon Robinson,
Facts for Farmers, 1869

Ich habe diese Methode, Rhabarber zu trocknen, noch nicht ausprobiert, aber ich habe Rhabarber ungekocht in Gläsern eingemacht. Dazu schneide ich die Stengel in 5 cm lange Stücke und packe sie fest in sterilisierte, kalte Marmeladengläser, die ich mit kaltem Wasser fülle, so daß der Rhabarber bedeckt ist. Ich verschließe die Gläser luftdicht und stelle sie in den Keller. Sie halten mindestens ein Jahr. Gesüßt wird erst beim Servieren. Allerdings schmeckt getrockneter Rhabarber nicht so gut wie frischer.

Hier einige alte Rezepte, wie man Früchte trocknet:

Der einfachste Weg, alle Arten von Pflaumen oder Kirschen in der Sonne zu trocknen: Kleine Früchte müssen ganz trocknen, indem man sie draußen auf Steingut, in Zinnschüsseln oder in Eisen- bzw. Messingpfannen in die heiße Sonne legt. Nach Bedarf wenden. Wenn die Pflaumen groß sind, werden sie auf jeder Seite eingeschnitten. Scheint die Sonne währenddessen nicht stark genug, können sie auch in einem mäßig warmen Ofen trocknen.

Sir Hugh Platt, *Delightes for Ladies*, 1602

Kürbisse lassen sich auf verschiedene Art und Weise zubereiten. Die Indianer kochen sie ganz und rösten sie in der Asche. In Frankreich und England werden sie in Stücke geschnitten und zum Rösten ans Feuer gelegt. Wenn die Stücke geröstet sind, geben sie gewöhnlich Zucker auf das Fruchtfleisch (...). Um die Kürbisse eine sehr lange Zeit lang aufzubewahren, schneiden die Indianer sie in Scheiben, die sie zusammenbinden und entweder in der Sonne oder am Feuer in einem Raum trocknen. Gekochte Kürbisse schmecken sehr gut. Die Indianer bereiten sie so zu Hause und auf ihren Reisen, und von ihnen haben die Europäer diese Methode übernommen.

Peter Kalm,
Travels into North America, 1771

Tomaten überbrühen, schälen und dämpfen und dann auf Steingutplatten ausbreiten. Sie werden im Sonnenschein oder im Ofen bei geringer Hitze getrocknet. Das Fruchtfleisch ähnelt dem von getrockneten Pfirsichen. Wenn man die Tomaten im Winter verwenden will, weicht man eine Menge im kalten Wasser ein und läßt sie hinten auf dem Ofen aufweichen. Gesüßt ist dies eine ausgezeichnete und billige Sauce.

Solon Robinson,
Facts for Farmers, 1866

Auf unseren Speisekammerregalen lagern viele Produkte: Rosinen, Pflaumen, Nüsse, Weizenkörner, Haferflocken, Roggen, Hirse, Gerste, Buchweizen, Kleie, Luzerne, Reis, Linsen, Mungbohnen, Popcorn, Sonnenblumenkerne, Kürbissamen, Sesam, Distelöl, Erdnußöl, Olivenöl, Ahornsirup, Honig, Melasse, Erdnußbutter und Seetang. Die Speisekammer ist ein richtiger Naturkostladen.

Die Regale in unserem Keller sind gefüllt mit ungefähr 500 1-Liter-Gläsern voll Apfelkompott, Hagebuttennektar, Himbeersaft, Suppengrundlage und Tomatensaft.

Mit dem Aufkommen des sogenannten »selbstschließenden« Obsteinmachglases bemühte sich jede Pionierfamilie, jährlich eine Menge Früchte einzumachen. Diese Gläser waren aber für den durchschnittlichen Haushalt zu teuer, um davon mehr als einige Dutzend anzuschaffen. Es wirft ein interessantes Licht auf die Größe einer Pionierfamilie, daß jede Hausfrau auf 2-Liter-Gläsern bestand, indem sie erklärte, die 1-Liter-Gläser seien noch nicht einmal für die halbe Familie groß genug. Die moderne Hausfrau dagegen verlangt tatsächlich immer ½-Liter- und 1-Litergläser, gewöhnlich die ersteren, und 2-Liter-Gläser verschwinden allmählich vom Markt.

Edward Everett Dale,
The Food of the Frontier, 1947

Wenn ich Gemüse und Früchte einmache, tue ich dies im offenen Kessel – nicht im Wasserbad. Das letztere macht mehr Arbeit und nimmt mehr Zeit in Anspruch, und bei mir sind Gläser noch niemals sauer oder schimmelig geworden, es sei denn, ich hatte alte Gummiringe verwendet oder Glas oder Deckel waren beschädigt.

Um Apfelkompott einzumachen, beginne ich damit, daß ich saubere Litergläser aus dem Keller in den heißen Backofen stelle. Sie erhitzen sich und werden steril, während ich das Kompott vorbereite: Äpfel ungeschält in Viertel schneiden und Kerngehäuse sowie schlechte Stellen entfernen. Dann in kaltem Wasser waschen, mit einem Minimum an Wasser in einen Topf füllen und Deckel aufsetzen. Äpfel kochen, bis sie weich sind. Ein Glas aus dem Ofen nehmen und auf ein hölzernes Brett oder ein trockenes Tuch setzen. Damit die Gläser nicht platzen, wenn das heiße Apfelkompott hineingeschüttet wird, stellt man ein langes silbernes Messer oder einen Löffel in das heiße Glas, um die Wärme abzuleiten. Die kochend heißen Äpfel aus dem Topf in die Gläser füllen und sie mit dem Messer nach unten verteilen, um eventuelle Luftlöcher zu füllen. Gläser bis unter den Rand füllen und dicht verschließen. Nun den nächsten Topf mit Kompott abfüllen. Wenn die Gläser abgekühlt sind, kann man sie im Keller lagern. Nach Geschmack beim Servieren süßen.

Fruchtsäfte und Hagebuttennektar werden auf ähnliche Weise zubereitet: Gläser im Ofen erhitzen. Jedes Glas zu einem Drittel mit kochend heißem Wasser füllen und an das Metallmesser denken, bevor man das heiße Wasser hineinschüttet. Einen großen Löffel Honig dazugeben und diesen durch Rühren auflösen. 1 ½ Tassen zerkleinerte Früchte (Blaubeeren, Hagebutten, Brombeeren, Grapefruits, Erdbeeren, Himbeeren) hineinfüllen. Glas bis zum Rand mit kochendem Wasser füllen. Deckel dicht zuschrauben und die restlichen Gläser füllen. Unter den besten Bedingungen (ohne Unterbrechungen und wenn alles zur Hand ist) können Scott und ich in einer halben Stunde zwanzig 1-Liter-Gläser füllen, wenn wir zusammenarbeiten: Er sorgt am Ofen dafür, daß das Wasser ständig kocht und bringt mir Gläser, Deckel, Gummiringe und das Wasser. Unserer Meinung nach sind diese in Gläsern eingemachten Fruchtsäfte im kühlen Keller unbegrenzt haltbar. Einige von ihnen (besonders die Hagebutten) scheinen zu reifen und haben im zweiten oder dritten Jahr einen besseren Geschmack. Jedenfalls werden sie in dieser Zeit nicht schlecht.

Der Saft aus den Hagebuttengläsern hat solch einen delikaten Geschmack, daß ich ihn »Feen-Nahrung« nenne und in winzigen

Schnapsgläsern als Likör serviere. Einmal bot ich einem alten Nachbarn in Maine etwas davon an, der ihn hinunterschüttete und sagte: »Hmh, hat nicht viel Feuer, oder?« Nun, das Feuer ist sein Vitamin-C-Gehalt – der höher ist als bei frischem Zitronensaft.

Wir trinken unseren selbstgemachten Hagebuttensaft, wenig verdünnt, jeden Morgen zum Frühstück. Die Hagebutten, die im Glas übrig bleiben, heben wir in der Gefriertruhe auf, bis wir ein oder zwei Liter davon haben. Wir mixen sie mit einem Minimum an Wasser in einem Mixer, geben sie durch ein Sieb und verwenden das sich daraus ergebende Püree als eine Grundlage für Hagebuttensuppen. Den dicken Samenabfall geben wir löffelweise auf Kuchenplatten oder Backbleche und trocknen ihn hinten auf dem Ofen. Wenn die Samen krümelig geworden sind, nehmen wir sie zu unseren Kräutertees.

Mais und Bohnen mache ich nicht ein, weil sie schwierig haltbar zu machen sind, selbst dann, wenn sie im Dampfdrucktopf gekocht werden. Allerdings kann Mais mit der gleichen Menge Tomaten eingekocht werden und hält sich dann recht gut.

Suppengrundlagen und Tomatensaft mache ich folgendermaßen: Tomaten säubern und in Viertel teilen. Nicht schälen! (Meistens bearbeite ich einen halben Zentner auf einmal.) Den größten verfügbaren Topf mit den Tomaten füllen, kein Wasser dazugeben und die Tomaten kochen lassen, während man zwei bis drei Büschel Stangensellerie reinigt und klein schneidet – ich verwende die ganzen Stangen, außer den Herzen (die ich für Salat aufhebe) und einigen Blättern, die zu hart und alt sind. Ein Dutzend Zwiebeln, eine große Handvoll Petersilie und einige grüne Paprika, falls vorhanden, schälen und schneiden. Alles zu den zusammengekochten Tomaten geben und bei mäßiger Hitze kochen, bis der Sellerie (der am härtesten ist) gabelweich ist. Flüssigkeit abschütten und den festen Teil für später zur Seite stellen. Flüssigkeit noch einmal zum Kochen bringen und ein kleines Büschel gemischter frischer Kräuter dazugeben, das man vor dem Einfüllen in die Gläser wieder herausfischt. Den kochenden Tomatensaft in heiße, sterilisierte Gläser schöpfen (daran denken, das silberne Messer hineinzutun, um die Hitze abzuleiten). Gläser bis oben füllen und luftdicht verschließen. Abkühlen lassen und in den Keller bringen.

Nun wird der dicke Rest mit einem Minimum Wasser (damit nichts anbrennt) wieder im Topf erhitzt. Sobald die Masse kocht, füllt man sie in Gläser und drückt sie mit dem Messer zusammen, damit sich keine Luftblasen bilden. Wenn das Glas halbvoll ist, gibt man einen Teelöffel Meersalz dazu und füllt es dann ganz auf. Glas luftdicht verschließen. Diese dicke Masse steht ebenso wie der Saft das ganze Jahr über für Suppen zur Verfügung.

Bei meiner Art des Tiefkühlens sind keine Zeittabellen nötig. Ich friere Erbsen ein (junge Zuckererbsen in ihren Schoten oder gewöhnliche, entschotete Erbsen) indem ich sie in kochendes Wasser gebe. Wenn sie anfangen, ihre Farbe zu wechseln, sind sie genügend blanchiert, und ich nehme sie heraus oder lasse sie in einem Sieb abtropfen (und hebe die Flüssigkeit für die nächste Portion Erbsen oder für die nächste Suppe auf). Ich breite sie zum Abkühlen aus oder tauche sie in Eiswasser. Dann packe ich sie in Beutel oder Schachteln und lege diese in die Gefriertruhe. Das gleiche kann man auch mit jungen grünen Bohnen machen.

Hier ist ein Verfahren ohne Blanchieren, das bei Erbsen und grünen Bohnen funktioniert: Gemüse roh in einen Tiefkühlbehälter (Schachtel oder Beutel) geben, mit kaltem Wasser bedecken, dabei Platz lassen, weil sie sich ausdehnen. Behälter luftdicht verschließen und einfrieren. Wenn man die Erbsen oder Bohnen essen will, gibt man den gefrorenen Gemüseblock in eine Pfanne und erhitzt ihn, bis das Gemüse kocht.

Mais braucht zum Tiefkühlen nicht blanchiert werden: Hülsen entfernen und den Mais direkt in die Gefrierbeutel, ohne jedes Wasser oder Waschen geben. Kolben zum Essen in eine flache Backform legen, Butter darauf verteilen und im heißen Ofen etwa zwanzig Minuten backen.

Junge Zucchini können einschichtig auf Blechen in der Gefriertruhe eingefroren, dann in Beutel oder Schachteln gefüllt und in der Gefriertruhe gelagert werden. Will man sie zunächst kochen, werden sie in Stücke geschnitten und mit einigen Kräutern in Butter oder Öl geschmort. Eine beliebte Methode ist es, die rohen Zucchini in kleine Stücke zu schneiden und mit einigen reifen roten Tomaten und einigen in Scheiben geschnittenen Zwiebeln köcheln zu lassen. Einige Basilikumblätter und etwas Oregano dazugeben. Abkühlen lassen und in Behältern in die Tiefkühltruhe stellen.

Gefrorene Spargel werden, wenn sie abgetaut und gekocht werden, schlaff und geschmacklos. Ich serviere sie direkt aus der Gefriertruhe. Wenn man sie aus der Hand im halbgefrorenen Zustand ißt, bevor die Stangen tauen, ist es eine köstliche, eisige Vorspeise. Einige Gäste haben sie »glasierte Spargel« genannt.

Auch ganze Tomaten (kleine kirschgroße Cocktailtomaten) sollten gegessen werden, bevor sie ganz aufgetaut sind. Ich fülle Behälter mit den rohen Früchten und stelle sie direkt in die Tiefkühltruhe. Große Tomaten lasse ich etwas kochen, nachdem ich sie geviertelt habe, damit sie schneller zerfallen, und fülle sie in Gläser, um sie einzufrieren. Diese kaum gekochten Tomaten sind für die Verwendung in Suppen und Eintopfgerichten unentbehrlich.

Gurkenscheiben kann man in ½-Liter-Behälter legen und mit Zwiebelscheiben und Essig einfrieren. Auch sie können halbaufgetaut gegessen werden.

Bohnen in der Schale (grüne Bohnen, am Strauch gereift, aber noch nicht getrocknet) koche ich, lasse sie abkühlen und friere sie in Behältern ein. Sie sind eines unserer nützlichsten Erzeugnisse für den Winter.

Es ist immer eine Freude, mitten im Winter klein geschnittene Petersilie mit Sellerie, Zwiebeln und grüner Paprika zu finden, wenn man in der Tiefkühltruhe gräbt.

Am einfachsten sind Erdbeeren, Blaubeeren und Kirschen einzufrieren: Ich wasche sie nicht einmal, wenn sie frisch geerntet sind, sondern schütte sie einfach aus dem Korb in Plastikbeutel oder Pappkartons und lege sie in die Tiefkühltruhe. Pfirsiche werden geschält, in Scheiben geschnitten, mit etwas Ahornsirup oder Honig besprenkelt und in Behältern eingefroren.

Was ich bisher erwähnt habe, gilt für die Lagerung von Früchten und Gemüsen im Haus. Wir haben auch ein sonnengeheiztes Gewächshaus, in dem den ganzen Winter über Grünes wie Petersilie, Salat, Lauch und Karotten zu finden ist – mitten im Winter kostbare Zugaben zu unserem Speiseplan. Im Garten draußen überwintern bei bitterster Kälte Grünkohl, Rosenkohl und oft Spinat und andere harte Pflanzen bis zum Frühling. Wir essen das ganze Jahr nur unsere eigene Nahrung und werden unserem Garten nur gelegentlich untreu, um Extras zu kaufen. Die gekauften Zusätze zu unserer eigenen Nahrungsversorgung sind angenehm, aber nicht notwendig: Zitronen, Avocados, Nüsse, Rosinen, Datteln, Pflaumen, die wir zusammen mit Öl, Butter, Käse und Getreide bei unserem örtlichen Lebensmittelladen bestellen.

Ich brauche wohl nicht zu betonen, daß wir nach Möglichkeit versuchen, unsere eigene Nahrung ganz anzubauen und sie »gartenfrisch« zu uns zu nehmen, aber bei unserem Klima ist das nicht durchführbar. Darum haben wir diese verschiedenen Methoden ausgearbeitet, um das zu lagern, zu trocknen, einzufrieren, einzumachen und auf andere Weise zu konservieren, was wir an Lebensmitteln nicht sofort aus dem Garten essen.

Unsere selbst angebaute Nahrung ermöglicht es uns, einfach, bescheiden und gesund zu leben – unser »gutes Leben« zu leben. Scott und ich sind mehr als ein halbes Jahrhundert lang gesund und munter geblieben, indem wir so gegessen haben. Dies dürfte für Sie einen Versuch wert sein, mehr zu tun, als diese Rezepte der einfachen Nahrung für einfache Menschen lediglich zu überfliegen.

Dieses kleine Werk wäre ein Schatz für sie selbst gewesen, als sie am Anfang ihres Leben stand; daher hofft sie, daß es sich für andere als nützlich erweisen wird. In dieser Erwartung wird es der Öffentlichkeit übergeben.

A Lady,
A New System of Domestic Cookery Formed Upon Principles of Economy, 1812

Die Autorin

Helen Nearing, geb. Knothe, (Jahrgang 1904) wuchs im bürgerlichen Milieu in Ridgewood, New Jersey, auf. In ihrer Jugend widmete sie sich fast ausschließlich ihren beiden hauptsächlichen Interessen, der Literatur und der Violine. Sie unternahm einige Reisen nach Europa, unter anderem um in Wien und Amsterdam ein Violinstudium zu absolvieren. In dieser Zeit lernte sie den indischen Philosophen Jiddu Krishnamurti kennen, mit dem sie Anfang der 20er Jahre nach Indien und später nach Australien reiste. Eine Zeitlang lebte sie mit ihm in einer spirituellen Gemeinschaft.

Als sie Ende der Zwanziger Jahre wieder in die USA zurückkehrte, traf sie Scott Nearing, der 21 Jahre älter war als sie. Trotz ihrer sehr unterschiedlichen Persönlichkeiten ergänzten sich Helen und Scott so gut, daß sie 1932 beschlossen, gemeinsam in die einsamen Berge von Vermont zu ziehen. In den nächsten zwei Jahrzehnten bauten sie dort das auf, was sie später ihr »gutes Leben« nannten – eine alternative, gesunde und umweltverträgliche Lebensweise mit nahezu ausschließlicher Selbstversorgung aus dem eigenen Garten. Mit ihren Büchern, die zum Teil Bestseller wurden, erreichten sie bald viele Menschen, die selbst auf der Suche nach Alternativen waren; viele von ihnen besuchten die Nearings in den folgenden Jahren, um von ihnen die Grundlagen des »guten Lebens« zu erfahren.

In den fünfziger Jahren sahen sich Helen und Scott gezwungen, ihre einstige Idylle noch einmal zu verlassen, als aus der zuvor fast unberührten Natur, die sie umgab, allmählich ein prosperierendes Skigebiet wurde. Sie packten ihre Sachen und fingen im Alter von 48 bzw. 69 Jahren noch einmal von vorne an: diesmal an der Küste von Maine. Dort lebten sie noch viele Jahre zusammen und blieben beide bis ins hohe Alter gesund und aktiv. Kurz vor seinem 100. Geburtstag fand Scott, daß es nun Zeit war, sich auf den Tod vorzubereiten, und entschied sich zu fasten. Sechs Wochen später verabschiedete er sich von Helen, die ihn auch bei diesem, seinem letzten Schritt begleitete.

Nach Scott Tod unternahm Helen noch einige Reisen nach Europa und schrieb noch zwei Bücher. Eines davon *(Ein gutes Leben – ein würdiger Abschied)* ist eine Biographie ihres gemeinsamen Lebens mit Scott. Im September 1995 starb Helen im Alter von 91 Jahren bei einem Autounfall.

Rezeptindex

...und wie es weiterging

In den Bergen von Vermont hatten Helen und Scott Nearing ihr »gutes Leben« aufgebaut: Aus einer heruntergewirtschafteten Farm war ein fruchtbares Stück Land geworden, von dem sie sich fast vollständig ernähren konnten. Sie hatten hart gearbeitet, in dieser Abgeschiedenheit aber gesund und zufrieden gelebt.

Doch dann wurden sie von der Zivilisation eingeholt, als aus der unberührten Natur, die sie umgab, nach und nach ein prosperierendes Skigebiet wurde. Helen und Scott entschieden sich im Alter von 48 bzw. 69 Jahren, noch einmal ganz von vorne anzufangen, und zogen an die Küste von Maine.

In diesem Buch beschreiben sie ihr Leben auf ihrer neuen *Forest Farm.* Auch hier stellt die Selbstversorgung die Grundlage für ihr »gutes Leben« dar. Es ist ein Buch über zwei aktive, vitale Menschen, die von einer besseren Welt nicht nur träumen, sondern ihre Ideen tagtäglich in die Praxis umsetzen.

Helen und Scott Nearing:
Fortführung des gutes Lebens
Die nächsten Jahre in Maine
1952 – 1979
172 Seiten, ISBN: 3-89566-116-3

»Sprich mal mit Scott Nearing, und Du wirst sehen, daß Du im Nachteil bist. Erstens hat er mehr Antworten, als Du Fragen stellen kannst, da er über all das schon Bücher geschrieben hat. Und zweitens: Er ist 92 Jahre alt, aber sein Händedruck bricht Dir die Finger.«

Washington Post, 10. August 1975

Ein würdiger Abschied

Helen Nearing:
Ein gutes Leben –
ein würdiger Abschied
Mein Leben mit Scott
224 Seiten, ISBN: 3-89566-113-9

Mehr als ein halbes Jahrhundert haben Helen und Scott Nearing miteinander gelebt. Sie hatten eine feste Vorstellung vom »guten Leben« – Selbstversorgung in einer natürlichen Umgebung fernab der hektischen Städte –, und setzten ihre Ideen auch konsequent in die Praxis um. Ihre *Forest Farm* in Vermont und später in Maine zog über die Jahre hinweg Tausende von Menschen an.

Im Alter von 88 Jahren schrieb Helen ihre gemeinsame Geschichte auf. Herausgekommen ist ein Buch, das vom guten Leben, aber auch vom guten Tod handelt: Denn kurz vor seinem 100. Geburtstag fand Scott, daß es nun an der Zeit war, sich auf den Tod vorzubereiten. Er entschied sich zu fasten und nahm danach nie mehr einen Bissen fester Nahrung zu sich. Sechs Wochen später verabschiedete er sich von Helen, die ihn auch bei diesem, seinem letzten Schritt begleitete.

»Eine wunderbare Liebesgeschichte – geschrieben von einer bemerkenswerten Frau über ihren kompromißlosen, intellektuellen und radikalen Ehemann, der genau das tat, was er predigte, und der für Tausende von Menschen Beispiele setzte.«

Elisabeth Kübler-Ross